本书由国家社会科学基金"十二五"规划教育学一般课题"先秦道家道德谱系及德育镜鉴——以老子为中心的考察"（课题批准号：BOA140024）资助。

于洪波　王康宁　著

《老子》"德经"参证及德育镜鉴

中国社会科学出版社

图书在版编目(CIP)数据

《老子》"德经"参证及德育镜鉴/于洪波,王康宁著.—北京:中国社会科学出版社,2020.10
ISBN 978-7-5203-7459-0

Ⅰ.①老… Ⅱ.①于…②王… Ⅲ.①道家②《道德经》—研究 Ⅳ.①B223.15

中国版本图书馆 CIP 数据核字(2020)第 208410 号

出 版 人	赵剑英
责任编辑	王 衡
责任校对	王 森
责任印制	王 超

出　　版	中国社会科学出版社
社　　址	北京鼓楼西大街甲 158 号
邮　　编	100720
网　　址	http://www.csspw.cn
发 行 部	010－84083685
门 市 部	010－84029450
经　　销	新华书店及其他书店

印　　刷	北京明恒达印务有限公司
装　　订	廊坊市广阳区广增装订厂
版　　次	2020 年 10 月第 1 版
印　　次	2020 年 10 月第 1 次印刷

开　　本	710×1000　1/16
印　　张	18
插　　页	2
字　　数	305 千字
定　　价	99.00 元

凡购买中国社会科学出版社图书,如有质量问题请与本社营销中心联系调换
电话:010－84083683
版权所有　侵权必究

目　　录

第一篇　总论

第一章　《老子》的"破"与"立" …………………………… (3)
第二章　《老子》的"道"与"德" …………………………… (10)
第三章　《老子》的"无为"与"自然" ……………………… (19)
第四章　本书的撰写体例 ……………………………………… (30)

第二篇　"德经"证悟

第一章　　上德不德 …………………………………………… (35)
第二章　　得一为本 …………………………………………… (43)
第三章　　有无相生 …………………………………………… (49)
第四章　　明道若昧 …………………………………………… (52)
第五章　　道生万物 …………………………………………… (57)
第六章　　不言之教 …………………………………………… (63)
第七章　　知足不辱 …………………………………………… (68)
第八章　　大成若缺 …………………………………………… (72)
第九章　　知足常足 …………………………………………… (76)
第十章　　不行而知 …………………………………………… (80)
第十一章　为道日损 …………………………………………… (84)
第十二章　德善德信 …………………………………………… (88)
第十三章　善生者生 …………………………………………… (92)
第十四章　玄德无为 …………………………………………… (98)

1

第十五章	复守其母	(102)
第十六章	大道甚夷	(107)
第十七章	修身德真	(111)
第十八章	赤子德厚	(115)
第十九章	知者不言	(120)
第二十章	以正治国	(124)
第二十一章	福祸相倚	(128)
第二十二章	长生久视	(132)
第二十三章	道莅天下	(137)
第二十四章	谦下以静	(141)
第二十五章	万物之奥	(144)
第二十六章	报怨以德	(148)
第二十七章	其安易持	(152)
第二十八章	常知稽式	(156)
第二十九章	善下善后	(161)
第三十章	我有三宝	(165)
第三十一章	不争之德	(169)
第三十二章	用兵有言	(173)
第三十三章	知我者希	(179)
第三十四章	自知不知	(183)
第三十五章	民不畏威	(188)
第三十六章	不争善胜	(192)
第三十七章	民不畏死	(196)
第三十八章	无以生为	(200)
第三十九章	以柔胜刚	(204)
第四十章	为而不恃	(209)
第四十一章	知易行难	(215)
第四十二章	天道无亲	(220)
第四十三章	小国寡民	(225)
第四十四章	信言不美	(231)

第三篇 结语与思考

第一章 "道法自然"与"真善美" ……………………………（239）
第二章 "上德""下德"与"道德谱系" ……………………（247）
第三章 "常道观"与"人道观" ……………………………（260）

参考文献 …………………………………………………………（269）

后　记 ……………………………………………………………（277）

第一篇 总 论

作为本书的"总论",下文分四章对理解《老子》关键所在的三个核心问题予以阐述与分析。第一章为《〈老子〉的"破"与"立"》;第二章为《〈老子〉的"道"与"德"》;第三章为《〈老子〉的"无为"与"自然"》;第四章是《本书的撰写体例》。

在第一章中,主要以老子所处的历史和文化背景为切入点,以西方学者提出的"哲学的突破",结合庄子所谓的"道术将为天下裂"为分析框架,以老子和孔子针对"礼崩乐坏"的大变局提出的"救时之弊"的主张为参照,比较老子和孔子"哲学的突破"的"创新"所在。第二章对"道"与"德"的"形上本体"与"形下器用"之间的特征、功能及其相互关系进行分析与比较。《老子》"五千言",不出"道"和"德"二字,但是"道"和"德"的特性及其主旨所归,却在于"无为"和"自然"。故而,本书"总论"部分专设第三章,以对二者的特征及其相互关系等问题予以分析。"无为"和"自然",作为《老子》"形上之道"的根本特征,一旦落实到人间万物,其功用价值可谓巨细无遗。第三章主要对"治者"的"无为"与"百姓"的"自然"以及二者的关系予以阐述与分析。本书"总论"的三章所涉及的三个核心问题,可谓解读《老子》"五千言"的肯綮所在,"总论"中对这三个问题的理解与解释,亦贯穿于本书正文对《老子》"德经"各章的解读之中。本书作者认为,《老子》"五千言"的世界观,大致可归结为"以道观天地""以道观人"和"以道观万物"的"常道观",唯有以老子"常道观"的高度解读和体悟《老子》,方能得其真谛所在。

第一章 《老子》的"破"与"立"

春秋战国时期，诸子百家的产生及其学术繁荣，并非突兀的空穴来风。庄子在描述当时的社会局势与学术裂变的关系时说，"天下大乱，贤圣不明，道德不一，天下多得一察焉以自好"，"后世之学者，不幸不见天地之纯，古人之大体。道术将为天下裂"（《庄子·天下》）。从庄子的论述中，可以得出三个基本推断。其一，当时的诸子百家产生于"天下大乱"的时代格局；其二，正是由"天下大乱"而导致的"道术"裂变，方有诸子百家各执一端进而成就各自的学说；其三，由于诸子百家各执一端，故而其学统业已失却裂变之前的"道术"一统。

庄子所谓的"道术将为天下裂"，与美国学者帕森斯（Talcott Parsons，1902—1979）所谓"哲学的突破"（philosophic breakthrough）有异曲同工之妙。所不同者，庄子强调的是在"道术将为天下裂"之后，由于诸子各执一端，故而其学说"不幸"失却了固有"道术"之"大体"；而帕森斯所谓的"哲学的突破"，则重在强调"突破"之后世界各大古代文明学术上的高度繁荣。若以"道术将为天下裂"和"哲学的突破"作为分析框架，对春秋战国时期道家和儒家的学统渊源予以比较分析，或可对《老子》的主旨及其特征有更为深入的诠释。

美国学者帕森斯所谓的"哲学的突破"，与德国哲学家雅斯贝尔斯（Karl Jaspers，1883—1969）提出的"轴心时代"（axial times）这一概念有诸多相似之处。至于二者概念的缘起及相互借鉴等问题，此不赘述。综合"哲学的突破"与"轴心时代"两个概念，大凡有以下诸内涵。其一，大约在公元前第一个一千年的"轴心时代"里，在希腊、印度、以色列和中国这"四大文明古国"或曰"四大文明摇篮"中，不约而同地经历了一次"哲学的突破"；其二，这次"突破"性的认识成果在文化、教育和学术等领域达到了空前的高度繁荣，并为此后各大文明的发展奠定了影响深远的传统"原型";其三,在"哲学的突破"的过程中,第一批专心于学术的哲学家和知识分子登上了历史的舞台,如古希腊从泰勒斯到亚里士多德的众多哲学家、古以色列的先知、中国的孔、孟、老、庄等;其四,由于各大古代文明古国所处的历史和文化背景各不相同,因而其"哲学的突破"的主题、模式和结果等亦迥然有别。

可以说,任何具有深远影响力的学说,大致都具备三个基本特征。其一,能够突破并超越当时的学术范式及其学术体系的局限,进而建构起更具普适性的理论体系;其二,能够对于当时的社会制度和文化之流弊有透彻的认识,并能开出"救时之弊"的方略;其三,也是最为重要的一点,对"道与器""天与人""体与用"等终极性的问题,具有超越性的洞识且兼具经世致用的关切。下文拟以"道术将为天下裂"和"哲学的突破"的概念为分析框架,以儒家和道家相互比较的视角,对春秋战国时期的历史背景、儒道两家拟"突破"的主题及其所"创立"学统的主旨等相关问题予以回顾、分析与比较。

春秋战国时期,诸子百家所要"突破"的对象,乃是濒于"崩坏"的礼乐文化。礼乐文化产生于夏,发展于商,成熟于周。据史载,周公鉴于夏商两代的礼乐制度及其得失,对其增减损益,重新制礼作乐而得以完善。正如孔子所说,"周鉴于二代,郁郁乎文哉!"(《论语·八佾》)究其渊源,礼乐文化是由上古社会的"巫"文化和敬天礼地的原始宗教演变而来。正如《礼记·乐记》所曰:"乐者,天地之和也;礼者,天地之序也。和,故百物皆化;序,故群物皆别"(《礼记·乐记》)。又如,《左传·昭公二十五年》有载:"夫礼,天之经也,地之义也,民之行也。天地之经而民实则之,则天之明,因地之性"(《左传·昭公二十五年》)。制礼作乐者认为,"礼乐"乃世间万物赖以生存的天地之道,生存于天地之间的人类社会亦当尊而行之。西周在"制礼作乐"完善"礼乐文化"的同时,又根据血缘亲疏、事功大小、大宗小宗等进行封土建国,从而形成了封建制度。通常而言,西周的礼乐文化亦包括封建制度;抑或说,封建制度与礼乐文化始终相生相伴,表里为一。究其实,礼乐文化既是一套带有些许上古社会沟通"天人关系"的神学遗风惯俗,又是一套与封建制度相生相伴的文化体系;既是一套区分亲疏贵贱和上下尊卑的等级制度,又是一套规训臣民安分守己的"礼乐教化"体系。可以说,礼乐文化和封建制度的有机结合,实可谓神权与王权的统一,又是道统、政统和学统的统一。

但是在春秋时期，周王室的权威性开始衰微，封建制度和礼乐文化亦渐趋式微，整个社会陷于诸侯争霸、战火不断、"礼崩乐坏"的大变局之中。此时，沿袭自夏商周三代的"学在官府"和"官师合一"的文化和教育垄断局面，逐渐被"文化下移"和"私学兴起"所取代。此时，大多由原来"王官"蜕变而成的"诸子百家"，开始登上历史的舞台，他们迫切需要证明各自"道统"和"学统"的正统性和权威性。由是，诸子们纷纷托古论道，针砭时弊，激荡学问，一时形成蔚为大观的学术繁荣。

儒家的创始人孔子就曾频频论道，诸如，"士志于道"，"君子谋道不谋食"，"君子忧道不忧贫"（《论语·卫灵公》），他甚至感慨"朝闻道，夕死可矣！"（《论语·里仁》）。但是孔子之论道，并非为论道而论道，大多是出于对当时"失道"现象的感慨，其论道的最终目的乃是"克己复礼"；抑或说，要恢复到西周早期由周公所创设的礼乐文化和封建制度。孔子痛惜于当时"礼崩乐坏"的大变局，试图通过游说诸侯实施"仁政"而恢复"郁郁乎文哉"的周礼。"在孔子看来，西周时期实施的天子→诸侯→卿大夫→士的层层分封制度，符合理想的血缘—宗法大家族中父慈子孝、兄良弟悌、夫义妇听、嫡庶有别的等级序列。"[①] 在他看来，导致"礼崩乐坏"的根本原因，既在于人们不能克制自己不合理的欲求，即如其所谓的"克己复礼为仁。一日克己复礼，天下归仁焉！"（《论语·颜渊》）；又在于人们只重视礼乐的外在仪式，而失却了礼乐的内在诚意，即如其所说，"礼云礼云，玉帛云乎哉？乐云乐云，钟鼓云乎哉？"（《论语·阳货》）；更在于当时的礼乐文化缺乏"仁"的精神内核，如其所说，"人而不仁，如礼何？人而不仁，如乐何？"（《论语·八佾》）。为此，孔子开出了"克己复礼为仁"的道德"四目"，即"非礼勿视，非礼勿听，非礼勿言，非礼勿动"（《论语·颜渊》），以挽救"礼崩乐坏"的残局。孔子认为，以自律的道德"四目"为基础，加之"学""习""问""省"等自我修为，即可达到"我欲仁，斯仁至矣"的自觉境界。

总之，孔子试图赋予濒于"崩坏"的"礼乐文化"以内在的"仁"为精神内核，其用意既在于反对诸侯枭雄们以"周礼"之名行"霸权"之实的吞并战争，又在于与其他诸子百家学术的据理抗争。正如著名学者李

---

① 于洪波：《由"君子""小人"到"中民""公民"》，《陕西师范大学学报》（哲学社会科学版）2013年第3期。

泽厚所言:"孔子用'仁'解'礼',本来是为了'复礼',然而其结果却使手段高于目的,被孔子所挖掘所强调的'仁'——人性的心理原则,反而成了更本质的东西,外在的血缘('礼')服从于内心的('仁')。"[①] 就"哲学的突破"来看,孔子所创立的"仁学"当属于温和的改良主义,其学说的目的是"克己复礼为仁"而非颠覆"周礼";其"托古创新"之处在于,将人之为人之本性的"爱人之仁",升华为"礼乐教化"的灵魂;其首要的"突破"在于,业已超越了外在的、他律的"礼",而转向反求诸己的、内在的、自律的"仁"。此后,以"仁学"为基础,儒家逐渐形成了以仁、义、礼、智、信为道德谱系的人道主义的哲学体系。

相较于孔子所创设的"仁学"的温和改良主义特点,老子学说"哲学的突破"则具有明显的激进主义意味。此处所谓的"激进主义",并非现代意义上带有左倾意味的"激进主义",而是对权力本身具有彻底约束意味的"激进主义"。作为史官的老子,对于周礼甚或前代诸种礼制的利弊得失,可谓了如指掌。稽诸《史记·老子韩非列传》《庄子》和《礼记·曾子问》等史料,皆载有孔子曾多次"问礼于老子"之史实。或许,正是痛心于对人类社会诸种礼制之流弊及其衰亡残局的历史教训,老子哲学本体论的视角,必然要"突破"并超越所有限制人性"自然"发展的各种礼制,进而直抵能够生育和支配人间万物的终极之源——"道"。老子之"道",不仅是生育世间万物之"母",还是支配世间万物存在、发展、甚或衰亡的总规律。老子通过所谓的"道"乃"象帝之先",从而将夏商两代礼乐文化所崇拜的至上神——"帝",置于"道"之后;又通过所谓的"道"乃"先天地生",又将西周本于"敬天礼地"而成的"礼乐文化"降于"道"之下。老子之"道"如此的乾坤大翻转,实可谓"惊天地,泣鬼神"之说。至于由此建构而成的、颠覆性的"哲学的突破",自当毋庸置疑。正如著名的老庄研究学者陈鼓应所说:"老子是中国哲学之父,中国'哲学的突破'始于老子。事实上,对于整个中国哲学史,越往下探索,就越会认识到老子在中国哲学史上的影响,远超过其他各家。"[②]

可以说,《老子》"五千言",所论者皆不出于"道"和"德"二字。

[①] 李泽厚:《中国思想史论三部曲——古代、近代、现代》,天津社会科学院出版社2007年版,第6页。

[②] 陈鼓应:《老子注释及评介》,中华书局2009年版,第8页。

老子之"道"之"德",最根本的特征是"自然"与"无为"。所谓"自然"者,乃是自本自根、本自具足、自是其是、自然而然之意;所谓"无为"者,乃是不加施为、放任自化、任其自成之意。究其实,"自然"者,必是"无为"的;"无为"者,亦必是"自然"的。二者实则二而不二,表里为一,皆是"道"与"德"的本性。故而,大凡与"无为"和"自然"相违背的"有为"和"使然"等人事,皆为老子所摒弃。老子之所以西出函谷关隐居,或许正是失望于周礼过犹不及的"有为"而导致的"礼崩乐坏"之残局。

《老子》"德经"首章,即按照由高到低的次序,列出了惊世骇俗的道德谱系:"失道而后德,失德而后仁,失仁而后义,失义而后礼。"在老子看来,在"道""德""仁""义""礼"五者中,只有顺应"无为"原则的"道"和"德",方堪称之为"上德";至于"仁""义""礼"三者,由于其与"无为"和"自然"相违背,故而皆被归于"下德"之列。尤其是"礼",更为老子所不齿为"忠信之薄而乱之首"。如果说,老子由于耳闻目睹"礼崩乐坏"之残局从而唾弃"周礼",尚属情理之中,但是他将通常被认为是具有普适价值的"仁"亦归于"下德"之列,却常令人匪夷所思甚或诧异不已。

实际上,老子之所以将"仁"归于"下德"之列,大凡概因人间之"仁",皆有亲疏尊卑之别,这与老子所倡导的无差别的、"无为"的、宽容的"慈"和"不仁"相去甚远。究其实,人间之"仁"必定要以"推己及人"为前提。抑或说,只有"己"之所"仁"也是"人"之所"仁"时,"仁"才能成为"推己及人"的普适价值。但是在现实中,人与人之间在个性、欲求、好恶等方面是千差万别的。当"己"之所"仁"并非"人"之所"仁"时,"仁"就难以成为"推己及人"的普适价值。或许正是鉴于此,老子倡导"不仁",如,"天地不仁,以万物为刍狗;圣人不仁,以百姓为刍狗。"此处所谓的"不仁"并非"不爱",而是倡导天无私覆,地无私载,万物齐一,无任何亲疏尊卑之别的"一视同仁",以任人间万物自然而然,自成其是。

汉代学者杨雄曾言:"史以天占人,圣人以人占天"(《法言·五百》)。杨雄之所以说"史以天占人",大凡因上古社会的"史官",大都蜕变于被称为"卜"与"祝"的"巫官"。的确,作为春秋晚期"史官"的老子,在其著成的《道德经》"五千言"中,有诸多由"天"或"道"

而推及于"人"的表述。诸如,"天地不仁,以万物为刍狗;圣人不仁,以百姓为刍狗";"人法地,地法天,天法道,道法自然";"道常无为而无不为。侯王若能守之,万物将自化";"故道大,天大,地大,人亦大。域中有四大,而人居其一焉";"朴虽小,天下莫能臣。侯王若能守之,万物将自宾";"天之道,利而不害;圣人之道,为而不争",等等。上文所举,都是由"天"或"道"推及于"人""侯王"和"圣人"等。这足以证明,作为史官的老子有"史以天占人"的学统倾向性。相比之下,孔子一生却"罕言天道",可谓奉行"尽人事,听天命"之典范。或许,同为史官的司马迁之言,更能彻透老子思想的精髓:"究天人之际,通古今之变,成一家之言"(《史记·太史公自序》)。作为史官,"通古今之变"当属职业的天职,但是若其学说不能升华为"究天人之际"的哲学高度以俯瞰人间万物,则其"一家之言"或许能够达到"精深",但却终究会失却"博大"。正如孟子所言:"先立乎其大者,则其小者不能夺也"(《孟子·告子上》)。可以说,《老子》"五千言"之"哲学的突破",当属"先立乎其大者"的"道"与"德"。

作为史官的老子,对于夏商周三代礼乐文化的"古今之变"了如指掌。所谓"礼"者,"序"也;"乐"者,"和"也。三代"制礼作乐"的初衷,本来是要达成人间社会的"秩序和谐",但是最终却以"礼崩乐坏"而告终。或许,正是鉴于在"以人占天"指导之下"礼崩乐坏"的混乱局面,老子开始转向"以天占人"即"以道观人",进而建构出"究天人之际"的"道"与"德",并最终成就其博大精深的"一家之言"。

由"以人占天"还是由"以道观人"作为创设理论学说的切入点,不仅涉及立论所宗的差别,其论据所依和结论所归亦必然旨趣迥然。大凡夏商周三代所沿袭的"礼乐文化",皆是由"以人占天"的视角而创建的。"以人占天"中的"人"无疑都是世袭的"治者"即"天子",无论其"德"是否堪以"配天",他们都是天生注定的"治者"。为了保证"天子"万世一系的世袭地位,"治者"必然要宣告天下其"道统"和"政统"的合法性来源于"以德配天"。其宣扬的"德",必然是亲疏有别、嫡庶有分和尊卑森严的;由此所制定的封建制度以及与之相适应的"礼乐文化",大凡亦复如此。

若由"以天占人"或曰"以道观人"的视角来看,宇宙自然的大化流行必然体现为天无私照,地无私载,星移斗转,周行不殆;天地万物,乃至人类，无有亲疏，无有尊卑，自然而然，相依共生。或许，正是透过如此"天目"，老子洞见了另一番不同的天地人生，著成了石破天惊的"五千言"——《道德经》。老子如此扭转乾坤的世界观，不亚于哥白尼由"地心说"转向"日心说"的知识革命。故而，若仅局限于"以人占天"的视角解读《老子》一书，或许仅能得其一鳞半爪而已；唯有像老子那样由"以道观人"的高度鸟瞰世间万物乃至于人间社会，方可得其大旨。《老子》一书，其内涵可谓博大精深，其外延可谓无远弗届。自古以来，兵家阅之谓之兵，法家阅之谓之法，师者阅之益传道，王者阅之益于治，仁智各见，无不鉴之而有益。何故？以其"以道观人"之故也；确言之，以其"以道观天地""以道观人"，"以道观天地万物"的"常道观"，巨细无漏之故也。

就"哲学的突破"而言，老子学说可谓以"道—德"一以贯之的、全方位的、系统的"突破"。诸如，以终极的"道"立论，以超越周礼至高无上的"天"；赋予"道"和"德"以"无为"和"自然"的秉性，以超越周礼"有为"和"使然"的痼疾；以"道大，天大，地大，王亦大"，将人间之"王"列为"四大"之末，以俾使其自知其上仍有所限所效；以"人法地，地法天，天法道，道法自然"，超越当时唯周礼是从的局限；以"不言之教"超越规训的"礼乐教化"甚或儒家的"仁义教化"；以"以辅万物之自然而不敢为"，开创朴素的"万物平等"和"天赋人权"等观念；以"几于道"的"上善若水"，隐喻人类应该效仿"善利万物而不争"的奉献精神；以"上德不德，是以有德；下德不失德，是以无德"，启迪人们不要执着于有德如否，真正的德行乃是自然地流露；以"天地不仁，以万物为刍狗"，赋予自然万物一视同仁的主体地位，以消解人类中心主义的霸权地位，等等。关于老子学说的"破"与"立"，本书下文的相关章节将有具体涉猎，此不一一赘述。

第二章 《老子》的"道"与"德"

《老子》一书,又称《道德经》。全书分为"上篇"和"下篇",或曰"上经"和"下经",又曰"道经"和"德经"。《老子》的"道经"详于"道","德经"则详于"德"。本书的研究内容,主要是对《老子》"德经"各章的内涵进行解读,进而对道德修养等相关问题予以参悟。由于老子之"德"源自于"道",二者共同构成一个系统的理论体系,故而本章拟对二者的渊源、主旨及其相互关系等问题予以简单梳理。由于有关《老子》"道"与"德"的先行研究成果颇为丰富,下文仅择其要者及有心得处予以简单分析。

任何博大精深的哲学体系,大凡都有本体论、认识论和价值论构成;而本体论或曰宇宙观,又是后两者的前提。抑或说,哲学的认识论和价值论是由本体论引申而成的。形而上学的本体论探究的核心问题大致包括:物质的本质是什么,宇宙的衍生及其本质是什么,人自身的本质是什么,这一支终极问题。由此可见,哲学的本体论,可谓整个哲学体系的"元知识"。作为探究"元知识"的哲学本体论,必然要追问天地人乃至于宇宙万物的渊源及其本质等本原和终极问题。在功利主义和快餐文化风靡于世的今天,这些看似虚无缥缈的终极问题,似乎业已成为现代人不屑一顾的悠悠往事。实则,对这些终极问题的追问,应该被自称为"万物之灵"的人类不断地思考和探索。或许,正是对这些看似"无所为而为之"问题的追问,方有人类本身的发展及其文明的进步。

胡适先生当年在北京大学开设中国哲学时,毅然打破之前从夏商周三代或从"五经"开讲哲学的传统,直接从《老子》开始讲起。胡适之所以敢于冒如此"离经叛道"之大不韪,大凡在于其认为,尽管在《老子》之前有诸多关于"帝""天""道"和"德"等与形而上学有关的典籍,但是其零散的论述尚不足以构成系统的哲学本体论。抑或说,唯有《老子》

之"道"与"德"，方堪称之为系统的哲学本体论。

举凡人类，都有"知其然"进而"知其所以然"的天然好奇心。所谓"知其然"，即是"知"事物（西哲通常称"事物"为"存在"）之"然"；所谓"知其所以然"者，即是知"然"之"所以"。正是在追问"然"和"所以然"的过程中，人类逐渐获得了在天地之间赖以生存与发展的"常识"。这些"百姓日用而不知"的"常识"，大凡皆来自于感官可及的"存在"，即自然万物和人类社会。这些由人类感官可及的"存在"归纳而成的"常识"，通常被称之为"形下之学"。正如《易传》曰："形而上者谓之道，形而下者谓之器"（《易传·系辞上》），所谓"形而下者"，即人类感官可及的"存在"；所谓"形而上者"，即人类感官不可及的"存在"。作为"万物之灵"的人类，在对"可见"的"形下之器"知其"然"之后，似乎还始终保有对"不可见"的"形上之道"穷究其"所以然"的好奇心。可以说，正是对"形上之道"之"所以然"的不断追问及其形成的终极回答，才形成了古今中外诸多博大精深的"形而上学"世界观；也正是这些被看作是天地万物乃至于人类社会终极规律的认识成果，一直在引领并推动着人类文明的进步与发展。《老子》之"道"，大凡即属于此。

如上文所及，夏商周三代大凡皆信奉神秘化的"帝"或人格化"天"为世间万物和人类社会至高无上的权威。为了使自身的行为符合至高无上的权威之"天"，三代皆奉行"以德配天"的人间社会准则。"以德配天"的准则落实到人间，即是"礼乐制度"和与之相适应的"礼乐文化"。老子要"突破"三代所沿袭的权威之"天"，就必然要建构一个高于"天"的终极权威——此乃《老子》之"道"。

在"突破"三代沿袭的权威之"天"时，《老子》之"道"的权威性必须要远高于"天"。吊诡的是，《老子》之"道"的权威性，并非依仗于自身天然的至高无上的权威，而是恰恰来自于"道"对自身权威性的消解，如其所谓的"生而不有""为而不恃"和"为道日损"等，大凡即属于此。抑或说，老子通过赋予"道"以"无为"和"自然"的本性，从而消解了"道"自身对于其所生人间万物的权威性。抑或说，正是基于"道"的"无为"和"自然"的固有本性，由"道"所生的世间万物乃至于人类，方能藉于自身得之于"道"的"自然"天性而得以自由地发展并最终自成其是。关于"道"的"无为"与"自然"之间的关系，下文将另拟一章予以具体分析，此不赘述。

正如《周易》所谓的"生生之谓易"（《易传·系辞上》），老子之"道"的首要功能和特点，亦在于其"生生之谓道"。"道"的"生生"及"生万物"的过程，集中体现在"道生一，一生二，二生三，三生万物"一句。对于此句中的"一二三"，学界历来有不同的解释。下文拟结合《周易》中的"太极"和"两仪"等概念对之予以解读。

尽管《老子》"五千言"无一字言及"易"，但是老子却深得"易"之精髓。学术界素有"易乃六经之首"之谓，老学界亦有"不知易，无以解老"之谓。关于"道生一，一生二，二生三，三生万物"一句，著名学者奚侗认为，"道与易，易名而同体。此云一，即太极；二，即两仪，谓天地也；天地气合而生和，二生三也。和气合而生物，三生万物也。"奚侗之解，其依据当来自于《易传·系辞上》之所谓"易有太极，是生两仪。两仪生四象。四象生八卦。"根据奚侗之解，"易"即是"道"；"太极"即是"一"；"两仪"或曰"天地"，即是"二"；"天地之气合和"即生"三"；"和气合"而不辍，即"生万物"。

具体而言，"道生一"中的"一"与"易有太极"中的"太极"相同。《易传》曰："易有太极，是生两仪"，此"两仪"即"阴阳"。众所周知，太极图由一黑一白两条阴阳鱼构成。纯黑色的鱼表示阴，但其中有一白点，表示黑鱼的眼睛；纯白色的鱼表示阳，但其中亦有一点黑，表示白鱼的眼睛。这意味着，"阴"本身自有一点"阳"，而"阳"本身亦自有一点"阴"。正所谓"一阴一阳之谓道"，"道"中亦自含"阴"与"阳"。同样，在"道生一"的"一"中，亦自含"阴"与"阳"。由于"孤阴不生，孤阳不长"，只有"阴阳"相交合和，乃生新物；此新物即是"三"，亦即老子所谓的"二生三"。老子所谓的"二"或曰"阴阳"，又可谓之为"天地"或"乾坤"。在《周易》八卦中，"乾坤"两卦通常被称之为"父母卦"，以其长于"生生"是也，"生生之谓易"是也。正如《周易》曰"天地之大德曰生"（《周易·系辞下》），天地氤氲化合，乃生万物；此与老子所谓"三生万物"几近相同。所谓"三生万物"，乃"三"复相交不已，亦复生生不已，故而"万物"生矣，生机盎然之宇宙存矣。

作为中华文明源头之典范的《周易》，之所以被称为"六经之首"，大凡在于其对宇宙万物乃至于人间之道业已了如指掌。故孔子曰："加我数年，五十以学易，可以无大过矣"(《论语·述而》)。作为儒家创始人的孔子，通过作《十翼》而深得易之义理。《周易》的精髓，大凡在于其业已彻透宇宙万物皆具"阴阳"两种特性，万物乃至于人类社会的兴衰交替，皆由"阴"与"阳"之间的相互消长合和所致。"阳"与"阴"推及于大自然，即为"天"与"地"；画符于八卦，即为"乾卦"与"坤卦"。孔子主要继承了《周易》的"乾卦"之"阳刚"，而老子则主要承继了《周易》的"坤卦"之"阴柔"。正如《周易·象传》所谓的"乾行健，君子以自强不息；地势坤，君子以厚德载物"(《周易·象传》)，宗"阳"法"乾"的儒家，力倡"自强不息"的积极"有为"；而宗"阴"法"坤"的道家，则主守"厚德载物"而"无为"。此后，道家和儒家形成了一柔一刚的性格特征；二者相合，则刚柔并济，二者相分，则此消彼长。二者的消长合和，对其后的文化与教育发展产生了深远的影响。

"道"何以能够"生一"进而"生万物"？老子的回答是，"天下万物生于有，有生于无"甚或是"有无相生"。此处的"万物生于有"易于理解，但是"有生于无"和"有无相生"却几乎超出常人的想象。或许，老子所举具体事物的"有无"及其"用"，较利于人们的理解。如，"三十辐共一毂，当其无，有车之用。埏埴以为器，当其无，有器之用。凿户牖以为室，当其无，有室之用。故有之以为利，无之以为用。"作为"通古今之变"的史官，老子认为，人类历史最深刻的教训，莫过于人们贪得无厌于"器用"之"有"，却抛弃了最根本的"道体"之"无"。关于历史教训中的"有"与"无"，常人也可以经由反省而知晓。最难以理解者，或许是本体论或逻辑意义上的"有生于无"和"有无相生"。

可以说，对"无"这一概念的发现，进而对"无为""无名""无欲""无事"等相关问题的系统阐发，可谓老子哲学的一大创举。实际上，老子所谓的"无"，并非纯粹的"空无""虚无""真无"或"不存在"。笔者认为，老子之"无"，可以理解为在"道"中与"有"互为对待、势能交换、相互转化的"同体存在"和"共时存在"。老子所谓"有生于无"中的"有"，亦并非可见的具体事物之"有"或时间上的"先无后有"的"有"，而是在"道"中与"无"互为对待、势能交换、相互转化的"同体存在"和"共时存在"，是二者缺一不可的存在。易言之，"有"与"无"的区别，不是"可见如否"的"存在"与"不存在"，也不是"时间先后"的"存在"与"不存在"，而是在"道"中"互为存在"的区别。

正如《周易》之所言"一阴一阳谓之道",老子之"道"中的"有"和"无",可视为《周易》中的"阴"和"阳"。由此而言,亦可谓之曰"一'有'一'无'谓之道",或"一'无'一'有'谓之道"。由此而言,"生生之谓易",亦可换言为"生生之谓'道'"。正所谓"孤阴不生,孤阳不长","易"之所以成为"易",皆赖于"一阴一阳"的"同体存在",及其二者的相互合和乃至于"生生"。同样,亦可谓"孤'有'不生,孤'无'不长","道"之所以称之为"道",皆赖于"一有一无"的"同体存在"和"共时存在",及其二者的相互合和乃至于"生生"。由此可见,于"道"而言,"有"与"无"乃是一而二、二而一、相生相胜、一体两面、缺一不可的关系,二者共同构成了老子之"道"。

在对宇宙的演化过程予以描述之后,老子又对"万物"的特征予以论述,即其所谓的"万物负阴而抱阳,冲气以为和"。所谓的"万物负阴而抱阳",即意味着宇宙万物皆继承有"道"的"阴"和"阳"两种"基因"或特性。所谓"冲气以为和"之"冲",古今学者大多解释为"虚",认为由"虚气"化合"阴阳"二气。当然,此解无大碍于理解老子本意。实则,"冲"既可训为"虚",又可训为"中"。《宋徽宗御解道德真经》云:"冲者,中也,是谓太和。"以"冲气"为"中气"解,则意味着"阴阳二气"相交,必生"中气"或曰"中和""太和"之气。以"中气"为解,也恰与《中庸》所谓的"中"相合:"中也者,天下之大本也;和也者,天下之达道也;致中和,天地位焉,万物育焉"(《中庸·第一章》)。此解亦与老子所谓的"天地相合,以降甘露,民莫之令而自均"更为切合。

至此,老子以寥寥数句即构建出其博大精深的宇宙观和本体论。老子之"道"的宇宙观和本体论,不仅暗合于"六经之首"的《周易》,更为令人惊诧不已的是,老子之"道"关于宇宙的衍生学说及其规律,与现代物理学中关于宇宙形成的"奇点"概念亦有诸多相似之处。所谓"奇点",是指现代物理学上"既存在"又"不存在"的"点",是宇宙大爆炸之前的一种存在形式。"奇点"可谓"至小无内,至大无外",它拥有无限大的物质密度和无限弯曲的时空。于"奇点"而言,没有时间和空间的概念,时空是一体的;"奇点"同时具备无限收缩和无限膨胀乃至于大爆炸进而生成宇宙的可能性。

第二章 《老子》的"道"与"德"

人们通常认为,大凡哲学的宇宙观和本体论,与人生意义及道德修养并无大涉。实则大谬也。聆听老子之"道"的微言大义,不仅可以满足人类穷知宇宙奥妙的好奇心,亦足以为"传道、授业、解惑"之"师者"而设"教",以及为"勤而行之"的"上士"之为"学"。由老子之"道"的宇宙演化过程可知,"一"或曰"太极"乃"道"之"本体",人间万物皆源自于"一"或曰"太极"。抑或说,"一"或曰"太极"之"基因"业已为人间万物所共享,人间万物也因此而具有"共性"。由"万物负阴而抱阳"可知,人间万物又各自具备"阴阳"二性或曰各有"一太极",故而人间万物又各具"个性"。可以说,正是借由人间万物"共性"与"个性"的相互消长与统一,才共同构成了一个和谐共生的生态系统。

上文仅对老子之"道"的"生生"功能及其内涵,进行了简单的梳理和分析。老子之"道"的"生生",可归于老子哲学的宇宙观和本体论范畴。实际上,老子之"道"的内涵博大精深,还包括尊道、悟道、修道、返道等与认识论、价值论和实践论相关的诸多内容。由于古今中外学界关于该方面的研究成果较为丰富,下文仅就老子之"德"的内涵及其与"道"的关系等予以简单分析。

严格而言,老子之"德"并非一个独立的"存在",亦非一个本自具足的"概念"。从宇宙发生学来看,如果说"道"是世间万物的"生母",那么"德"就是抚育世间万物的"养母";就世间万物的运行而言,如果说"道"是世间规律的"制定者",那么"德"就是这些规律的"执行者";就万物的本性而言,如果说"道"是万物不同"基因"的"赋予者",那么"德"就是辅助万物"基因"之潜能发展的"成就者";就世间万物循环往返的发展规律而言,如果说"道"是万物最终"返璞"的"归宿者",那么"德"就是促成万物"归真"的"投宿者"。由此而言,"德"似乎是"道"的钦差"使者",其所有的"使命"就是真实地向人间万物传递"道"的信息,进而辅助万物乃至于人间成全其自身。

老子之"道"之"德"与"万物"的这种关系,与基督教关于上帝是"三位一体"的学说有一定的可比较之处。基督教所谓的"三位一体",意指上帝是由"圣父""圣子"和"圣灵"三个不同的"位格"共同构成的。"圣父"是世界万有的造物主,"圣子"即耶稣是"圣父"的独生子,也是被"圣父"派往人间的唯一使者和救赎者;而"圣灵"则是造物主的意志,通常经由"圣子"耶稣的言行传递给被造物。就二者的相似之处而言,"道"与"圣父"都是人间万物的本源,"德"与"圣子"耶稣都可谓上传下达的使者,而"圣灵"则可比拟为"道"经由"德"化育"万物"的"势能"或"信息"。二者的不同之处在于,"三位一体"的"圣父"上帝,是以"博爱"的形式来"救赎"业已"堕落"的人类;而老子的"道"与"德"则是以"无为"和"自然"的原则,来生育和畜养"一视同仁"的万物和人类。就同样作为"使者"身份的"德"和"圣子"耶稣而言,二者显露给人间万物的形象是迥然有别的。作为"圣父"独生子的"圣子"耶稣,一旦"道成肉身"由"天界"下凡到"人间",其普遍神秘的"形上道性"也就必定会局限于特定时空中的"形下器用"。抑或说,尽管"道成肉身"的耶稣在人间也具备"三位一体"的"位格"权威性,但是作为外显为"肉身"具体形象的"人",他只能在"某时某地"对"部分人"传道进而对其"救赎"。与此相反,老子之"德"作为一个没有任何形象的"存在",在沟通"形上之道"与"形下之器"时,可谓游刃有余,圆融无碍。老子之"德"对"形上"和"形下"贯通的特性,大凡盖因"形上"之"道"在生育"形下"的天地万物乃至于人类的同时,亦将自身"自然无为"的特性赋予于天地万物和人间。而作为最先"得道"且集"道"之大成的"德",在承接"畜养"万物的天职时,只需顺应和辅佐万物故有的发展潜能及特性以成就其自身即可。

可以说,"道"与"德"之间这种"生"与"育"的分工,又相济互补而共成一统的体用关系,乃是老子学说的一大创举。举凡古今中外诸多哲学体系,在体与用、道与器、学与术、形上与形下的关系构建上,大都存在些许顾此失彼、重此轻彼甚或二元割裂等缺憾,能够如老子的"道"与"德"这样圆融二者且臻于一统者,当属寥若晨星。

一个值得深究的问题是,既然老子之"道"是万物之母、规律之宗、价值之源、返璞之归,几乎涵盖人间万物生长衰亡的所有环节,为何还要设计和构建一个并非独立存在的"德",来承继、辅佐并完成"畜养"人间万物的任务?难道"道"在"生成"人间万物之后,不能继而对其"养育"并最终完成所有的环节吗?难道"道"不是全知全能的吗?

究其原因,或许有如下诸点。其一,天地万物并非由老子之"道"直接所生,而是经过了一个"道生一,一生二,二生三,三生万物"的过程。天地之间,品物流形,各有其母。由"形上之道"直接"畜养"万物,既不符合客观世界的实际逻辑,亦不符合老子"生而不有""长而不

第二章 《老子》的"道"与"德"

宰"和"万物将自化"等一贯的主张。其二，尽管人间万物皆从"道"那里继承有"自然"的"共性"，但是不同事物又各有其本身发展的"自性"，在不同的发展时期需要特定的条件。正如老子所谓的"道生之，德畜之，物形之，势成之"，事物在发展的不同阶段，需要"道""德""物""势"等发挥各自不同的作用。其三，如果老子之"道"像基督教的"上帝"那样，"毕其功于一役"地创造并完成世间万物和人类，那么"道"就势必会像"上帝"那样，成为万物尤其是人类顶礼膜拜甚或迷信盲从的无上权威，而这恰恰是为崇尚万物"自然平等"的老子所反对的。其四，或许也是最直接的动因，作为"通古今之变"史官的老子深知，在夏商周三代由"天子"沟通天与人而形成的礼乐制度，之所以最后以"礼坏乐崩"而告终，大凡因这种由"以人占天"构建而成的制度与文化，极易于酿成以"天道"之名而行"私欲"之实的痼疾。

或许，正是基于以上几点考虑，老子构建起"人法地，地法天，天法道，道法自然"逐层向上效法的"四法"模式，以及"道大，天大，地大，王亦大"的"四大"次序。在"四法"和"四大"中，"人"以及作为人间君主的"王"均被列在末位，其上尚有"地""天"和"道"需要效法和尊重。这种对世间万物的秩序设计，打破了之前"天→天子→天下"之中"君权天授"的"权力"模式，首次将"人"和作为人间君主的"王"，皆置于"地""天"和"道"之下。在之前的"权力"模式里，"普天之下，莫非王土，率土之滨，莫非王臣"（《诗经·小雅·谷风之什·北山》），人间万物必须按照既定的等级"名分"结构而安分守己；而在老子的"效法"模式里，无论是"人"抑或是"王"，都平等地处于"地""天"和"道"之下或之中，都需要效法"天无私覆，地无私载"的无私无偏之爱，最终合于"自然无为"之"道"。

值得注意的是，在"四法"和"四大"中，老子并没有赋予"德"以任何位置。对于人类而言，在可见可知的"天地"与"玄之又玄"的"道"之间，似乎还存在着难以跨越的"天堑"。进而言之，只有在"形下"的"天地"和"形上"的"道"之间架起一座"天梯"，方能使"天堑变通途"。老子所架设的"天梯"，即是"德"。

《老子》"德经"首章有言："失道而后德，失德而后仁，失仁而后义，失义而后礼"。在老子看来，人类一旦失却"自然无为"的"天德"或曰"天性"，就会导致由"道"到"礼"的逐步下落，即"道→德→仁

17

→义→礼"。老子提出这样一个由"道"到"礼"的逐步下落过程,似乎也在暗示人类也可以通过修德进道,反向地由"礼"逐步升华至"道"的境界,即"得礼而后义,得义而后仁,得仁而后德,得德而后道";亦即,"礼→义→仁→德→道"。在"道德仁义礼"五者中,老子将"道"与"德"划为"上德"的范畴,而将"仁义礼"划为"下德"的范畴。"上德"与"下德"之间区分的标准,乃是"自然无为"如否。抑或说,"道"与"德"之所以属于"上德",盖因其符合"自然无为"的标准;而"仁义礼"之所以被划为"下德",概因三者依次愈加不符合"自然无为"的标准。老子认为,属于"上德"的"道"与"德"是理想的人生境界,而属于"下德"的"仁义礼"则是需要改进和升华的境地。如此一来,似乎就出现了"上德"的理想世界与"下德"的现实世界之间的二元区分甚或断裂,二者之间需要有某种媒介予以沟通。这个媒介,即是"德"。

如上文所及,老子之"德"并非是一个本自具足的独立的概念,它的内涵及属性通常根据其"得"自于"道"的状况而定。不同的事物,有不同的"德",老学界通常所谓的"道一而德万",即属于此。简言之,老子之"德",存在于所有的人间万物之中。诸如,老子认为,"水"之所以被誉为"几于道"的"上善",盖因其"利万物而不争";"赤子"之所以天真近道,盖因其"含德之厚"。在"道德仁义礼"五者中,如果说"道"属于世界本原的"形上本体","仁义礼"则属于人伦的"形下之用",那么"德"即是沟通"形上"之"道体"与"形下"之"器用"之间的"媒介"。"德"实际上兼具"形上"和"形下"两种属性。老子之"德"这种贯通道器、即道即器、体用不二、即体即用的属性,使得其在"形上"与"形下"、"理想"与"现实"之间游刃有余,圆通无碍。

尽管从世界的本原而言,老子之"道"属于"形上本体",但是在"道生一,一生二,二生三,三生万物"的过程中,"道"也逐次将自身"自然"的特性传递给了人间万物;而作为最先"得道"的"德",在承接和行使"畜养"万物的天职时,只需顺应万物故有的"自然"之"共性",再根据不同物类和人间不同的"个性",以"无为"的方式辅佐其成就自身即可。大凡盖因于此,作为世界本原的"形上"之"道",经由"德"的上下沟通及对万物的畜养,而与"形下"的人间万物构成了体用不二、即体即用、圆通无碍的循环系统,形成了一个生生不息、"周行而不殆"的盎然世界。

第三章 《老子》的"无为"与"自然"

《老子》"五千言",不出"道""德"二字;而"道"和"德"所表达的主旨,则是"无为"和"自然"。倡导"无为",必然反对"为""人为"和"有为"等;同样,倡导"自然",亦必然反对"使然""同然"和"违背自然"等。可以说,老子所倡导的"无为"和"自然",反对的主要是"过犹不及"的"人为"和"使然"。在古汉语中,"为"和"伪"可以通假互用,故而,老子主张"无为"而反对"为""人为"和"有为",还有倡导"去伪存真"的意蕴。鉴于学界历来对老子的"无为"误解甚多,下文拟对其误解尤深者予以辨析。

如上文所及,《老子》的主要内容是言"道"、言"德",其宗旨在于倡导"无为"和"自然"以反对"为""人为"和"有为"等。通常而言,没有"人为",就没有人类文明的发展与进步。甚至可以说,"人"之"为人"的历史,就是一部"人为"的历史。尤其是在人类进入文明社会以来,"人"之"为人"的"人为"迹象亦日趋显著。通常所谓的"人类文明"本身,即是人类在与"天文"的相互作用中,"人文"之"明"逐渐化成的结果。中华民族进入"文明史"的标志之一,即是象形文字的产生;而象形文字本身正是由"人文"模仿"天文"而形成的。举凡人类社会迄今所经历的农业革命、工业革命、科技革命和信息革命,大凡皆属于"人为"的结果。尤其是目前方兴未艾的"人工智能革命",实可谓是"人文"与"天文"相向而行,且愈行愈远的"'人为'智能革命"。至于目前的"人工智能革命"将把人类带向何种境地,尚不得而知。

的确,如果以"野蛮"与"文明"、"复古"与"进步"、"落后"与"发达"等非此即彼的标准来评判"无为",那么崇尚"无为"的老子,无疑当属于反对文明进步的"尚古主义者"(primitivist)。实际上,大凡认为老子学说属于"反文明""反进步""反道德"和"道德虚无主义"等之谓的学者，几乎都是以上述非此即彼的二元标准予以判别的。实际上，与其说老子的"无为"反对那些能够促进人类文明进步的"人为"，毋宁说，其"无为"主要是对人类文明发展的"副作用"或"副产品"的反思与批判。

在人类文明产生以前，人与自然处于"天人合一"的生存状态。人类文明产生于"人文"与"天文"的相分之时，正是某种程度的"天人相分"，才导致了人类文明的诞生。人们通常将文明的诞生，誉之为人类社会的第一缕曙光。但是对于本是自然万物之一的人类而言，由"天人相分"而产生的人类文明，是否也意味着人类"自然"天性失却的开始？进而，是否会离"天人合一"之道愈行愈远？比如，随着文明的日益发达和职业分工的愈加细化，人类社会必然会"人为"地建立起各种繁复严密的统治制度和文化。正如老子所谓的"我无为而民自化"，如此严密的统治制度和文化，对于本可"自化"的人类而言，将会产生何种程度的"使然"和"同化"？甚或，对于在不觉之中业已被"同化"为"千面一孔"的人类而言，如何才能恢复到"常德不离，复归于婴儿"的"天真"状态？又如，随着物质文明的高度发达，人类对物质财富的占有欲亦愈加贪得无厌。正如老子所言，"罪莫大于多欲，祸莫大于不知足，咎莫大于欲得"，人类如何才能恢复到"知足之足"的"常足"状态？权势阶层对物质财富的分配甚或掠夺，乃是造成人间贫富差距的主要原因。那么，如何才能实现老子所谓的"我无事而民自富"的理想境地？再如，人类在执着于对物质占有的过程中，也不自觉地逐渐被"外物所役"，进而导致人自身的"异化"。那么，如何才能使人"不贵难得之货"，"常使民无知无欲"，进而达到"夫莫之命而常自然"的生存状态？由上文的反问可知，如果说"人为"是人类社会文明进步的"驱动装置"，那么"无为"就是"制动装置"，二者一张一弛，动静有度，缺一不可。

"道法自然"四个字，既是老子哲学本体论的最终归结，又是其"五千言"的主旨所在。如上文所及，任何博大精深的哲学体系，都由其形而上学的本体论推演而成。但是从何种视角探究本体论，通常却与哲学家的学统渊源和人生境界有关。春秋晚期，尽管诸子之学皆起于"救时之弊"，但是由于诸子在学统和视野等方面的差别，他们最终所得出的本体论亦迥然有别。例如，老子哲学"道法自然"的本体论与孔子哲学的"仁学"本体论之所以截然不同，因老子是由"以道观人"而孔子则由"以人观天"

第三章 《老子》的"无为"与"自然"

的视角分别构建其各自的哲学体系。汉代史学家班固在《汉书·艺文志》中有言:"儒家者流,盖出于司徒之官;道家者流,盖出于史官"。在夏商周三代,"司徒之官"的职责向来以管理和教化黎民百姓为主。由此可见,由"教化民众"的"司徒之官"演变而成的儒家,在春秋晚期为挽救"礼崩乐坏"的局变,最终提出"克己复礼为仁"的"仁学"本体论及其教化体系,既符合其学统渊源的演变逻辑,又符合其在现实社会中的一贯使命。相比之下,在夏商周三代专事记录和编撰历史的"史官",大都演变于上古社会专事占卜和祭祀的"巫官"。可以设想,作为"史官"的老子,不仅对春秋晚期导致"礼崩乐坏"的原因了如指掌,而且对夏商周三代沿袭而成的礼乐制度的内源性痼疾,亦可谓明察秋毫。"通古今之变"的老子业已彻悟,大凡由"以人观天"的视角制定而成的政治和社会制度,都不可避免地蕴含着"人为"地干预百姓"自然"发展的内源性痼疾。抑或说,人类历史上所有"人为"的制度,之所以存在不可避免的内源性痼疾,都是由"以人占天"的"人类中心主义"世界观所导致;唯有改变"以人观天"的世界观,方能克服"人为"制度的内源性痼疾。

鉴于此,老子通过"以天占人"或曰"以道观人"的视角,推演出其哲学的终极本体论和价值观,即"人法地,地法天,天法道,道法自然"。在这个新的世界秩序中,"人"只有在逐步效法"地""天""道"之后,才能最终臻于自由自在的"自然"境界。老子所谓的"自然",具有自本自根、本自具足、自是其是、自然而然、自由自在等含义。王弼认为,老子所谓的"自然"是"万物以始以成而不知其所以然","道不违自然,乃得其性,法自然也。自然者,在方而法方,在圆而法圆,于自然无所违也。自然者,无称之言,穷极之辞也"(《汉书·艺文志》)。由于在"道"和"自然"之间有"法"的沟通,使得二者业已形成圆通无碍的一体。抑或说,"道"即"自然","自然"即"道",二者乃是二而不二、表里为一的关系。

问题的关键在于,作为世界本原的"万物之母"或曰"造物主",在完成对人间万物的生育或创造之后,是仍然以至高无上的权威性继续主宰人间万物兴亡的命运,还是如老子所谓的"道法自然"那样任由人间万物自由自在地发展?可以说,这并不是一个非善即恶的价值判断的问题,而是一个关乎"以人观天"抑或是"以道观人"之视角的问题。大凡由"以人观天"而构建的哲学体系以及与之相适应的社会制度和文化,大都无法摆脱自身固有的一个悖论：一方面，在生育万物之后，至高无上的"天"或"帝"仍然会一直监督并支配着人间万物的兴盛衰亡；另一方面，人间社会必然会形成"以德配天"和"君权天授"的道德教化和等级权力模式。如此一来，若有若无的"天界"权威一旦被"人间"无尽的私欲和专权所歪曲利用，就会导致整个社会"怨天尤人"甚或"礼崩乐坏"的结果。在东西方文明发展史中，不乏由"以人观天"建构的社会制度及其文化的范例。诸如，西方基督教的"上帝创世说"及其在中世纪"君权神授"的封建制度及宗教文化，而在我国夏商周三代沿袭的礼乐制度及其文化，最终以"礼崩乐坏"而告终，等等。

相比较而言，"通古今之变"的"史官"老子，由"以道观人"而提出的"道法自然"，从理论上解决了人类建制因为"有为"而导致的所有痼疾。其一，"道常无为"和"道法自然"本身，即意味着作为"万物之母"的"道"，对自身无上权力的主动消解和放弃；其二，通过提出"天法道"，将曾在夏商周三代被尊为至高无上的"天"置于"道"的权威性之下，致使"天"亦需效法"道"并最终达到"自然无为"的状态；其三，通过提出"人法地"进而"法天"和"法道"最终臻于"自然"的境界，意味着所有人在道德修行上"人格"是完全平等的，从而取代了之前在政治和社会地位上世袭的、亲疏有别的、尊卑森严的"位格"不平等；其四，由"以道观人"的视角俯瞰世间万物，必然得出人与万物一视同仁的平等观念，正如老子所谓的"天地不仁，以万物为刍狗"。此亦正如庄子所谓的"以道观之，物无贵贱"（《庄子·秋水》）。的确，在《老子》中，只有"失道""嘲笑道"和"不得道"的人，却没有"失道"或"不得道"的自然万物。反而，老子频频举例"几于道"的自然万物，以供人类效法学习，诸如，"上善"的"水"，"得一"的"谷"，"长久"的"天地"，等等。或许，老子认为，只有自称为"万物之灵"的人类，才有"人为"地违背自身"自然"本性的欲望和能力。老子所谓"人法地"的本意，大凡既意味着人应该效法"大地"的"厚德载物"，又意味着人应该学习"大地"之上"万物合道"的"自然"状态。可见，在老子所设计的世界秩序中，人类被置于与"自然万物"平等甚或需要效法"自然万物"，进而效法"天地"和"道"的位置，以制衡"人类中心主义"的世界观和价值观。

可以说，"自然"一词及其所蕴含的微言大义，可谓老子哲学的一大创新；此后，"自然"业已成为中华民族世界观和人生观的重要依据。在老子所谓的"自然"中，"自"即"自己"，"然"即"如此"；"自然"即意味着"自己如此"。在"自然"这一概念中，"自"或曰"自己"是否独立存在及其完整性如何，对于"然"的状态及其价值而言是至关重要的。关于人间万物是否有一个"自己"，一直是中外哲学家关注的焦点问题。例如，古希腊哲学家柏拉图认为，"形下"现象界的"万物"是流动不居和模糊不清的，不具备自身本质的规定性；只有"形上"的"理念"或"形式"才能反映事物的本质。孟子认为，只有人间所共有的"同然"状态，才能反映人之为人的本质："口之于味也，有同嗜焉；耳之于声也，有同听焉；目之于色也，有同美焉；至于心，独无所同然乎？心之所同然者何也？谓理也，义也。圣人先得我心之所同然耳"（《孟子·告子上》）。在孟子看来，"人"作为"类"的存在，其感性和理性是相通甚或相同的；人类这种"同然"的本性和价值诉求，可谓儒家实施仁义教化的前提。

显然，老子所谓的"自然"与柏拉图和孟子的观点迥然有别。老子认为，人间万物各有一个"自己"或曰"自性"。人间万物的"自性"是由作为"万物之母"和"法自然"的"道"所赋予的。在生人间万物的过程中，"道"本身所具有的"自然"属性业已传递给了人间万物，而"道"的"无为"和"以辅万物之自然而不敢为"的特点，又强化了人间万物的"自性"。在老子看来，任何事物的本质属性或曰"自性"，都是由事物本身"自本自根"和"本自具足"的内部规定性所决定的，无须任何"人为"的外在标准对其予以干预、制约或评价。事物存在本身即是其自身合理性的标准，无须以善与恶、美与丑、得与失等外在的标准对其予以干预和评价。即使这些外在的标准以仁爱、公义和奉献等高尚的名义对万物的"自性"予以教化，都可能被老子看作是违背"自然之道"的。同样，以"归类"的方式概括事物"同然"普遍性的企图，对于各具"自性"的万物而言，亦是"自伐"和"自见"式的傲慢与偏见。老子对"自然"事物的"命名"一事，亦一向采取极为谨慎的态度，如其所谓的"名可名，非常名""吾不知其名，强名曰道""故建言有之"等。或许老子深知，作为抽象符号的人类语言，不足以涵盖具体事物"自然"的本质属性；况且，事物一旦被命名，即落于人间"名分"的等级关系中，其固有的"自然"属性就会被"人为"地曲解。

值得一提的是，道家后学庄子将老子"自然"的内涵扩展到了"万物齐一"甚或"物我两忘"的境界。或许，《老子》文本中关于"善"与"不善"、"美"与"不美"、"信"与"不信"等是非判断的不确定性，为庄子对"自然"这一概念的借题发挥埋下了伏笔。诸如，老子所谓的"天下皆知美之为美，斯恶矣；皆知善之为善，斯不善矣"；"善者吾善之，不善者吾亦善之，德善；信者吾信之，不信者吾亦信之，德信"。庄子认为，老子所谓的"道法自然""夫莫之命而常自然"和"以辅万物之自然而不敢为"等，乃是"以道观之，物无贵贱"的必然结论。若"以道观之"，万物的确毫无"贵贱"之分，它们都处于本自具足的"自然"状态之中。但是由于人间万物都有趋利避害的本能，若由"以人观人"或"以物观物"的视角来看，则人间万物本来毫无差别的"自然"状态就会被打破。此即庄子所谓的"以物观之，自贵而相贱"（《庄子·秋水》）。庄子认为，要解决人间万物"自贵而相贱"的难题，只有破除"我执"和"是非"之争方可实现。对庄子而言，为了达到"至人无己，神人无功，圣人无名"乃至于"吾丧我"的"无我"境界，只有通过"堕肢体，黜聪明，离形去知，同于大通"的"坐忘"和"心斋"功夫，才能超越"形下"器物界"自贵而相贱"的纷争，最终达到"和之以是非，而休乎天钧"（《庄子·齐物论》）的境界。究其实，庄子这种"和之以是非"和"物我两忘"的境界，乃是由"以物观之"的视角提出万物存在"自贵而相贱"的诘问，进而通过"下学而上达"的途径最终达到"物我混一"的"自然"之境。而老子所谓的"道法自然"和"以辅万物之自然而不敢为"，则是由"以道生万物"和"以道观万物"的视角，抑或说是"先立乎其大，则其小者不可夺矣"（《孟子·告子上》）的宏观视野，直接得出"道"和"万物"皆"法自然"的终极结论。由此可见，尽管老子与庄子对"自然"探究的视角不同，但是二者得出的结论及其价值宗旨却极其相似，二者实可谓"同归而殊途，一致而百虑"。

《道德经》"五千言"，无非"道""德"二字；而"道""德"二字所表达的主旨，则是"无为"和"自然"。老子的"无为"和"自然"，主要源自于他对世界本体的探寻以及对历史教训的反思。老子哲学的本体论关于"道常无为"和"道法自然"的最终结论，恰好与其引以为历史教训的"人为"和"使然"形成相互制衡的格局。"无为"和"自然"作为宇宙本体的根本特征，既可为老子哲学的"道统"提供至高无上的权威

第三章 《老子》的"无为"与"自然"

性,又可以在政治上以"无为"和"自然"之治取代当时"礼乐制度"的"人为"和"使然"之治。

作为史官的老子,真实地记录并撰写"信史",乃是其分内的天职;但是通过真实的"信史"向世人传递以史为鉴的现实价值,亦可谓是老子"救时之弊"的初衷。尽管《老子》一书大致可归于哲学著作,但是其字里行间无不隐含着"明道救世"的弦外之音。老子的"无为"和"自然",亦可以此为视角予以解读。

如上文所及,与"无为"相对立者,乃"有为"和"人为"等。在古汉语中,"为"可通假为"伪"。老子倡导的"无为",又可理解为"无伪"之意。由于老子业已申明"道常无为"和"道法自然",又由于"大自然"中的"万物"本身都是本自具足的"自然"存在,"自然万物"根本谈不上"有为"和"人为",那么能够"有为"和"人为"者,就只有自称为"万物之灵"的"人"了。在《老子》中,"人"又被分为"侯王""圣人""人主""众人""百姓"和"民"等;而能够通过"有为"和"人为"的言行极大地影响他人的"自然"存在者,无疑主要是作为"统治者"的"侯王"和"圣人"等。正如著名学者高亨所言:"老子之言皆为侯王而发,其书言圣人者凡三十许处,皆有位之圣人,而非无位之圣人也。……故《老子》书实侯王之宝典,《老子》哲学实侯王之哲学也。"[①] 更有学者明确指出:"无为显然是道和圣人或侯王的性质,自然的主语则是万物或者百姓。"[②]

的确,稽诸《老子》文本中的多处表述,"道常无为"一旦落实到形下的人间万物,"无为"的主语即是"侯王""人主"和"圣人"等"有位"的"治者";而"道法自然"落实到形下的人间万物,"自然"的主语则是"众人""百姓"和"民"等"无位"的"被治者",以及"大自然"中的"万物"。诸如,老子所谓的"道常无为而无不为。侯王若能守之,万物将自化";"圣人之道,为而不争";"圣人处无为之事,行不言之教";"爱民治国,能无为乎";"功成事遂,百姓皆谓我自然";"我无为而民自化,我好静而民自正,我无事而民自富,我无欲而民自朴";"以辅万物之自然而不敢为";"圣人常无心,以百姓心为心",等等。由此可

[①] 高亨:《老子正诂》,上海古籍出版社1956年版,第62页。
[②] 王博:《权力的自我节制——对老子哲学的一种解读》,《哲学研究》2010年第6期。

见，"无为""不争""不言之教""爱民治国""好静""无事""无欲""不敢为"和"无心"的主语，皆是作为"治者"的"侯王""人主"和"圣人"；而"自化""自然""自正""自富"和"自朴"的主语，则皆是作为"被治者"的"众人""百姓"和"民"，以及"大自然"中的"万物"。在老子看来，只有"治者"采取"无为"和"无事"等举措，"被治者"和"万物"才能处于"自然"和"自化"的状态。老子之所以倡导作为"治者"的"侯王"和"圣人"实施"无为而治"，进而促成作为"被治者"的"众人"和"百姓"的"自然"状态，大凡因作为史官的老子深知，自夏商周三代沿袭而成的"礼乐制度"，由于过犹不及的"人为"和"有为"之治，最终导致了"礼崩乐坏"的历史教训。此即老子所谓的"夫礼者，忠信之薄而乱之首。"

可以说，自人类社会及其文明进入到"国家—政府"的管理模式以来，"治者"应该采取"无为"抑或是"有为"之治，"被治者"应该处于"自然"抑或是"使然"状态，一直是困扰着人类社会的一大理论和现实难题。按照洛克和卢梭的理论，大凡人类都不愿生活在毫无安全感的"弱肉强食"状态之中，这就需要组建国家机器以保护个体的利益。在组建国家政府时，为了自身生命和私有财产等基本权利得到有效的保护，个体必须让渡出自己的部分权利交给国家政府，以行使相应的管理权。但是，当政府不能按照人民的意愿行使职责时，人民有权收回本该属于自己的权利。可以说，洛克和卢梭等人关于国家政府的理论，更多属于乌托邦式的理想，在历史和现实中鲜有典范的案例。在大多数情况下，一般民众大都被动或被迫地卷入国家形成、朝代更迭和政府管理之中，即使他们的生存权、生命权和私有财产权等基本权利受到国家机器的威胁甚或剥夺时，他们通常也只能听从命运的安排，至多揭竿而起推翻王朝的统治，其后可能即陷于"治—乱"反复的恶性循环之中。至于统治者主动交出手中权力或"禅让"的现象，古今中外的历史上少有记载。

正如英国阿克顿所言，"权力导致腐败，绝对的权力导致绝对的腐败。"或许，老子业已认识到，任何不受约束的"人为"权力，都会损害"百姓"的"自然"权利。老子所谓的"自然"，具有自本自根、自是其是和自然而然等含义，与现代文明社会所倡导的天赋人权、生而平等、民主自由等主张相比，具有原始朴素的先见之明。值得注意的是，老子不仅反对"人为"制度的繁文缛节，而且也反对"治者"对"百姓"进行

第三章 《老子》的"无为"与"自然"

"人为"的"知识灌输"和"仁义教化",即使施教者以真理的化身和崇高的仁义的名义对"百姓"施以"教化",都会遭到老子的反对。正如老子所谓的"绝圣弃智,民利百倍;绝仁弃义,民复孝慈","圣人处无为之事,行不言之教"。老子认为,任何由"治者"或"圣人"施加的"人为"教化,必定会以自认为正确的、崇高的、道德的"应然"取代"百姓"自成其是的"自化"和"自然",而"自化"和"自然"恰恰是老子所崇尚的终极价值。故而,老子必定会以"不言之教"反对任何名义和形式下的"知识灌输"和"仁义教化"。

老子之所以反对"应然"的"知识灌输"和"仁义教化",大凡还有以下两点原因。其一,"应然"的"知识"和"仁义",一般是由"侯王"和"圣人"等"治者"确定的,通常并不适合于"众人"和"百姓"等"被治者"的"自然"需求;其二,那些被确定为人人都"应然"接受的"知识"和"仁义",通常会被冠以"确定的真理"和"普遍的美德"之名,而老子恰恰反对任何企图泯灭人间万物"自然"个性的所谓"确定性"和"普遍性"。正如老子所谓的"以辅万物之自然而不敢为","天下皆知美之为美,斯恶已;天下皆知善之为善,斯不善矣。"老子之所以在"美"与"恶"、"善"与"不善"之间不做绝对肯定性或否定性的判断,一方面因为"美"与"恶"、"善"与"不善"是相互对照和依存的关系,离开任何一方,另一方就不复存在;另一方面,所谓"天下皆知"式的"普遍性"和"确定性",易于抹杀人间万物的"自然"个性。又如,老子所谓的"知不知,上。不知知,病",意味着老子崇尚"知道自己不知道",而反对"不知道却自认为知道"。在"知"与"不知"之间,老子或许更倾向于"不知"的状态,以保持"知"的"不确定性"和"开放性"。抑或说,老子更倾向于在"知"与"不知"之间,永远保持某种相互激发的张力。

总之,"无为"与"自然"既是老子哲学本体论的终极结论,又是其"五千言"的宗旨所归,其内涵可谓博大精深,其功用可谓巨细无遗。诸如,于天地万物而言,"无为"与"自然"始终顺应"生而不有,为而不恃,长而不宰","以辅万物之自然而不敢为",任由万物因其"自然"本性和谐共生;于人间社会而言,"无为"与"自然"倡导"圣人不仁,以百姓为刍狗","善者吾善之,不善者吾亦善之","信者吾信之,不信者吾亦信之",以一视同仁和人人平等的"人格"观念,超越了之前世代沿袭的亲疏尊卑的"位格"桎梏;对家国社稷而言,"无为"与"自然"珍视"小国寡民"式的地方自治和百姓"安其居,乐自俗"的淳朴生活;于"治者"而言,"无为"与"自然"意味着"侯王"和"圣人"要始终持守"无为而治"之道,以使"百姓"和"民"能够安享"自然而然"的生活,如老子所谓的"爱民治国,能无为乎","功成事遂,百姓皆谓我自然";对于从事文化教育的"师者"而言,"无为"与"自然"意味着,"师者"只有具备"自知无知"的"自知之明"和"春风化雨,润物无声"般的普泽施惠,方足以担当"为师之道",如老子所谓的"知不知,尚矣","圣人处无为之事,行不言之教";于个体的道德修行而言,"无为"与"自然"意味着,个体需要破除"宠辱若惊,贵大患若身"的"我执"功夫,诸如"自见""自是""自伐"和"自矜"等,经由"致虚极,守静笃"的自守心法,最终达到"为道日损,损之又损,以至于无为,无为而无不为"的"自然"境界,等等。

正如《中庸》所谓"道不远人,人之为道而远人者,不可以为道",老子哲学所崇尚的"无为"和"自然"亦复如此。老子所谓的"道常无为"和"道法自然",意味着"无为"和"自然"皆为"道"的本性。究其实,"无为"者,必是"自然"的,而"自然"者,亦必是"无为"的;"无为"和"自然"实则是二而不二,表里为一的关系,二者共同构成了本体之"道"的本质特征。如上文所及,由于老子的"形上"之"道"与"形下"的"人间万物"之间由"德"以沟通,以及"道"在"生万物"的过程中,业已将"无为"和"自然"的特性传递给了人间万物,故而作为"道"之基本特性的"无为"和"自然",二者本身亦具备道器合一、体用不二、即体即用等基本特征。

若以老子之"道"及其"无为"和"自然"的特征反观西方哲学的"二元论"传统,确有一番颇具参照的趣味。古希腊哲学自柏拉图确立"形上"的"理念世界"和"形下"的"现象世界"之传统以来,讫至基督教借鉴并融合古希腊哲学的"二元论"之后,在中世纪基督教又形成并强化了"彼岸"(other-worldliness)与"此岸"(this-worldliness)两个世界之间的对立。对于柏拉图而言,"形下"的"现象世界"是不真实的,只有"形上"的"理念世界"方有真理可言。对于基督教信徒而言,奉行博爱以摆脱"此岸"的苦难世界,方能进入"彼岸"的"天国"。只有在"彼岸"世界的"天国"里,人才能得到极乐和永生。西方哲学和宗教这

第三章 《老子》的"无为"与"自然"

种对形上与形下、道与器、体与用、本质与现象、彼岸与此岸、天国与人间之间的二元分离传统，势必会导致非此即彼、非善即恶、非真即假的二元思维模式。在真实的"理念世界"和虚假的"现象世界"之间，以及在极乐的"彼岸"世界与苦难的"此岸"世界之间，总是横亘着一条不可逾越的鸿沟。若要弥合二者之间的畛域，人们只有通过摆脱"形下"或"此岸"世界，方能"外向超越"（outward transcendence）至"形上"和"彼岸"的世界。可以说，这是典型的"二元论"。相形之下，由于老子哲学中的天地万物乃至于人间社会皆由"道"所生，因此人间万物本身即天然地沿袭着"道常无为"和"道法自然"的"基因"。故而，人间万物若想臻于"天人合一"或曰"道人合一"的境界，只需"反求诸己"或曰"内向超越"（inward transcendence）即可实现。此即老子所谓的"自知者明""自胜者强。"可见，西方哲学自柏拉图以来形成的"二元论"传统，以及基督教关于"此岸"与"彼岸"两个世界的划分，与老子哲学体用不二、即体即用、循环往返、"周行不殆"等特点，形成了迥然相异的对照。

第四章　本书的撰写体例

上文的"总论"对《老子》的"破"与"立"、"道"与"德"、"无为"与"自然"三个问题进行了分析。这三个问题，可谓解读《老子》"五千言"的肯綮所在。关于《老子》一书"破"与"立"的问题，主要是以老子和孔子在共同面临"礼崩乐坏"的大变局时，所提出的核心主张为比较的参照系，以"哲学的突破"为分析工具，比较二者在"道术将为天下裂"之后的学说创新。关于《老子》的"道"与"德"的问题，主要是对二者"形上"之"本体"与"形下"之"器用"之间的特征、功能及其相互关系进行分析与比较。至于《老子》的"无为"与"自然"，主要是对二者的特征及其相互关系予以分析，尤其是对"治者"的"无为"和"百姓"的"自然"之间的对应关系予以详细阐述。"总论"中对这三个问题的理解与解释，亦贯穿于本书正文对《老子》"德经"各章的解读和参悟之中。

下文拟对本书采用的《老子》版本和撰写体例等问题，予以简要说明。鉴于目前有多种版本的《老子》刊行于世，本书主要以"今本《老子》"的篇章顺序和文本内容为主要依据，同时参照以下五种版本：郭店楚简《老子》、马王堆帛书《老子》、河上公版《老子》、王弼版《老子》、傅奕版《老子》。本书仅以上述五种版本的《老子》作为参考史料，在与"今本《老子》"之间存在语句和字词等差异时，这五种版本被用于比较和佐证相关的论点。目前比较流行的"今本《老子》"，大致皆以魏晋时期王弼的"王本"《老子》为主。"王本"《老子》全书共分八十一章，前三十七章为"道经"，后四十四章为"德经"。本书的主要内容，即是对后四十四章的"德经"通义及其对教育和修养的启示予以研究。除上述不同版本的《老子》外，古代著名学者对《老子》的注解和校注等相关资料，亦是本书在诠释"德经"通义时的重要参考文献。该类文献主要包括，河上公、王弼、严遵、傅奕、吕惠卿、焦竑等注解的《老子》。另外，近现代学者，如张松如、左孝彰、蒋锡昌、张松辉等人注解的《老子》，亦是本书重要的参考资料。

在撰写体例上，本书由"总论""'德经'证悟""结语与思考"三部分组成。关于本书第一部分"总论"的内容及特点，上文业已说明。关于本书第二部分的"'德经'证悟"，本书的撰写体例有以下几点说明。其一，为便于把握《老子》"德经"各章的主旨，本书对"德经"各章重新命以"章名"。对各章"命名"的措辞表述，主要由各章中能够表达各章大意的"四字短语"组成。如果本章原文中没有适合于表达本章大意的"四字短语"，即从本章原文中选择关键词组合而成"四字短语"。其二，"今本《老子》"的"德经"，从第三十八章开始到第八十一章结束，共有四十四章。本书将"德经"的首章即第三十八章改为第一章，并依此一一顺推，共有四十四章。本书按照"今本《老子》"中"德经"各章顺序的先后，对每一章文本的内涵皆予以解读。其三，每一章都包括对"德经"各章的"章旨参证"。所谓"章旨"，即是本章的大意与宗旨；所谓"参证"，即是参考学界公认的"老学"大家对该章的注解，以佐证本书作者对该章主旨的理解与解读。其四，每一章都包括对"德经"各章的"章旨参悟"。该部分主要是在理解该章主旨的基础上，对当下我国的教育理论和实践乃至于道德修养等问题予以反思，以资镜鉴。值得一提的是，本书的"章旨参悟"部分，仅从哲理和学理的层面予以思考和阐发，不涉及具体的致用举措。本书的最后一部分是"结语与思考"。该部分主要是对《老子》"德经"通篇研究的反思，并对某些尚需思考的问题予以讨论。

《老子》一书，其内涵博大精深，其功用巨细无遗。本书所见，只得《老子》一鳞半爪，尚待仔细琢磨，更需学界方家指教。

第二篇 "德经"证悟

第一章　上德不德

上德不德，是以有德；下德不失德，是以无德。上德无为而无以为，下德为之而有以为。上仁为之而无以为，上义为之而有以为，上礼为之而莫之应，则攘臂而扔之。故失道而后德，失德而后仁，失仁而后义，失义而后礼。夫礼者，忠信之薄而乱之首。前识者，道之华，而愚之始。是以大丈夫处其厚，不居其薄，处其实，不居其华。故去彼取此。

章旨参证

在《老子》中，"德经"的第一章，即"今本《老子》"的原来第三十八章，具有相对特殊的意义。依照目前可见的众多版本，本章通常被作为"德经"的开篇之章。自《老子》本章开始至最后一章共有四十四章，属于"德经"或"德篇"的范畴，之前共三十七章的内容属于"道篇"或"道经"的范畴。"道篇"和"德篇"的说法，在一些版本中又被称作为"上篇"和"下篇"，虽然说法不同，但二者都遵循相同的分篇标准，即以"道可道，非常道"为"道篇"或"上篇"的起始章，以"上德不德"作为"德篇"或"下篇"的起始章。

对于《老子》是否分篇，目前学界尚未达成共识。如果《老子》原本就是分篇立论的话，那么从"上德不德"作为"德篇"的起始章，确有其合理之处。这主要体现为以下几点。其一，与之前的章节相比，"今本《老子》"的原来第三十八章，即本书的第一章是老子集中阐释"德"的章节。通观《老子》在本章之前的内容，论述的重点是"道"；对于"德"，之前各章虽有提及，但次数较少且含义模糊。其二，自本章开始，之后各章节的内容，大多与社会人事有关。与之前各章大多从哲学的本体论层面言说"玄之又玄"和"恍兮惚兮"的"道"不同,自本章开始之后的各章,更多地针对现实,着眼于对现实社会之"德"的分析及阐发。其三,与之前各章节集中论述"道"相比,本章的内容具有明显的转折性。在之前的章节中,《老子》虽也偶尔提及"德",但并未将其作为核心概念。本章以"德"为关键词,与之前集中论述"道"的情况截然不同。其四,本章从各个层面分析和阐释"德",体现出《老子》"德论"的基本架构,并能够与"道论"互为指涉。

何以《老子》由"道"及"德"?从《老子》思想的整体看,由"道"及"德",乃是理论发展的必然趋势。可以说,由形上之"道"向形下社会的落实,离不开"德"。在《老子》中,"德"是"道"之用。作为古已有之的概念,"德"在老子之前便已具备相对完备的意义,且为人们所熟知,可直接拿来使用。相对于"德",《老子》之"道"虽然也是古已有之的概念,但在《老子》之前,仅是一般词汇,正是《老子》赋予了"道"以新的内涵。抑或说,"道"由一个一般意义的词汇,变成一个具有"形上"属性的哲学词汇,乃是老子创造性的升华使然。由于"道"的"形上"之义是老子所首创,故而多次论述和言说"道"当为理论构建的必然环节。毕竟,为了方便常人的接受和理解,对于新创词汇不厌其烦地反复解释,当在情理之中。相比之下,由于在《老子》成书之前,"德"的概念业已相对完备且已被世人所熟知,故而《老子》无需对"德"予以过多的解释与阐发。将一个内涵相对完备的固有词汇直接拿来应用,是本章之前各章极少言及"德",并使得本章对于"德"的论述略显直白的根本原因。

由本章的内容可知,《老子》是在原有"德"的含义的基础上展开对"德"的论述。以原有之"德"为依据,《老子》省去为"德"重新定义的功夫。这也是在之前的章节中《老子》勉强为"道"命名,勉强形容"圣人"的形象,而从未勉强对"德"予以过多解释的原因。本章开篇的"上德不德,是以有德;下德不失德,是以无德",即是以"德"之原有义为依据对"德"进行分类。作为集中论述"德"的章节,本章并未对"德"是什么予以描述,而是直接以固有的"德"义为前提对"德"进行分类,这与之前的章节论述"道"的"不可道""万物之母""天地之始"等有关"道"的本质属性截然不同。

本章首句的"上德不德,是以有德;下德不失德,是以无德",包含

第一章　上德不德

着"德"的诸多类型及状态。"上德"是名词,是"德"的一种状态。"不德"是"上德"的具体状态,是对"上德"的具体描述;"有德"是"德"的结果。"下德"是"德"的另一状态;"不失德"是"下德"的表现及具体状态;而"无德"是"德"的又一结果。在老子看来,"上德"之所以是"有德"的,原因在于"上德"是"不德"的。句中的"是以",表明因果关系的存在。关于"上德"和"不德",河上公注解曰:"上德,谓太古无名号之君,德大无上,故言上德也。不德者,言其不以德教民,因循自然,养人性命,其德不见,故言不德也。"① 由此可见,此处的"上德""不德""有德"之间,并不是单纯的概念关系,而是有着具体的主体,指的是人之德。亦即,有"上德"的人,之所以是"有德"的,原因在于"其德不见"。"不德"并非是"德"的否定状态,而是指"不以德为德"。既然"不以德为德",则人之德便不被用于标榜和炫耀自身,这与《老子》的"无为"主旨是一脉相承的。也正是在这个层面上,河上公将"是以有德"解释为"言其德合于天地,和气流行,民得以全也。"② 与前句中将"德"的主体预设为"君"相呼应,此句中的"其",指的是"治者"。

根据河上公的注解,将"德"的主体设定为"治者"具有相当的针对性。由于《老子》看重政治统治对于家国社稷的引领作用,加之先秦时期"治者"的"政德"是"德政"的前提,故而将"上德"和"有德"的主体设定为"治者"。这符合《老子》的一贯宗旨。除以"治者"作为"德"的主体之外,将"普通人"作为"德"的主体也同样成立。相比较而言,以"治者"作为"德"的主体,指的是"政德",表明的是政治的理想状态;而以"普通人"作为"德"的主体,亦即"人之德",表明的则是一切人及其家国社稷的"有德"状态。

河上公将本章下文的"下德不失德,是以无德"的主体,仍然看作为"治者"。河上公注解曰:"下德,谓号谥之君","不失德者,其德可见,其功可称也","以有名号及其身故"。③ 依照河上公的解释,"上德"与"下德"、"不德"与"不失德"、"有德"与"无德"之间存在明显的差

---

① （汉）河上公:《老子》,上海古籍出版社2013年版,第78页。
② 同上。
③ 同上。

37

别。由于"上德""不德""有德"三者,与"下德""不失德""无德"三者之间,分别存在着因果联系,故而"上德"与"下德"、"不德"与"不失德"、"有德"与"无德"之间的差别,皆可视为"上德"与"下德"之间的差别。在《老子》中,"上德"与"下德"之间的差别,首先体现为两种"德"存在着高低之分。关于"上德"与"下德"之间的高低关系,河上公指出,"下德"是"不及上德"的。由此可见,作为两种不同类型和不同状态的"德","上德"无疑是《老子》之"德"的理想状态。

《老子》的"上德"之所以是"上德","下德"之所以是"下德",并非直接是理论预设的结果,而是有着明确的区分标准。结合下文内容可知,《老子》乃是以"无为"作为划分"德"的类型和状态的标准。在《老子》中,"无为"是"道"的本质属性,"道"之所以为"道",正在于它是"无为"的。故而,《老子》以"无为"作为区分"合道"与否的标准。与"道"论的划分标准相同,《老子》同样也以"无为"作为区分"德"的标准。以"无为"为依据,《老子》揭示了"上德"与"下德"的具体内涵。

本章下文的"上德无为而无以为,下德为之而有以为",明确指出"上德"的"无为"以及"下德"的"有为"特性。河上公在注解此句时,同样着眼于政治统治领域,认为"上德"的统治者是"无为"和"无以名号"的;"下德"的统治者是"有为"的,并且是"言为教令,施政事"的。除以"无为"和"为"分别对应"上德"和"下德"之外,"无以为"和"有以为"与"无为"和"为"之间的组合关系,也是区分"上德"与"下德"的标准。抑或说,"上德"之所以是"上德",原因正在于它是"无为"并且是"无以为"的,而"下德"之所以是"下德",也正因为它是"有为"并且是"有以为"的。

在《老子》中,"为"与"无以为""有以为"之间的组合方式不同,即构成不同的"德"。当"无为"与"无以为"组合时,即构成"上德",如其所谓的"上德无为而无以为"。当"为"与"无以为"组合时,即构成"上仁",当"为"与"有以为"组合时,即构成"上义"。"上仁"和"上义"由于都是"为"的,也可以理解为都是"有为"的,故而属于"下德"的标准。尚若说"下德"中的"上仁"和"上义",因为是"为"之故而不被《老子》所倡导,那么同样有"为"的"上礼",却是被《老子》所明确唾弃的。大凡概因,"上礼"不仅是"为"的,而且是"莫之应"的,其对比"上仁"和"上义"之"为"的"无以为"和"有以为"的状态,已然处于"德"之末端。本章下文的"上仁为之而无以为,上义为之而有以为,上礼为之而莫之应,则攘臂而扔之"一句,是以"无为""为"与"无以为""有以为"之间的组合方式为依据,对"下德"作具体划分。

由此可见,《老子》之"德"在整体上可分为"上德"与"下德"。由于"上德"只能是"无为而无以为"的,故而"上德"指的是合于"道"之"德"。相比之下,由于"下德"有不同的表现形式,故而依照"为"的程度和方式的不同,"下德"又包括"上仁""上义""上礼"三个层次。

在对"上德"和"下德"的具体状态予以描述之后,该章下文指出了不同的"德"之间的关系,即"故失道而后德,失德而后仁,失仁而后义,失义而后礼"。针对此句,河上公有言:"言道衰而德化生也,德帅衰而仁爱见也,仁衰而分义明也,义衰则施礼聘,行玉帛"[1]。《老子》所谓的"失道而后德,失德而后仁,失仁而后义,失义而后礼"的过程,正是道德逐渐衰败和沦丧的过程,也意味着"德"源于"道",而止于"礼","道"是"德"之"本","礼"是"德"之"末"的事实。针对"礼",该章下文有言:"夫礼者,忠信之薄,而乱之首"。针对此句,河上公疏解曰:"礼者贱质而贵文,故正直日以少,邪乱日以生"[2]。依此可见,《老子》认为"礼"是"乱之首",原因在于"礼"是"德"之末,也是"乱"的原因。

在论述过"德"的类型及层次之后,本章下文的"前识者,道之华而愚之始",乃是承接上文"夫礼者"一句的结论性陈述。对于此句,范应元将其与"礼"相结合,认为"制礼之人,自谓有先见,故为节文,以为人世之仪则也,然使人离质尚文。"[3] 由范应元的解释可见,《老子》所谓的"前识",其突出特点是"为",由于《老子》所倡导的"上德"是"无为"的,"为"的"前识"不合于"道",故而是"道之华而愚之

---

[1] (汉)河上公:《老子》,上海古籍出版社2013年版,第79页。
[2] 同上。
[3] 陈鼓应:《老子今注今译》,商务印书馆2016年版,第218页。

始"。

由于"为"之"德"是"道之华而愚之始",故而本章下文曰:"是以大丈夫处其厚,不居其薄,处其实,不居其华"。该句中的"是以",表明上下句之间的因果关系。对于此句,河上公注解曰:"大丈夫,谓得道之君也。处其厚者,处身于敦朴。不处身违道,为世烦乱也。处忠信也,不尚言也。"[①] 由于"敦朴"和"不尚言"等皆是"无为"的体现,故而"有德"的"大丈夫",其言行的突出特征是"无为"。文末的"去彼取此"则是对该章的总结,是在交代"无为"之"上德"的必要性以及"有为"之"下德"的危害性之后,对"上德"和"下德"做出的价值判断,倡导世人躬行"无为"之"上德",舍弃"有为"之"下德"。

章旨参悟

老子在前三十七章的"道经"中,对"玄之又玄"的"本体之道"进行了深入的探究。在后四十四章的"德经"中,老子仍然以形上的"本体之道"为分析逻辑,对"德经"之"德"的内涵及特征进行阐述与分析。在后四十四章的"德经"中,老子仍然运用"以道观天地""以道观人""以道观万物"和"以道观德"的"常道观",对"德经"之"德"进行分析与阐发。唯有以"常道观"的高度解读《老子》的"德经"之"德",方能得其真谛所在。

对老子来说,在天地万物乃至于人间社会中,业已达到"不以德为德"("不德")、"任其自化"("无为")和"无所施为"("无以为")的"上德"状态或境界者,只有自然而然的"天地万物"和"得道圣人"。处于"上德"状态的"天地万物"和臻于"上德"境界的"得道圣人",其根本特征是自本自根、本自具足、无须外求、自是其是、自然而然、自由自在的。"上德"的这些特征,无疑也是所有人梦寐以求的人生境界,堪当为世人所效仿。由此而言,举凡人间,古今中外,概莫能外。大凡人间,谁不梦想自由自在的生存状态。一旦达到了"上德"自由自在的生存状态和人生境界,谁还会费心计较于"有德如否"("不失德"),并且始终"勉强有为"("为之")地"坚持有德"("有以为")的"下德"?

---

① (汉)河上公:《老子》,上海古籍出版社2013年版,第79页。

第一章　上德不德

　　人们通常认为，只有自然万物才能达到"上德"那种本自具足和自然而然的存在状态。抑或说，只有无知、无欲、无情的天地万物，才能合于老子所谓的"上德不德"和"上德无为而无以为"的生存状态；而对于有知、有欲、有情的人间而言，则难以摆脱"下德不失德"和"下德为之而有以为"的生存状态。只有少数得道的圣人和高僧大德，方能由"下德"升华为"上德"的境界。虽然现实社会中的多数人，确实很难达到"不以德为德""任其自化"和"无所施为"的"上德"境界，但是我国儒释道三大家的先贤们，却始终对"上德"的境界孜孜以求，他们立志高远的人生境界，堪当为现代社会道德修养之明鉴。

　　例如，孔子在反省自己的一生时说："吾十有五而有志于学，三十而立，四十而不惑，五十而知天命，六十而耳顺，七十而从心所欲，不逾矩"（《论语·为政》）。前两个时期的"有志于学"和"立"，可以看作是孔子"不怨天，不尤人，下学而上达"（《论语·宪问》），孜孜以求乃至于学有所得的过程。中间两个时期的"不惑"和"知天命"，则是明辨是非，不为俗事所惑，确立并履行人生使命的阶段。而最后两个时期的"耳顺"和"从心所欲，不逾矩"，则可谓是大智若愚、顺应大道、自然而然和自由自在的人生境界。孔子如此的人生境界，与老子所谓的"不以德为德""任其自化"和"无所施为"之"上德"，可谓毫无二致。

　　又如，就释家而言，达摩西来，不立文字，直指本心，见性成佛，以及《金刚经》所谓的"凡有所相，皆是虚妄，若见诸相非相，则见如来"等，与《老子》所谓的"上德不德，是以有德"和"上德无为而无以为"相比，何其相似乃尔！

　　老子划分"上德"和"下德"的标准，主要是根据"自然无为"如否；亦即，凡是顺应"自然无为"者，即为"上德"，反之则为"下德"。具体到人间社会而言，老子所谓"自然无为"的"上德"，主要是指本体境界的、由衷的、自然的、习惯的道德观念和行为，其旨趣类似于孟子所谓的本真、本能和本善的"恻隐之心"。如孟子所说，"所以谓人皆有不忍人之心者，今人乍见孺子将入于井，皆有怵惕恻隐之心；非所以内交于孺子之父母也，非所以要誉于乡党朋友也，非恶其声而然也"（《孟子·公孙丑上》）。孟子认为，人之所以堪称为人，大凡皆因在同胞处于危机时所拥有的同情恻隐之心，进而本能地伸出援助之手。这种本能的援助行为，乃是人类本能、本真、本善的自然流露，没有任何的理性思考和个人利益算计，切合于老子所谓的"不以德为德""无为"和"无所施为"的"上德"境界。反之，在这种危急的情况之下，倘若还要思考救孺子"是否符合道德"（"不失德"），在得出"符合道德"的判断后才予以施救（"为之"），更甚或施救的行为若是出于要"内交于孺子之父母""要誉于乡党朋友"或"恶其声"（"有以为"）等利益和声誉的算计，那么这种施救行为即落于老子所谓的"下德"之列。

由此可见，相较之于"自然无为"的"上德"，"下德"始终勉强于行德和保德，计较于世间的利弊得失，工心于人间的福祸荣辱，慎行于"乡愿"的赞誉远近，等等。大凡此类牵强于"不失德"的"为"和"有以为"，由于其违背"自然无为"之本性，不能与天地合其德，皆不足以为天下之楷模。

由此可见，无论是个体的道德修养，还是家庭、社会和学校的道德教育，如何由"不失德""有为"和"有以为"的"下德"，升华为"不德""无为"和"无以为"的"上德"境界，如何由刻意为之的道德说教、道德灌输和道德规训，上升为自然流露的道德本真、道德本善和道德本心境界，对于"传道、授业、解惑"的师者、"修己以安人"的治者、"人之本也"的父母而言，都是值得深入思考的根本问题。

本章主旨除"上德"和"下德"之外，还包括老子按照道德价值的高低所建构的道德谱系，即"失道而后德，失德而后仁，失仁而后义，失义而后礼"。由于本书的"结语与思考"部分将对老子的道德谱系予以详细分析，此不赘述。

第二章　得一为本

昔之得一者，天得一以清，地得一以宁，神得一以灵，谷得一以盈，万物得一以生，侯王得一为天下贞。其致之，天无以清将恐裂，地无以宁将恐发，神无以灵将恐歇，谷无以盈将恐竭，万物无以生将恐灭，侯王无以贵高将恐蹶。故贵以贱为本，高以下为基。是以侯王自称孤、寡、不穀。此非以贱为本邪？非乎？故至誉无誉，不欲琭琭如玉，珞珞如石。

章旨参证

在老子看来，"道"是万物之母。作为万物之母的"道"，在《老子》中有多种称呼，如，"朴""大象""大""一"等。关于"一"字，《老子》中明确以其代指"道"的章节，有第十章和第二十二章。例如，第十章的"载营魄抱一，能无离乎"和第二十二章的"圣人抱一为天下式"中的"一"，均可解释为"道"，意即"营魄守道"和"圣人守道"。

河上公在注解"载营魄抱一"时，结合"道生一，一生二，二生三，三生万物"，认为"一"是"道"所生，即其所谓："道始所生者，一也"。[①] 将"一"视为"道"所生，在某种意义上是对"道"即为"一"的否定。"一"既为"道"所生，则"道"不是"一"，二者不能混同。若"一"不是"道"，那么"一"是什么？笔者认为，"一"就是"德"。

将"一"视作"德"，主要关涉的是"道"与"德"之间的关系。在《老子》"德经"的第一章，"道"与"德"之间的关系已被明确表述，即"失道而后德"。"失道而后德"一句，体现出"道"在"德"前，"德"

[①] （汉）河上公：《老子》，上海古籍出版社2013年版，第96页。

在"道"后的逻辑关系。又由于《老子》之"道"不仅是万物之母，也是价值之源，故而"德"在"道"之后，说明"德"为道所"生"。《老子》中"道"与"德"之间关系的密切性，主要体现为"德"是"道"的派生物。也正是在这种层面上，诸多老学研究者认为，"德"是"道"之功、"道"之用。

将"德"作为"道"之功用，是形上之"道"显示自身并作用于现实的必然条件。"德"在相当程度上是"道"的外显，分有"道"的属性，在形上意义上与"道"重合。也正是在这个意义上，《老子》中的"大德""玄德""广德"等，均指涉终极的、至高的、绝对的价值之"道"。

既然"德"为"道"所生，是"道"的外显及功用，并在形上意义上与"道"有重合之处，那么"道生一"之"一"，既可以指"道"又可以指"德"。关于"道生一"之"一"，一些学者认为，"道"所生之"一"是"道"本身。而另有学者则认为，"道生一"指的是"道生德"，"德"再生阴阳二德。应该说，这两种不同的观点，并不影响对老子整体思想的把握，反倒丰富了《老子》思想的内涵，毕竟"道"和"德"二者，都是《老子》最为关注的。

作为"道"的功用，当"道"生万物之后，"德"的功用则是"蓄养"，这体现为老子所谓的"道生之，德蓄之"。德"蓄养"万物的首要环节，即是顺应万物成就其自身的内在属性。结合《老子》的整体思想，万物的内在属性即万物自成其是的"自然性"。由于"自然"便是"道"，故而万物获得自身"自然性"的过程，便是"得道"的过程。而当万物"得道"之后，万物也便是有"德"的。"德"具有"得"的含义，万物"得道"便是"得德"。该章"昔之得一者"中的"一"，既是"道"又是"德"。"得一"既指"得道"，又指"得德"。

《老子》本章首句，便论述"德"的主体和功用及其重要性。即，"昔之得一者，天得一以清，地得一以宁，神得一以灵，谷得一以盈，万物得一以生，侯王得一以为天下贞。"从此句包含的主语看，以"天""地""神""谷""万物""侯王"等作为"得一"的主语，等同于说明"德"之主体的广泛性。老学界有"道一而德万"之谓，老子之"德"遍布于宇宙万物之中，是宇宙万物成就其自身不可或缺的"天德"和"天性"。何以"德"如此重要？大凡概因，在"道"的"生生"过程中，

"德"始终扮演着赋予万物成就其自身属性的重要角色。抑或说，离开"德"，万物就不能成就自身。该句指出，"天"之自然性是"清"；"地"之自然性是"宁"；"神"之自然性是"灵"；"谷"之自然性是"盈"；"万物"的自然性是"生"；"侯王"的自然性是"为天下贞"。"清""宁""灵""盈""生""天下贞"，既是以"天""地""神""谷""万物""侯王"为代表的宇宙万物"得一"的结果，又是宇宙万物的功用，还是宇宙万物的"德性"。由此，可见《老子》"道"与"德"之间的密切关系。

关于该句，河上公注解曰："昔，往也。言天得一，故能垂象清明；地得一，故能安静不动摇；神得一，故能变化无形；谷得一，故能盈满而不绝也；万物皆须道以生成也；侯王得一，故能为天下平正。"[1]将"昔"字解释为"往"，等同于认定"天""地""神""谷""万物""侯王"的"得一"，乃是之前存在过的状态；而之所以对"昔之得一者"进行论述，目的在于为"今之未得一者"提供借鉴及榜样，旨在期待宇宙万物"得一"。在老子看来，由于人间万物是自本自根并且是本自具足的，故而"人"也应该是"得一"的。本章论述"得一"的"天""地""神"等"清""宁""灵"的状态及"德性"，旨在论述"德"之普遍性和重要性的基础上，为世人提供效仿的对象。

在论述"天""地""神"等"昔之得一者"的状态及"德性"后，该章下文继续强调"德"的重要性。此即，"其致之，天无以清将恐裂，地无以宁将恐发，神无以灵将恐歇，谷无以盈将恐竭，万物无以生将恐灭，侯王无以贵高将恐蹶"。老子认为，宇宙万物对于自身自然性的持守，是其生生不息的前提。一旦事物违背其自然性，则是对"道"的背离，只能导致"不道""不德"的结果。同样以"天""地""神"等为对象，对其"失道"和"失德"的状态及结果进行描述，与其"得一"的状态形成比对，以彰显"得一"的重要性。

关于此句中"其致之"中的"致"，河上公曰："致，诫也，谓下五事也"[2]，认为上文的"昔之得一者"，可视作对下文所及"五事"的告

---

[1] （汉）河上公：《老子》，上海古籍出版社2013年版，第85页。

[2] 同上。

诚。正如高亨曰："犹推也"[1]，认为推究上文之理，可得出下文的结论。该句所表达的主旨，乃是宇宙万物自身属性的丧失及其不堪的结果，与欲望和欲求的"过度"和"无已"相关。万物自然属性的获得及持守，要符合"道常无为"和"道法自然"的属性。

以前文"得一"和"失一"的状态及结果为对照，本章下文的"故贵以贱为本，高以下为基"，乃是对事物何以保有自身自然性的总体论述，其中包含并体现"道常无为"的特征，指明"贱"和"下"等状态和"德性"的重要性。本章后文的"是以侯王自称孤、寡、不榖"，则是以"侯王"为对象，说明持守"贱"和"下"对于治国理政的重要性。而本章下文的"此非以贱为本邪？非乎？"一句，则是以双重疑问的句式，双重肯定"贵以贱为本，高以下为基"的道理，以及"侯王自称孤、寡、不榖"的行为及状态。

本章文末的"故至誉无誉，不欲琭琭如玉，珞珞如石"，则是对人的生存与发展法则的总结性陈述。张松如将其解释为"所以急切计较声誉，必定得不到声誉。所以不要求琭琭晶莹像宝玉，而宁愿珞珞坚硬像山石。"[2]"琭琭之玉"是精雕细琢的结果，"珞珞之石"虽不如玉之晶莹美观，但因其朴素自然，可谓本真的存在。结合《老子》对于"道法自然"的肯定及倡导，以"琭琭之玉"与"珞珞之石"互为对照，以"故至誉无誉，不欲琭琭如玉，珞珞如石"结尾，目的在于指明自然质朴本性的重要性。这与本章首句"得一"的状态及结果相对应，符合该章重视自然属性和自然"德性"的主旨。

章旨参悟

本章的主旨是强调"得一"的重要性。所谓"得一"者，既有"得道"，又有"得德"之义。老子之"道"，乃世间万物之母，人间价值之源，返璞归真之根。故而，老子哲学实可谓"体用合一"的"一元论"哲学。于老子而言，大凡世间万物皆由"道"所生，世间万物亦因此而各自分有"道"之"德"以生以成。由于此"一"或曰"德"嫡出于"道"，

---

[1] 高亨：《老子注译》，清华大学出版社2010年版，第69页。
[2] 张松如：《老子校读》，吉林人民出版社1981年版，第231页。

故而它业已秉持"道"的所有潜能及特性,二者几可"混而为一"。倘若本体之"道"的主要功用乃是"生成"万物的话,那么"得一"之"德"的主要功用,则主要是"蓄养"万物。此即老子所谓的"道生之,德蓄之"。

在老子看来,尽管天地万物和人间都源自于"道",但是其"得一"之"德"的类型、状态和特征等却是千差万别的。此即通常所谓的"道一而德万。"就自然万物而言,各有其独特的"得一"或曰"本体"特征,其存在状态和生长规律是千差万别的。故而,自然万物的"蓄养"规律或曰"自然律",也是彼此有别的。只有按照自然万物"得一"的属性或曰"内在规定性"予以"蓄养",方能引导万物自然而然地成就其自身。于人类社会和个体而言,亦复如此。此乃老子所谓"万物莫不尊道而贵德"的主旨所在。

就人类社会而言,教育领域与政治、经济等领域迥然有别。教育领域有其独特的"得一"和"蓄养"规律,不能以政治和经济等领域的"蓄养"规律统辖教育的发展。具体到家庭、社会和学校系统中的人间个体而言,人有天生的男与女、长与幼、健与弱、早慧与晚成等方面的差别,因而对其"蓄养"的目的、内容和方法等,亦必须遵循因材施教、因时施教和因地施教等规律,以实现其自然而然、各成其是、自是其是的最终目的。

如上文所及,老子之"道"与"德"的关系,可归结为"道一而德万"。所谓"道一",是指"道"乃万物之母和价值之源,人间万物皆分有"道常无为"和"道法自然"的"共性";所谓"德万",是指世间万物和人间,各有不同的"得一"之"德",即各有其独特的"个性"。《老子》中"道"与"德"的关系以及本章所谓的"得一",旨在强调"共性"与"个性"的统一。

若以此为镜鉴反观当下的学校教育,可以反映出诸多值得反思的问题。比如,无论古今中外,教育系统本身普遍的"共性"规律,即是根据学生的潜能和成长规律,引导学生自然而然地发展,最终达到"自成其是"的目的。但是由于我国素有的"政教合一"传统尚未完成现代转型,教育系统本身自主的、独特的"共性"规律,远未得到重视和落实。当下学术界对教育领域"去行政化"的探究,大凡概源于此。正如本书在"总论"中所及,尽管老子哲学"五千言"不出"道""德"二字,但是

"道""德"二字的宗旨所归,却在于"无为"和"自然"。就以"无为""自然"为核心的治国理政而言,在《老子》中,"无为"的主语主要是指"侯王""圣人"和"人主"等"治者",而"自然"的主语则主要是指"众人""百姓"和"民"等"被治者"。在老子看来,只有"治者"的"无为而治",才有"被治者"的"自然而然"。于此而言,老子的政治哲学是一种倡导权力本身自我约束的哲学。推而言之,只有根据教育系统自身独特的发展规律,厘清政治系统与教育系统之间明晰的边界,约束行政权力对教育领域"过犹不及"的干预,教育方能得以"自然而然"地发展,进而激发出各级各类学校"自主办学"和"自成其是"的活力。

正如德国哲学家莱布尼茨所说"世界上没有完全相同的两片树叶",老子所谓的"得一"之"德"以及"以辅万物之自然而不敢为"等,也意味着每个人得自于"道"的"德",即"天性"和"个性"特征,也是独一无二的。每个学生独特的"个性"特征,应该是学校教育的起点所在。于此而言,最理想的学校教育,应该是最符合每个学生"个性"的教育。当然,在现代社会实施普及义务教育、高等教育大众化、实行班级授课制的现实状况下,理想中的"个性化"教育尚难以实现。但是作为教育研究者、教师、家长和学生本人,都应该清醒地认识到,目前制度化、规模化、普及化、班级化、高效化和同质化的学校教育建制,乃是适合近现代社会机械化流水线批量生产的产物,也是在不知不觉之中对"个性"各异的学生予以"同化"的教育模式,由此培养的学生大都是毫无"个性"特征的、千面一孔的"单面人"。如何克服这种长期以来形成的教育痼疾,尚需教育界的有识之士深入探究。

第三章　有无相生

反者道之动，弱者道之用。天下万物生于有，有生于无。

章旨参证

本章的主旨是论述"道"的运行规律及功用。关于"反者道之动"的"反"字，高亨注解为"往复循环"[1]，认为"道"的运行规律是周而复始的。张松如亦将《老子》在之前的章节中所谓的"远曰反"的"反"字作"返"解。[2] 依照本章之前的相关语句可知，《老子》隐约中业已言及"道"之"反"的运行规律。本章的"反者道之动"一句，作为对"道"之"动"的描述，具有总结的含义，使得在之前章节中隐含的对"道"的运行规律得以明确呈现。

关于"反者道之动"，河上公注解曰："反，本也。本者，道所以动。动生万物，背之则亡也"[3]。在此，河上公未将"反"解为"反向""反面"和"返回"。河上公将"反"注解为"本"，等同于将"反"作为"道"之"动"的"根本"。抑或说，"反"是"道"之"动"的内在动力，离开"反"，"道"就不"动"；"道"不"动"，则宇宙万物就不"生"。以"反"作为"道"之"动"的"根本"，是对"反"的功用和地位等特征的解释，而非关注"反"的具体内涵。

河上公以"反"作为"道之动"的"根本"，并不影响"反"作为"道"的运行规律。原因在于，"反"是"道"运行的"根本"，则"道"

---

[1] 高亨：《老子注译》，清华大学出版社2010年版，第71页。
[2] 张松如：《老子校读》，吉林人民出版社1981年版，第238页。
[3] （汉）河上公：《老子》，上海古籍出版社2013年版，第85页。

所遵循的运行"根本",体现为"反向"和"循环"。将"反"视作"反向"和"返回",指的是"道"的具体运行,而将"反"作为"道"之运行的"根本",指的则是"反"的重要性。由此可见,二者并不矛盾。对于"道"的运行而言,"反"具有两方面的含义:其一,"反"是不可或缺的,离开"反","道"就不动,万物就不生;其二,"道"的运行,始终遵循"循环"和"反向"的双重规律。总之,"反者道之动"之"反",既指出了"道之动"的原因,又肯定了"道之动"的价值,还体现了"道之动"的规律。

该章的"弱者道之用"一句,乃是对"道"之功用的总结性陈述。在该章之前,《老子》业已多次肯定"弱"的重要性。该章中"弱者道之用"的"弱",其含义类似于"无为"。此处的"弱",大凡含有"不争""居后""谦下""处下"、和"身退"等含义。老子以"弱"为"用",亦可看作是以"弱"为"德",即《老子》所倡导的"柔弱"之德。在《老子》中,"道"之功用的发挥体现为"德","弱者道之用"与"德者道用"之间,具有互为指涉的关系。何以"弱者道之用"等同于"德者道之用"?一方面,在于"德"是"道"之"用";另一方面,则在于老子之"德"的整体特征可用"弱"字概括。亦即,"柔弱"是老子之"德"的本质属性。总之,老子以"弱"作为"道"的功用,既肯定了"德"的重要性,又突出了"德"的特征。

本章下文的"天下万物生于有,有生于无"一句,则是以万物的"生生"为例,再次对"道之动"及"道之用"予以说明。"天下万物"之所以能够"生于有",而"有"之所以能够"生于无",皆在于"道之动"。如果"道"不动,则万物不生;万物不生,则"不有";"无"不生有,则无可言"无"。"无生有"和"有生万物",即是"道生万物"的"动"的过程。在此过程中,需以"反"为"本"。不仅"道"的"生生过程"是"反"的,"天下万物生于有,有生于无"一句的表达方式也是"反"的。该句以"万物"为表达的起点,目的在于彰显"无"的重要性,运用的是反向思维。至于"天下万物生于有,有生于无"中包含的"道之用",则体现为"道"的"无为"特性。

第三章　有无相生

章旨参悟

　　守"反"、守"弱"、守"无"，乃是老子之"道"的一贯主张，也是该章的主旨所在。常人只知守"正"、争"强"、持"有"，而不知守"反"、守"弱"、守"无"。实则，"大道"有"正"必有"反"，有"往"必有"返"，有"强"必有"弱"，有"有"必有"无"，此乃事物的一体两面。正如老子所谓的"万物负阴而抱阳"，大凡世间万物皆有阴阳两极，或曰一反一正，一往一返，一强一弱，一有一无，一动一静，等等。究其极，二者实则二而不二，表里为一也。这正是《易经》所谓的"一阴一阳之谓道。"

　　然而，世人通常只知求其"正"，而舍其"反"；只知争其"往"，而忘其"返"；只知争其"强"，而嫌其"弱"；纷纷持其"有"，而唯恐失于"无"。然而，正如通常所谓的"孤阳不生，孤阴不长"，只有"正"而无"反"，则无以生无以存；独前"往"而无"返"，则无以"复"无以"还"。同样，世人只知用"强"而弃"弱"，争"强"而嫌"弱"，却不知若能善用其"弱"，则"强"自在其中矣。譬如，两"强"相争相斗，若二者皆不肯示"弱"，则必将两败俱伤；而两"弱"相遇，则无以为争，唯其相互辅佐，以求和谐共生。至于"有无"，世人通常只知执着于"有"，而不知守其"无"；只知偏执于"有"之奢欲，而不知持守"无"之修为；只知"有用之用"，而不知"无用之用"；只知"有用之小用"，而不知"无用之大用"；只知"有用之器用"，而不知"无用之道用"。正如通常所谓的"嗜欲深者天机浅"，此言当为不虚。此乃本章大旨所在，无论道德修为者抑或经世致用者，皆当用心体悟之。

第四章　明道若昧

　　上士闻道，勤而行之。中士闻道，若存若亡。下士闻道，大笑之，不笑不足以为道。故建言有之：明道若昧，进道若退，夷道若纇，上德若谷，大白若辱，广德若不足，建德若偷，质真若渝，大方无隅，大器晚成，大音希声，大象无形，道隐无名。夫唯道，善贷且成。

章旨参证

　　该章的主旨是"行道"。整体而言，《老子》对于"知道"的关注，要早于"行道"，体现出"先知后行"的意味。在之前的章节中，"得道"的"圣人"被老子看作是唯一"行道"的主体。老子之所以将"圣人"预设为"行道"的主体，并对其"行道"的内容和方法等予以描述，大凡概因"圣人"是"得道"之人，其言行举止自然彰显"大道"。抑或说，由于"圣人"的特殊性，"圣人"的"行道"具有天然的权威性和合理性。

　　该章将"行道"的主体设定为"上士""中士""下士"，其主要目的在于呈现不同的主体对"道"的态度。这并不关乎三者"社会位格"的高低，而仅涉及三者"道德人格"的价值取向。抑或说，老子划分"上士""中士""下士"的标准，乃是以其对"道"的行为状态为取舍。

　　关于"上士闻道，勤而行之。中士闻道，若存若亡。下士闻道，大笑之，不笑不足以为道"，河上公注解曰："上士闻道，自勤苦竭力而行之。中士闻道，治身以长存，治国以太平，欣欣然而存之。退见财色荣誉，或于情欲，而复亡之也。下士贪狼多欲，见道柔弱，谓之恐惧；见道质朴，谓之鄙陋，故大笑之"①。由河上公的解释可知，"上士""中士""下士"对于"道"的态度截然不同。"上士"竭力求"道"，态度诚恳，立场坚定；"中士"徘徊于"道"与"不道"之间，态度不一，立场不坚；"下士"则全然弃"道"于不顾，对"道"持鄙夷态度。

在论述"上士""中士"和"下士"对待"道"不同的态度及行为后，该章下文指出了"行道"之艰难和"得道"后的基本状态，即"故建言有之：明道若昧，进道若退，夷道若纇，上德若谷，大白若辱，广德若不足，建德若偷，质真若渝，大方无隅，大器晚成，大音希声，大象无形，道隐无名"。

"道"本是"恍惚"和"玄妙"的存在，老子之所以重复说"道"，大凡概因"道"之"难知"。可以说，"道"不仅"难知"，亦"难行"。"道"之"难行"，既是"上士"不得不"勤而行之"的原因，也是"中士"采取"若存若亡"的态度及行为的原因，还是"下士"嘲讽"大笑之"的原因。

关于该章所谓的"故建言有之……道隐无名"之句，高亨注解曰："光明的道好像黑暗。前进的道好像后退。平坦的好像险阻。崇高的德好像卑下。广大的德好像狭小。坚强的德好像软弱。充实的德好像空虚，大的洁白好像污黑，不以洁白自居。大的方正没有棱角。伟大的器物需要晚些时候才能制成。高妙的音乐很少有声。大象没有形体。大道隐微，甚至没有名称。"②

老子以"明道若昧"说明，在面临黑暗时要坚守信念，因为光明就在前方；以"进道若退"说明，在"行道"的过程中越是艰难曲折，越应该战胜自我，获得进步；以"夷道若纇"说明，"行道"越是曲折艰难，说明离"道"越近；以"上德若谷"说明，真正的"德"，如同"谷"那样包容豁达；以"大白若辱"说明，真正的清白不彰显自我，而是甘居卑下；以"广德若不足"说明，真正宽厚的"德性"，通常表现为谦虚卑微；以"建德若偷"说明，道德的养成，需谨小慎微；以"质真若渝"说明，真正的质朴反而看似愚钝；以"大方无隅"说明，真正的正直，不偏执于一隅而是统筹兼顾；以"大器晚成"说明，"行道"的过程漫长，持

---

① （汉）河上公：《老子》，上海古籍出版社2013年版，第91页。
② 高亨：《老子注译》，清华大学出版社2010年版，第73页。

之以恒才能收效；以"大音希声"说明，真正的大德了无声息；以"大象无形"说明，"大道"是无形的；以"道隐无名"说明，"大道"是无名的。

《老子》之所以描述"行道"过程的艰难以及可能遇到的诸种艰难曲折，目的在于坚定人们"行道"的决心，鼓励"行道"之人砥砺前行。何以"道"如此值得"行"？该章文末有言："夫唯道，善贷且成"。关于此，河上公曰："言道善禀人精气，且成就之也"①。大凡概因"道"能够成就人，故而人们历经艰难地"行道"，就更显得弥足珍贵。文末此句为前文"上士"何以"勤而行之"，以及"行道"过程中为何需要历经磨难提供了答案。换言之，"道"对于人的生存与发展的重要价值，乃是"行道"之人知难而进的关键原因。

章旨参悟

本章以对"道"的认知态度及言行举止为标准，将人划分为"上士""中士"和"下士"三类，以标榜"闻道"之后能够"勤而行之"的"上士"，从而为"中士"和"下士"树立效仿的楷模。继之，又列举"明道若昧"和"道隐无名"等"道"的根本特征，以激励世人修道进德。

稽诸以往注解本章史料可知，本章所谓的"闻道"之"闻"，常被学界所疏忽。不对"闻道"之"闻"予以合理解读，就无法回答为何"上士""中士"和"下士"同样"闻道"，却对"道"的态度和行为存在着如此悬殊的差距。此处的"闻道"之"闻"，颇类似于今人所谓的"认知"和"知识"，又类似于苏格拉底所谓的"知识即美德"（knowledge is virtue）中的"知识"。于苏格拉底而言，"知识即美德"这一命题中的"知识"，接近于"哲学王"（philosopher-king）所持之"真知"，而非常人之"俗见"（opinion）。"知识即美德"之命题中的"知识"，是指当一个人"知道"何为"对"何为"错"，何为"好"何为"坏"，并且按照"对"和"好"去为人处事时，他就具有"美德"或可称之为具有"美德之人"。苏氏关于"知识即美德"的命题，类似于老子所谓的"上士闻道，勤而行之。"苏氏强调"知识"之"知"与"美德"之"行"合二为

---

① （汉）河上公：《老子》，上海古籍出版社2013年版，第92页。

第四章　明道若昧

一，与老子注重"闻道"之"闻"与"勤行"之"行"的"即知即行"相似，二者的见解具有异曲同工之妙。二者都认为，唯有对终极之"道"拥有"真知灼见"，方有"美德"之"行"，或对"大道"持之以恒的"勤而行之"。换言之，只有在确保对"道"之所"闻"乃"真知"且一心向而往之时，人们才能达到即知即行，即行即知，知行合一的境界。

"知识即美德"的反命题是"无知即恶"（ignorance is evil）。在"无知即恶"的反命题中，"无知"即意味着"认识不到"何为"好坏对错"。当人们以这种"无知"的状态去为人处事时，其所"知"所"行"本身，就是"恶"的。苏氏所谓"无知即恶"之反命题，颇似老子所谓的"下士闻道，大笑之"。二者都强调，由于对"好坏对错"之"无知"，或对所"闻"之"道"感觉"荒唐之极"，从而导致其所"行"为"恶"，或对"道"之"大笑"。至于"中士"之所以在"行道"时"若存若亡"，大凡概因其对"道"之所"闻"，囿于"一知半解"或"半信半疑"，故而其"行道"必然会"徘徊不定"或"时断时续"。

"上士""中士"和"下士"之所以对"道"的态度及"言行"各不相同，主要是由三者对"闻道"的差别造成的。值得注意的是，以老子为代表的道家所谓的"闻道"，与现代社会通常所谓知识的多寡、智力的高低、学问的深浅等迥然有别。相反，知识、智力和学问等这些现代学术研究所必备的积累和训练，可能反而会在不知不觉中成为阻碍"闻道"的"痴见"。对于肩负"传道"之重任的"师者"而言，尤需对"痴见"予以特别注意与反省。

所谓"痴见"，就是在自觉或不自觉的情况下，由大量的知识、经验和习惯等积累而成的"成见"，即通常所谓的"知识储备"或"认知定势"。每当遇到新事物或新知识时，这些既存的"知识储备"或"认知定势"就会对其予以分析、判断、吸纳或排斥。通常，新事物和新知识所具有的未定性、新颖性、奇异性和差异性等特征，并不易于被业已既定的"成见"予以正确和适当地判断和吸纳。所谓的"痴见"之"痴"，由"知"和"病"组合而成，本身即有"知识之病"之意。正如老子所谓的"为学日益，为道日损"，在老子看来，由"为学日益"所积累的"痴见"，不但不利于"闻道"，反而易于形成"闻道"之"病"或"知障"。故而，欲"为道"者就必须"日损"之，并且还要历经"损之又损，以至于无为，无为而无不为"等诸多功夫，方可得"大道""自然无为"的

55

圆满境界。

以上诸点参悟，对于承担"传道授业解惑"的"师者"而言，不可不察。在教师教育强调专业化和知识化的今天，在面临"上、中、下"各类学生时，为人师者自身，尤当深查反省进而"勤而行之"。唯其如此，方堪以担当"修己以安人"的"上士"或"上师"。

第五章　道生万物

　　道生一，一生二，二生三，三生万物。万物负阴而抱阳，冲气以为和。人之所恶，唯孤、寡、不穀，而王公以为称。故物或损之而益，或益之而损。人之所教，我亦教之。强梁者不得其死，吾将以为教父。

章旨参证

　　本章主要论述"道"的"生生"过程。如上文所及，老子之"道"，既是万物之母，又是价值之源。"道"作为宇宙万物及价值的源头，其首要功能便是赋予人间万物以生命，以及生存与发展的价值。

　　关于"道生一，一生二，二生三，三生万物"，学界有着基本的共识，即均将该句看作是"道生万物"的基本过程，或"万物生发"的基本过程。具体而言，其内涵大致体现为以下几个方面。其一，人间万物皆以"道"为源头，这与"道"之"始""母""宗"的地位及功能相符，可直接得见"道生万物"的主旨。其二，万物虽为"道"所生，但并非直接由"道"所生。在以"道"为起点至"生万物"的过程中，还包括"一""二""三"的环节。抑或说，"生万物"的过程是有步骤的，有次序的。其三，"道""一""二""三""万物"之间具有密切的关系，从其体现的衍生和递进关系来看，万物生的过程是由大及小、分工明确、逐渐细化的。其四，在这个"生生"的过程中，不仅包含着"万物生"的过程，还包含着"一生""二生""三生"的环节。"道""一""二""三""万物"作为"生"及"被生"的主体，它们的集合体即构成"宇宙"。由此而言，这个"生生"的过程，可以看作是对"宇宙"形成过程的概括。

第二篇 "德经"证悟

在该句中,"道"与"物"的概念容易理解,"一""二""三"作为"生生"过程的重要参与者,却难以理解。若不将"一""二""三"作为"物",则"生生"环节中的"万物",与之前的"一""二""三"就具有不同的性质和属性;而若将"一""二""三"看作是"物",则说明"道"在生"物"之后,"物"继续"生物",最终万物"生"。依照目前学术界对于该句的解释,可将"一""二""三"划分为两个层面,即"物"与"非物"的层面。

关于"一",学界有基本的共识,认为"一"即是"道"本身。"道生一"即是"道生道"。对此,高亨认为,"据《老子》全书,道就是一","道与一同时并生,实指一事"①。将"道生一"的"一"理解为"道"本身,与将"道法自然"中的"自然"理解为"道"本身,可谓旨趣一致。

由于"一"的特殊性,上文所及"物"与"非物"的解释,主要针对的是"二"和"三"。具体而言,在"物"的层面,主要将"二"解释为"天"和"地",将"三"解释为"天""地""人";在"非物"的层面,则将"二"解释为"阴"和"阳",将"三"解释为"阳气""阴气""和气"。长期以来,学界对于该句的含义存在诸多解释,大多各具一定的合理性。笔者认为,该句的主旨既是对"宇宙生发论"的整体描述,同时又是描述宇宙中具体事物的"生发"过程。

在"生生"过程完成之后,《老子》开始对"万物"的状态加以描述,即"万物负阴而抱阳,冲气以为和"。关于此句,河上公注解曰:"万物无不负阴而向阳,回心而就日。万物中皆有元气,得以柔和。若胸中有藏,骨中有髓,草木中有空虚,与气通,故得久生也"②。由此可知,万物所具有的"阴气"和"阳气",经过"冲"的过程,融合而成为"和气"。该句旨在强调"冲"的重要性。

"冲"即"空虚",是"道"的基本属性。如,"道冲,而用之或不盈",即说明"道"的空虚属性及特征。"空虚"作为《老子》之"道"的本质属性,体现在"得道"之人身上,便是"谦虚"和"柔弱"等状态及品性。在论述完"万物"的生发过程及生存状态之后,《老子》将重

---

① 高亨:《老子注译》,清华大学出版社2010年版,第74页。
② (汉)河上公:《老子》,上海古籍出版社2013年版,第96页。

点转向社会人世,以"人"的谦虚和豁达等与万物的"冲"相对应,即本章下文的"人之所恶,唯孤、寡、不毂,而王公以为称"。在《老子》中,侯王自称"孤""寡""不毂"是谦卑的表现。对此,河上公曰:"孤寡不毂者,不祥之名,而王公以为称者,处谦卑、法空虚和柔。"① 以人的谦虚与万物的"冲"相对应,正在于说明"冲"的重要性。

本章后文的"故物或损之而益,或益之而损",是对何以运用"冲"的特征予以论述。对此,河上公注解为:"引之不得,推之必还,夫增高者崩,贪富者至患"②,表明"道"之"冲"的自然性和非强制性。既然"冲"是自然性和非强制性的,那么硬性的、过为的为人处事的方法,当然就为《老子》所摒弃,因为"崇弱抑强"是《老子》思想的基本特征。本章下文的"人之所教,我亦教之。强梁者不得其死,吾将以为教父",即是《老子》"崇弱抑强"的体现。关于此句,河上公曰:"众人所以教,去弱为强,去柔为刚。我教众人,使去强为弱,去刚为柔。强梁,谓不信玄妙,背叛道德,不从经教,尚势任力也。不得其死者,为天所绝,冰刃所伐,王法所杀,不得以寿命死也。"③ 依照河上公的解释,足见《老子》对于"强梁者"的批判。

概言之,该章以"宇宙生发论"为起始,呈现出"道生万物"的自然过程,并通过万物生长过程中的自然性,说明谦卑与和气对于人间生存和发展的重要意义,最终以对"强梁者"的批判,引发出"崇弱抑强"的主旨。

章旨参悟

本章大旨是总阐老子之"道"的宇宙观与本体论。任何哲学体系,大凡都有本体论、认识论和价值论构成;而本体论又是后二者的根本前提。本体论探究的核心问题大致包括:宇宙的形成及其本质是什么,物的本质是什么,人自身的本质是什么等。现代通常所谓的自然科学、社会科学和人文学科,都是由哲学逐渐分化而成的;而哲学的本体论,又可谓哲学的

---

① (汉)河上公:《老子》,上海古籍出版社2013年版,第96页。
② 同上。
③ 同上书,第97页。

"元知识"。故而,作为探究"元知识"的哲学本体论,必然首先追问天地人乃至于宇宙万物的源流,及其本质等终极性的问题。在实用主义和快餐文化风靡于世的当下,尤其对于那些"精致的利己主义者"而言,这些看似虚无缥缈的终极问题,似乎业已成为人们不屑一顾的悠悠往事。实则,对这些终极问题的好奇与追问,应该被自称为"万物之灵"的人类所永远持守。或许,正是对于这些看似"无所为而为之"的问题的好奇与追问,方有人类自身的演化及其文明的进步。在目前中外学术界公认哲学本体论正在衰微的大背景下,学校教育如何引导学生对这些"无所为而为之"的"元知识"予以探究,当是一个值得深入思考的问题。

近代以前,这些"无所为而为之"的"本体之学",一直由被统称为"国学"的"经史子集"所承载。近代伊始,在"西学东渐"和"中体西用"的大背景下,传统国学中的"经史子集"逐渐被"新学"所肢解并替代。然而,按照西学的学科建制而形成的以"文、史、哲"等人文学科为主的所谓"新学",并不能囊括和兼容"经史子集"中的所有内涵及精华。大凡盖因,在传统的"经史子集"中,"经"中有"哲"有"史"亦有"文";"史"中有"哲"有"文"亦含"经"。换言之,作为"国学"主要载体的"经史子集",其主旨乃是强调"君子不器"和"究天人之际"的"本体之学"。近代以来,历经众多"新学"的历次肢解与分立,"经史子集"中的诸多内容,要么被"新学"所重复设置,要么被门户林立的"新学"所割裂。最可惜者,一些不符合"新学"建制的国学内容被弃之于文化的"荒野",成为无家可归的"孤魂野鬼"。

可见,在学科缕分细割的今天,人类知识甚或道德价值业已被分割得支离破碎,古之所谓的"大学之道"在"止于至善",在"为天地立心,为生民立命,为往圣继绝学,为万世开太平",甚或"朝闻道,夕死可矣"之宏愿,似乎业已不合时宜。实则,若舍弃对"本体之道"的探究,那么对于人类社会发展至关重要的"道统""政统"乃至于"学统",亦终将无以为继。由此可见,当下学校教育如何整合业已门户林立的学科知识,合理设置那些"无所为而为之"的"本体之学",尤显得弥足珍贵。这也正是《老子》于本章所谓的"人之所教,吾亦教之","吾将以为教父"的主旨所在。

由老子之"道"的宇宙演化过程可知,"一"或曰"太极"乃"道"之"本体",人间万物皆源于"一"或曰"太极"。抑或说,"一"或"太极"之"基因"为人间万物所共享，人间万物也因此而具有"共性"。由"万物负阴而抱阳"可知，人间万物又各具"阴阳"两种特性或曰"一太极"，故而人间万物又各具"个性"。于此而言，自然万物乃至于人类，即是"共性"与"个性"的相互消长与统一，共同形成一个和谐共生的生态系统。

对于"师者"而言，了解和把握教育中与"共性"及"个性"相关的诸多问题至关重要。就我国的传统教育而言，由于长期受大一统皇权专制的影响，无论是官办教育、社会教育抑或是家庭教育，将国民教化为统一的、顺服的、尊卑有别的臣民，乃是教育的首要目的。诸如，无论是两汉时期实施的以选拔"孝子廉吏"为主要目的的"察举制"，还是魏晋南北朝时期实行的等级分明的"九品中正制"，抑或是隋唐以降直至清末实施的以"学而优则仕"为导向的"科举制"，大凡皆以教化温顺的臣民为第一要务。尽管上述三者要么对前期的"世卿世禄制"和"军功制"之流弊有矫正之功，要么对唯孝廉是从的伪善之风，以及地方大吏舞弊垄断之害有拨乱反正之效，要么对打破魏晋以来"上品无寒门，下品无势族"的门阀垄断格局有开放门户之益，但是上述三者对于考察、选拔和评价"士子"的弊端也是显而易见的。诸如，由于三者要么仅以统一的道德标准予以察举，要么仅以显赫的家世予以选拔，要么以统一规定的科举内容和流于八股的考试形式予以选仕，其利弊得失大凡皆系于"大一统"的专制制度。可以说，传统教育无论采取哪种考察形式，都存在着教育内容及其方法上的泛道德主义、政教不分、国家垄断、唯仕是举等"共性"，至于国民个体的兴趣、潜能、意向、创新和素质等"个性"特征，几乎无从落实。

近代伊始，无论是"中体西用"的"新学"教育，还是"救亡与启蒙"的图强与新民教育；无论是改革开放前的"政治挂帅"教育，还是改革开放之后"三个面向"的教育，抑或是晚近一个时期实施的素质教育，等等，大凡都不得已而因时制宜地以为国家和社会培养大批实用人才为重心。但是纵观近代以来我国教育的发展历程，教育始终被作为国家政治和经济发展的工具而存在，教育作为社会的一个子系统，其本身所具有的规律或"个性"，一直没有得到足够的重视。在整个教育系统面临如此"个性"缺失的大背景之下，作为学校教育系统中的个体教师和学生，其"个性"的持守与发展也就可想而知了。

可见，当下教育系统中的教师甚或学生，都应该对上述教育发展中"共性"与"个性"的问题予以深入反思。具体到现实的教学生活中，则应该对国家发展与自我实现、集体与个体、书本知识与个人经验、纪律与自由等与教育的"共性"和"个性"密切相关的诸多问题予以深入探究与广泛讨论。

第六章　不言之教

天下之至柔，驰骋天下之至坚。无有入无间，吾是以知无为之益。不言之教，无为之益，天下希及之。

章旨参证

老子之"道"的核心特征是"无为"，该章的主旨即是通过"至柔""无有"和"不言之教"等阐发"无为"的功用。"无为"不是"什么都不做"和"无所作为"，而是倡导"自然而然"的"为"，反对"过犹不及"的"为"。

该章首句的"天下之至柔，驰骋天下之至坚"，通过"以柔克刚"的道理，说明"无为"的重要性。在《老子》中，对于"柔"的倡导，以及对于"柔弱胜刚强"道理的列举，可谓比比皆是。例如，第八章的"上善若水"，即是"柔弱"的最佳代表；第九章的"揣而锐之，不可长保"，则是通过对"强""硬""锐"等的否定，以肯定"柔"和"弱"的价值；第二十八章的"知其雄，守其雌"，则明确说明"守雌"的重要性，等等。

关于"天下之至柔，驰骋天下之至坚"，河上公与王弼均将"至柔"看作是"水"。河上公曰："至柔者水，至坚者金石，水能贯坚入刚，无所不通"[1]；王弼曰："气无所不入，水无所不经"[2]。以"水"作为"至柔"的代表，符合《老子》对于"水"的描述，也能够通过"水滴石穿"等事例，说明"天下之至柔，驰骋天下之至坚"中所包含的"柔能克刚"的

---

[1] （汉）河上公：《老子》，上海古籍出版社2013年版，第100页。
[2] （魏晋）王弼：《老子道德经注校释》，中华书局2008年版，第120页。

道理。

本章后文的"无有入无间,吾是以知无为之益",则是通过对"天下之至柔,驰骋天下之至坚"的总结性论述。关于此句,河上公曰:"无有,谓道也。道无形质,故能出入无间,通神群生也","吾见道无为而万物自化成,是以知无为之有益于人也"。[①] 由河上公的解释可知,"无有入无间,吾是以知无为之益",是对"道"之"无为"的肯定,说明"道"的"无为而无不为"。

在通过"柔弱胜刚强"的道理说明"无为"的功用及价值后,继而反观社会现实,即本章下文的"不言之教,无为之益,天下希及之"。从该句最后的"天下希及之"来看,带有明显的无奈与遗憾的意蕴。"不言之教"是依照"无为"原则而实施的教化,从当时"政教合一"的特征来看,"不言之教"也属于"无为之治"的层面。老子所谓的"不言之教,无为之益",旨在倡导人们遵行"无为"的原则,向"圣人"那样"处无为之事,行不言之教"。

章旨参悟

本章的主旨是阐述"无为之道"和"不言之教"。就人间社会的事功而言,只有在"有为"与"无为"之间,在"有所为"与"有所不为"之间取得相对的均衡,社会事功方能得到顺利发展。然而,通观人类社会的发展史,除去不可抗拒的自然灾难之外,大多数的人间灾难都是由人类自身的"过为"而导致的。实际上,无论是"有为"抑或是"无为",二者各有其适当的"恰度";大凡僭越此"恰度",就会对人类社会导致不同程度的伤害。譬如,依照过于"有为"的程度,大概可以分为"过为""强为"和"乱为"等行为类型与结果;同样,依照过于"无为"的程度,可划分出"不作为""任人作为"和"放任胡为"等。老子所反对的是"过犹不及"的"为",倡导的是"自然"与"无为"。

政府与教育的关系如何?政治与教育的关系如何?政府应该如何规划和管理教育发展?政治应该与教育分离,还是应该"政教一体"?抑或说,政府和政治对教育应该是"有为"的还是"无为"的?如果是"有为"

---

① (汉)河上公:《老子》,上海古籍出版社2013年版,第100页。

第六章 不言之教

的,何种程度的"有为"才是适度的?诸如此类的问题,一直是我国政府和教育界试图解决的焦点问题。晚近一个时期,我国学术界对于"办学自主权""教授治学"和"大学去行政化"等热点问题的探究,大凡即属于此。

如果从政府对待教育"有为"抑或"无为"的视角,对我国文化、教育和学术的发展历史予以简单回顾,就会发现一些十分吊诡的现象。亦即,在时局动荡,政府无暇管理文化和教育时,文化和教育反而可能发达繁荣。纵观历史,我国文化、教育和学术经历过多次繁荣发展,下文拟以政府对待文化教育"有为"和"无为"的视角,对春秋战国和宋朝两个时期的文化、学术、教育等方面的发展予以简单回顾与分析。

春秋战国时期,周室王权日趋衰弱,封建制度近于崩溃,诸侯列国纷纷争霸,整个社会处于"礼崩乐坏"的"大变局"之中。此时,沿袭自夏商周三代的"学在官府"和"官师合一"的文化和教育垄断局面,逐渐被"私学兴起"和"文化下移"所替代。诸子百家纷纷托古论道,针砭时弊,激荡学问,一时形成"百家争鸣"的学术繁荣。庄子所谓的"道术将为天下裂",即是针对这种局面的恰当论述。西方学者将在该时期发生在古中国、古以色列、古印度和古希腊等文明古国的学术繁荣,称之为"轴心时代"(axial times)或"哲学的突破"(philosophic breakthrough)。庄子所谓的"道术将为天下裂"与西方学者所谓的"哲学的突破",大凡皆指当时的文化、教育和学术达到了空前的繁荣,并对日后各大文明的发展奠定了各具特色的"原型"和"根基"。

就当时中国的情况而言,之所以产生如此繁荣的学术局面,大凡概因以下两点。其一,之前"学在官府"垄断局面的瓦解,极大地释放了"私人办学"和"文化下移"的学术自由。如,孔子即奉行"有教无类"的教育开放之风,形成了"弟子三千,贤人七十二"的门派规模。从政府对教育管理"有为"和"无为"的角度来看,这期间文化和教育的发展有比较清晰的逻辑脉络。由"礼崩乐坏"而造成的政治失序,导致中央政府对文化教育"有为统治"的失控,而政府对文化教育管理的"无为而治",反而解放并激发了文化、教育和学术的繁荣。其二,当时实施的"谷禄制度",足以使诸子们专心于学问。其时,诸子们多数属于可以享受俸禄的"士"阶层。孔子之所以说"士志于道"(《论语·里仁》),大凡与他所谓的"学也,禄在其中矣"(《论语·卫灵公》)有密切的关系。"学也,禄

65

在其中矣"之"禄",即是当时实施的"谷禄制度"。孔子之所以能够一心专"志于道"和"忧道不忧贫",大凡概因其日常生活所需大都来自于当时实行的"谷禄制度"。可见,当时各诸侯国对待百家诸子的"有为",仅表现在通过"谷禄制度"为其提供基本的生活保障,至于诸子们的治学之道,则因为"礼坏乐崩"的"大变局"而无暇顾及,只能采取听之任之的"无为而治"之"道"。而国家政府的"无为而治",恰恰符合及顺应于探究高深学问的"大学之道"——学术自由。春秋战国时期文化、教育和学术的繁荣发展,即是典型的例证。

不同于春秋战国时期在"乱世"之中的学术繁荣,宋朝的学术发展与繁荣则是在"治世"中取得的。正如著名史学家陈寅恪所言,"华夏民族文化历数千载之演进,造极于赵宋之世。"① 宋朝在经济、文化、科技、艺术和教育等诸多领域取得的成就,堪称历代之首。尽管学术界对于宋代学术繁荣的原因有不同的见解,但大都认为,宋代采取的"文人治国"之国策是其关键因素。

宋代开国伊始,宋太祖赵匡胤即鉴于唐至五代的兵家割据之乱,通过"杯酒释兵权"彻底割除了兵家起事的隐患。其后,又通过改革科举考试而广揽天下英才,并且给予及第的有识之士极其丰厚的俸禄,以使其安心于社稷和学问大业。有宋一朝,崇文抑武和农工商并重的国策、完备的公立教育体系、自由立宗传道的书院、繁荣普及的私塾、宽松的政治环境等,酿成了一时人才济济之大观和学术的发展繁荣。诸如,在我国古代的"四大发明"中,造纸术、印刷术和火药三项为宋人所创;"唐宋八大家"中有六家是宋人;宋词、书法、绘画和瓷艺等,皆臻于完美之境。就学术发展而言,有以范仲淹为首的改革派、以王安石为首的新学派、以陈亮和叶适为首的事功学派、以二程和朱熹为代表的理学派、以陆九渊为首的心学派。就学术氛围而言,宋朝尊师重教,崇尚激荡学问和兼容并包,例如,被誉为尊师重道的"程门立雪"和学术争鸣的"鹅湖之会"等,一直被学术界传为佳话。

若从政府"有为"和"无为"的角度分析其对宋朝学术发展与繁荣的影响,大凡可归于以下两点。一是政府积极"有为"的"文人之治"之国策,堪称首当其冲。政府积极地培养、选拔和任用人才,满朝上下尽用及

---

① 陈寅恪:《邓广铭〈宋史职官志考证〉序》,《读书通讯》1943 年第 62 期。

第六章　不言之教

第士子，正如汪洙之诗所谓的"满朝朱紫贵，尽是读书人"，传统知识分子素有的"修齐治平"的政治抱负得以实现。二是政府给予文人仕子高薪俸禄，却不过分地干预其办学和治学的自由。例如，宋太祖甫一掌朝，即"勒石三戒"，其中之一"戒"，即是警示皇室后人要善待文人。这种高俸养学和任其治学的举措，颇类似于目前诸多西方发达国家实施的教育政策——"支持但不干预"（support but not invade）。抑或说，政府对于作为公益事业的文化、教育和学术之"有所为"，主要应该体现在"资金支持"上；而至于办学自主权和学术自由等，政府则应该采取"无所为"的"不干预"政策。总之，上文所及的历史经验，尚需学术界深入探究。

第七章　知足不辱

名与身孰亲？身与货孰多？得与亡孰病？是故甚爱必大费，多藏必厚亡。知足不辱，知止不殆，可以长久。

章旨参证

该章的主旨是强调"重本抑末"。老子认为，"尊道行道"便是"重本"。由于《老子》的主旨是"无为"，故而"重本"也意味着以"无为"为本。老子所"重"之"本"是"道"之"无为"，所"抑"之"末"是"不道"之"有为"。

本章开始是连续的三个问句："名与身孰亲？身与货孰多？得与亡孰病？"关于此句，王弼注解道："尚名好高，其身必疏；贪财无厌，其身必少；得多利而亡其身，何者为病也？"[1]依照王弼的解释，对于人而言，外在的"名""货""得"与自"身"相比，皆不重要，"身"是本，身外之物皆是"末"。

在区分"本"和"末"之后，下文论述"舍本求末"对人的危害。此即，"是故甚爱必大费，多藏必厚亡"。关于此句，河上公曰："甚爱色，费精神；甚爱财，遇祸患；所爱者少，所亡者多，故言大费"；"生多藏于府库，死多藏于丘墓。生有功劫之忧。死有掘冢探柩之患"。[2]河上公以"色"和"财"为例，说明"甚爱"的危害，从"生"和"死"的角度说明"多藏"的危害。王弼关于"甚爱"和"多藏"的解释，与河上公几近相同。王弼曰："甚爱不与物通，多藏不与物散，求之者多，攻之者

---

[1] （魏晋）王弼：《老子道德经注校释》，中华书局2008年版，第121—122页。
[2] （汉）河上公：《老子》，上海古籍出版社2013年版，第103页。

重，为物所病，故大费、厚亡也。"① 何以老子如此反对"甚爱"和"多藏"？大凡概因二者与"无为"相对立，属于"过为"。由于"为"和"过为"在《老子》中处于"末"的位置，故而"多藏"和"甚爱"的行为违背"无为"的原则，并且会带来"大费"和"厚亡"的不良后果。

在对"甚爱"和"多藏"予以论述，揭示"末"的危害以及"本"的重要性之后，该章最后的"知足不辱，知止不殆，可以长久"，则再次重申"无为"之"本"的积极意义及价值。如前文所述，在《老子》中，以"无为"为"本"，通常体现在日常的社会行为中，比如，"谦下""不争""不居功"等。"知足"和"知止"作为《老子》所肯定的德行，同样是"无为"原则的表现形式。关于此句，河上公曰："知足之人，绝利去欲，不辱于身"，"知可止，则财利不累身；声色不乱于耳，则身不危殆也"，"人能知止足，则福禄在已。治身则神不劳，治国者民不扰，故可长久"。② 由河上公的解释，可归结出两方面的内涵。其一，"利"和"欲"相比于"身"而言是"末"，是应该绝弃的对象；其二，只有通过"知足"和"知止"的方式，"财""利""欲"等"末"才能合理地为人所利用，并促进"身"之"本"的良性发展。

"知足不辱，知止不殆，可以长久"，整体上说明"无为"的重要意义。通过对"知足"和"知止"的肯定，《老子》"重本"的特征及旨趣再次得到确认。

章旨参悟

《老子》的"重本"即是"重道"，即是遵循"无为之道"；《老子》的"抑末"，即是反对"背道"和"过为"。《老子》"重本抑末"的思想，体现在教育上，即是老子所谓的"不言之教"。《老子》的"不言之教"，重在其以"不言"为"教"，以"无为"的方式为"教"，以"自然"的方式为"教"。

诸如，《老子》第二章的"是以圣人处无为之事，行不言之教"一句，以"圣人"为主体，明确体现出对"圣人"言行的肯定。由于"圣人处

---

① （魏晋）王弼：《老子道德经注校释》，中华书局2008年版，第122页。
② （汉）河上公：《老子》，上海古籍出版社2013年版，第103页。

无为之事,行不言之教"中的"无为之事"以"无为"为特征及原则,而"行不言之教"以"不言"为内容、原则和方法,可见"不言"与"无为"具有内在逻辑的一致性。在《老子》中,"道"的"无为"有多种表现形式,"不言"也是"无为"的表现形式之一。"不言"以"无为"为原则及依据,是"圣人"的外在行为表现。在《老子》中,由于"圣人"及"无为"皆是被肯定的对象,加之"不言"是"圣人"所"行",又加之"无为"与"不言"之间的内在一致性,故而《老子》对于"不言"的肯定,既是对"无为"的肯定,又是对"本"的肯定。

除去"重本"之外,"不言之教"的主旨同样体现出"轻末"的特征。在《老子》中,"末"是指那些"背道离德"的"过为"之举。与《老子》整体以"无为"为"本",以"过为"为"末"一致,"不言之教"也以"不言"为"本",以"言"为末。老子"不言之教"的教育思想,所"抑"之"末",主要是指在教育领域中违背"无为"之"教"和违背"自然"之"教"的事物和现象。

"不言"作为"无为"的表现形式之一,在《老子》中又被表述为"贵言""少言"和"希言"等,诸如此类的"言",皆是合乎"自然无为"原则的"言说"状态。在教育中,"不言"作为一种教育方法常被提倡与运用。与一般的教育方法相比,"不言"在教育中体现为自然而然的、润物无声的和潜移默化的教育方法。在老子看来,"言"属于"为"的范畴,"不言"属于"无为"的范畴。与《老子》关于"无为"的思想一致,"不言"不是"什么都不说",而是指一种合乎自然状态的"言"。教育中的"不言",体现为那些在潜移默化中影响学生发展的教育方法,具体包括观察、辅助、陶冶、引导、启发和关怀等。

与"言教"相比,"不言"的教育方法和教育过程是"润物无声"的。在"润物无声"的教育中,教师的"言说"隐退,教师作为权威代言人的身份隐退。在"润物无声"的教育中,教师的言行举止均是学生观察和体会的对象,对学生的发展产生潜移默化的影响。除教师之外,教育中的其他因素,同样也应成为"不言之教"的重要辅助,如校园文化、教室环境、班级舆论等。

与"言教"相比,"不言之教"还体现为学生通过自身活动获得直接经验。"言教"重视言说,而"不言之教"则重视实践。这与《老子》虽然多次言"道",但更注重"行道"相一致。诸如,老子所谓的"上士闻道，勤而行之"，即表明学生的实践活动是运用知识和检验知识的重要途径。这种"此处无声胜有声"的实践过程，既能够深化学生的认识，又能使学生获得丰富的直接经验，其所具有的价值非"言教"所能比拟。

在现实教育中，"不言之教"作为一种教育理念，虽然在一定程度上业已得到重视，但是由于在具体的运用过程中难以把握，这就使得它很难如同"言教"那般具有即时的功效性。与"言教"相比，"不言之教"的功效和价值的显现，不仅周期长而且表现形式隐蔽，不易被觉察。正如同《老子》所谓的"不言之教，无为之益，天下希及之"，教育现实中那些体现"不言之教"特征的教育方法和策略等，短时间内似乎难以成为教育的主流。也正是在这种意义上，深入思考、探究和推行"不言之教"，就更显难能可贵。

第八章　大成若缺

大成若缺，其用不弊；大盈若冲，其用不穷。大直若屈，大巧若拙，大辩若讷。躁胜寒，静胜热，清静为天下正。

章旨参证

该章主旨是对"道"以及"合道"事物的描述。在《老子》中，"道"作为宇宙的本体和法则，其内在本质与外在形式之间存在着相当的差距。"道"的内涵、规律和特征等，均可以"无为"概括之。"无为"作为"道"的内在本质，既是"道"本身，也是"道"作用于万物的形式。当"道"以"无为"作用于自然万物时，"道"的表现形式主要是"自然"。

具体到个别事物上，"自然"则专指个体的"自然而然"。由是，"道"的"无为"，首先体现为万物的"自然"。在人世社会层面，"道"呈现为原理、法则、规律等。由于"道"是终极的价值和最高的权威，当"道"落实于人间社会时，则其作为原理和法则而存在的形上性，即转而具备形下的含义，专指可被人世运用的原理、法则和规律等。人世之"道"显现自身的方式，除体现为规律和法则外，还以"得道之人"为载体，表现为诸多良善的"德"。在《老子》中，"圣人"是"得道"者，是"道"在人间的化身。由于"道"的本质特征是"无为"的，故而"圣人"为人处世也以"无为"为总体原则。在"圣人"那里，"无为"表现为多种形式的"德"，如"谦卑""处下""不居功"和"豁达"等。

于老子而言，尽管"道"的本质与现象之间存在着巨大的差别，但是现象只是本质的外显，现象是由本质决定的。相比之下，不合"道"的人世社会，则似乎总是呈现出忽视本质和看重现象的状况。在老子看来，人们若过分地关注和追求现象，本质就会被掩盖；而一旦本质被掩盖，则所有的现象就成为"假象"，人们的生活也就被"假象"所迷惑。鉴于此，老子一方面以"圣人"的言行示范于"众人"，期待人们效仿圣人，重视本质；另一方面，则呼吁统治者"绝圣弃智""绝仁弃义""绝巧弃利"，遵行"无为之治"，以实现人人"尊道贵德""重本抑末"和"自然而然"的和谐社会。

本章首句的"大成若缺，其用不弊；大盈若冲，其用不穷"，便体现出"道"的本质与表象不同的事实。若将该句仅看作是对一般道理和原理的论述，则该句的含义是"最圆满的却似乎有缺陷，而它的作用却无所不适；最充实的却似乎空虚，而它的功用却不会穷尽"。由《老子》整体的主旨来看，那个既空虚又充实，既圆满又有亏空，并且有"大用"的，正是"道"本身。"道"之"成"的本质，外在表现为"缺"，"道"之"盈"的本质，外在表现为"冲"，这正是"道"在显现自身的过程中，始终持守"自然无为"的结果。"道"之"成"是本质，"道"之"缺"是现象；"道"之"盈"是本质，"道"之"缺"是人现象。《老子》之所以将"道"的本质与现象揭示出来，旨在告诫世人：如果一味地相信所见所欲的现象，而忽视对内在本质的持守，就必然会导致"舍本逐末"的后果。

关于"大成若缺，其用不弊；大盈若冲，其用不穷"，河上公将此句的主语设定为"人"。河上公注解曰："道德大成之君。若缺者，灭名藏誉，如毁缺不备也。其用心如是，则无弊尽时"；"道德大盈满之君也，如冲者，贵不敢骄也，富不敢奢也。其用心如是，则无穷尽时也。"[①] 由河上公的解释可知，"大成若缺"和"大盈若冲"之"人"的本质是"成"和"盈"。作为得道之"人"，"大成若缺"和"大盈若冲"之"人"，不将自身的"成"和"盈"炫耀于众，而是始终持守谦虚谨慎的态度，故而看似"缺"和"冲"。在老子看来，对于"大成若缺"和"大盈若冲"之人，人们不能仅通过其外在的"冲"和"缺"对其进行判断，应该通过其外在表现看到其内在的本质；只有这样，对于他人的认识才是全面的、深刻的、真实的，对于他人的学习才是有价值有意义的。

本章后文的"大直若屈，大巧若拙，大辩若讷"，则是对本质与表象

[①] （汉）河上公：《老子》，上海古籍出版社2013年版，第106页。

不统一的进一步论述,再次表明透过表象看本质的主旨。对此,河上公曰:"大直谓修道法度,正直如一也。如屈者,不与俗人争,如可屈折";"大巧谓多才术也。如拙者,亦不敢见其能";"大辨者,智无疑,如讷者,口无辞"①。可见,真正的有道有德之人,从不恃才傲人,反而总是大智若愚,与世无争。

本章文末的"躁胜寒,静胜热,清静以为天下正",则是对"道"的"无为"本质的总体概括。对于此句,王弼曰:"躁罢然后胜寒,静无为以胜热。依此推之,则清静为天下正也。静则全物之真,躁则犯物之性,故惟清静乃得如上诸大也。"②依照王弼的解释,"躁罢"是"静","静"能"胜寒""胜热"。以此推之于治国安邦,"静"就是以"无为"修己以安人的总原则。相比之下,高亨则从不同的方面解读该句。高亨曰:"在生活方面,活动可以战胜寒冷,静止可以战胜炎热。在政治方面,清而无欲,静而无为,可以作天下的君长。"③通过对生活经验的总结,引申出"无为"对于政治统治的重要性,高亨与王弼两人所最终关注的都是"道常无为"和"道法自然"的本质。

章旨参悟

在常人看来,人有美丑、善恶、富贫、尊卑之别,物有大小、长短、高低、贵贱之分。但是在老子看来,人间万物,本自具足,自是其是,自然而然,无有分殊。正如老子所谓,"天地不仁,以万物为刍狗;圣人不仁,以百姓为刍狗"。老子在本章之所以列举"成"与"缺"、"盈"与"冲"、"直"与"屈"、"巧"与"拙"等诸多相互对立的概念及事例,旨在告诫世人,大凡人间万物,都是相反相成的,不可偏执于"反"或"成"之一端。

在佛家看来,作为人间"三毒"的"贪嗔痴",皆由"无明"的"分别心"和"我执"所致。只有破除不当的"分别心"和"我执",方能臻于本体的"真如"境界。相比较而言,老子的"常道观"也同样倡导

---

① (汉)河上公:《老子》,上海古籍出版社2013年版,第106页。
② (魏晋)王弼:《老子道德经注校释》,中华书局2008年版,第123页。
③ 高亨:《老子注译》,清华大学出版社2010年版,第78页。

"无心"和"无我"。就"无心"而言，老子有所谓"圣人常无心，以百姓心为心"，"圣人在天下，歙歙焉，为天下浑其心"。在老子看来，"圣人"之所以"常无心"和"浑其心"，概因其业已破除自我的"私心"，已达到与百姓"同心同德"的境界，即"以百姓心为心"。就"无我"而言，老子有所谓"不自见，故明；不自是，故彰；不自伐，故有功；不自矜，故长"，"我无为而民自化；我好静而民自正；我无事而民自富；我无欲而民自朴。"在此，老子将"自我"在人间"功名利禄"的事功方面，一层又一层地剥落，最终剩下的只能是一个"自然无为"的"自我"，一个"自是其是"的"本体之我"。试设想，这样一个无知无欲、自然而然、自由自在、无分别心、无自我心的"我"，还会执着于本章所举的"成"与"缺"、"盈"与"冲"、"直"与"屈"、"巧"与"拙"、"辩"与"讷"、"躁"与"寒"、"静"与"热"之间的区别吗？答案是否定的。由此可见，老子在本章对上述相反相成诸多事例的对举，旨在告诫世人，不可执着于世俗的功名利禄，应该一心向"道"，以达到"无心无我""宇宙即我心，我心即宇宙"的"大道"境界。

第九章　知足常足

天下有道，却走马以粪；天下无道，戎马生于郊。祸莫大于不知足，咎莫大于欲得。故知足之足，常足矣。

章旨参证

该章的主旨是论述"本体之道"的特征，即"大道"本自具足，自是其是，自然而然和无须外求；一旦反其"道"而行之，则必将导致人间灾难。

老子之"道"不仅是"形上之道"，还是"形下之器"；不仅是"形上之体"，还是"形下之用"。究其实，老子之"道"是"道器合一"，"体用合一"，"即道即器"和"即体即用"的。在《老子》中，通过"用道"而成就"合道"的结果者，必然是"自然无为"的。诸如，第三章的"为无为，则无不治"，说明运用"无为"之"道"与成就"无不治"之间的对应性；第七章的"是以圣人后其身而身先，外其身而身存"，指出"圣人"以"道"为准则，进而达到理想的结果。第八章的"夫唯不争，故无尤"中的"不争"因为合于"道"，而达到"无尤"的结果，说明"用道"与成就自身之间的必然联系。第三十七章的"不欲以静，天下将自定"，说明"用道"对于"治者"的重要性，体现出"合道"之"静"与"天下将自定"之间的关联性。

可见，"道"具有"大用"，但现实生活中并非人人知道怎样"用道"。抑或说，现实社会诸多的不堪境况，皆起源于人们"不用道"。在老子看来，"用道"对应着"有道"，而"不用道"则对应着"无道"，行为与结果之间具有必然的联系。《老子》不仅反复对"用道"与"有道"之间的关系业已论述，对"不用道"与"无道"之间的关系也多有阐发。如

第九章　知足常足

其所谓的"天无以清将恐裂,地无以宁将恐发,神无以灵将恐歇,谷无以盈将恐竭,万物无以生将恐灭,侯王无以贵高将恐蹶",即从整体上揭示了"不用道"与"无道"之间的对应性。《老子》之所以重视"用道",大凡概因"用道"能够成就"有道"的结果。对于人类社会而言,"有道"的状态必定是通过"遵道"和"用道"达成的。相应而言,"无道"的社会状况,也必定是人们"不用道"的结果。

本章首句的"天下有道,却走马以粪;天下无道,戎马生于郊",通过描述"有道"与"无道"所导致的不同结果,以肯定"有道"而否定"无道"。本章后句的"祸莫大于不知足,咎莫大于欲得",则是对"无道"的原因予以分析。本章文末的"故知足之足,常足矣",则是总结性地指出"用道"的重要性。

关于"天下有道,却走马以粪;天下无道,戎马生于郊",河上公注解曰:"人主有道也。兵甲不用,却走马,治农田。治身者,却阳精以粪其身。人主无道也。战伐不止,戎马生于郊境之上,久不还也"[①]。由此可知,"有道"的社会状态体现为人们各司其职、安居乐业,而"无道"的社会则表现为战火纷起、社会动荡。河上公将"人主"作为"有道"或"无道"的主体,旨在呈现两种政治统治的模式及结果。

依照河上公的解释,"走马以粪"与"戎马生于郊"的状态,以"是否用兵"作为判定标准。"走马以粪"说明"马"被用于耕种农田而非战争,男性劳力专事于农事,而非厮杀于战场。"戎马生于郊"则说明"马"被征用为战事,男性劳力被迫拼命于战场。以战争与否作为"有道"与"无道"的区分标准,在之前章节中便有涉及。比如,第三十章的"以道佐人主者,不以兵强天下,其事好还";第三十一章的"夫佳兵者不详之器,物或恶之,故有道者不处"。

在对"有道"与"无道"的社会状况予以比较之后,后文的"祸莫大于不知足,咎莫大于欲得",是对"无道"原因的分析。"咎"和"祸"是人所"不欲"的,也是"不合道"的结果及状态。"祸莫大于不知足,咎莫大于欲得",说明最大的祸是"不知足",最大的错是"欲得"。由于"知足"和"知止"是老子肯定与倡导的"合道之德",故而"不知足"和"欲得"就是"背道离德"的。

[①] （汉）河上公:《老子》,上海古籍出版社2013年版,第109页。

由于"不知足"对应着"祸"和"咎",故而本章文末的"故知足之足,长足矣",指明"知足"的重要性。《老子》的"知足"与"道"相合,"知足"是遵循和运用"道"的体现。鉴于"用道"与"有道"之间的关系,"知足"的行为必然对应着"常足"的状态及结果。

概言之,该章通过比对性地论述"有道"与"无道"的社会状态,间接表明"用道"的重要性,旨在倡导世人通过"用道",成就"有道"的生活状态。

章旨参悟

"知足常乐",业已成为人们在日常生活中的口头禅。实际上,"知足常乐"与本章老子所谓的"知足之足"的"常足",都源自于道家哲学的本体论,即"本体之道",是道家修行的至高境界之一。

大凡能够达到"知足""常足"和"常乐"的存在状态者,其本身必定是本自具足、无须他求和自由自在的。在这个世界上,什么东西是自本自根、本自具足、自是其是、无须外求、自然而然、自由自在的?究其实,大凡只有无知、无欲、无求、无情的天地自然万物。相反,在这个世界上,大凡有知、有欲、有求、有情者,也只有自称为"万物之灵"的人类。人只要有知、有欲、有求、有情,就难以达到本自具足、无须外求、自然而然和自由自在的生存状态和境界;而达不到这种生存状态和境界,也就意味着无法实现"知足常乐"和"知足常足"的理想境界。

但是,人类作为有能动性、主动性和创造性的存在,始终有追求快乐、满足和幸福的愿望。更甚或,人类并不满足于一时的快乐和满足,还始终追求永久的快乐和满足,这就是人们通常所说的"常乐"和老子所谓的"常足"。关键的问题是,人类如何才能达到"知足",进而实现一劳永逸的"常乐"和"常足"?或许,从反向的视角追问更能切中问题的肯綮,亦即,到底是什么致使人们"不常乐"和"不常足"的?答案是,人们对于功名利禄的永不知足和欲求,即《老子》本章所谓的"祸莫大于不知足,咎莫大于欲得"。在老子看来,人们之所以"不常足",其根本原因在于对功名利禄的"欲得"和"不知足"。于老子而言,人若贪欲外在的功名利禄,就必然会执着于争名夺利,最终导致"无道"的灾难,如其所谓的"不尚贤,使民不争;不贵难得之货,使民不为盗;不见可欲,使民心不乱","不知常，妄作凶","天下无道，戎马生于郊"，等等。

问题的关键是，人们"不知足"和"欲得"的欲望是从何处以及如何产生的？最究竟的答案是"心"和"我"。的确，老子所谓的"祸莫大于不知足，咎莫大于欲得"中的"不知足"和"欲得"，只能是来自于有知、有欲、有情、有意地"心"。诚如庄子所论："大知闲闲，小知间间；大言炎炎，小言詹詹。其寐也魂交，其觉也形开，与接为构，日以心斗。缦者，窖者，密者。小恐惴惴，大恐缦缦"（《庄子·齐物论》），有"心"便容易悲喜反复、患得患失。故而，老子倡导"无心"，如其所谓"圣人常无心，以百姓心为心"。由于此"心"乃是"我"之"心"，倘若"无我"，也就"无心"可言。可以说，在"人"与"道"之间，最难以逾越的、最后的"天堑"就是"我"。抑或说，只有破除"我执"，才能臻于"天人合一"和"道人合一"的境界。如何破除"我执"，进而达到"无我"的境界？老子认为，只有做足"身心两忘"的功夫，方能臻于"道人合一"的化境。如其所谓的"吾所以有大患者，为吾有身，及吾无身，何患之有？"，"自胜者强"，等等，大凡盖有此意。由此可见，老子将"不知足""欲得""心"和"我"逐层剥落，最终剩下的只能是一个"知足""常足""无心""无身"的"我"，一个本自具足、自然而然、自是其是和自由自在的本体之"我"，一个无分别心、无自我心、"天人合一"的"大我"。

作为承担"传道授业解惑"之重任的"师者"，诚当以老子的"无心"和"无我"之教为明鉴，反躬而修，方可修己以安人。

第十章　不行而知

不出户，知天下；不窥牖，见天道。其出弥远，其知弥少。是以圣人不行而知，不见而明，不为而成。

章旨参证

该章的主旨是阐述"圣人"的"悟道"方式。在《老子》中，"圣人"是人间"得道"的典范，其"悟道"和"行道"的方式，始终以"无为"为原则。

在《老子》之前的章节中，有诸多有关"圣人"形象及其与"众人"之言行的比较。如，第十五章曾对"无为"的"圣人"作过整体描述，"古之善为士者，微妙玄通，深不可识。夫唯不可识，故强之为容：豫兮，若冬涉川；犹兮，若畏四邻；俨兮，其若客；涣兮，若冰之将释；敦兮，其若朴；旷兮，其若谷；混兮，其若浊"。"圣人"何以始终具备"豫""犹""俨""涣""敦""旷""混"等行为特点和人格特征？大凡概因，"圣人"始终遵行"自然无为"的原则。

《老子》中的"圣人"，大都兼具"内圣"与"外王"的双重角色。"圣人"不仅具备名副其实的道德"人格"，还包括其作为治者的社会"位格"。正如高亨所言："老子之言皆为侯王而发，其书言圣人者凡三十许处，皆有位之圣人，而非无位之圣人也。"[①] 当"圣人"作为"治者"时，其言行特征即是"无为而治"。例如，第三章的"为无为，则无不治"，直接表明治国安邦应遵循"无为而无不为"的规律。又如，第五章的"天地不仁，以万物为刍狗；圣人不仁，以百姓为刍狗"，以"天地不

---

① 高亨：《老子正诂》，古籍出版社1956年版，第62页。

仁"对应并肯定"圣人不仁",旨在倡导对待"天地万物"和"百姓"应该采取"一视同仁"的"无为"态度。又如,第十七章的"悠兮其贵言。功成事遂,百姓皆谓我自然",则是对"不言"的肯定,以"贵言"的方式给予百姓自然而然的发展权利。再如,第三十七章的"道常无为而无不为,侯王若能守之,万物将自化"中的"万物自化",正是得益于"侯王"持守的"无为"之"道"。

《老子》中的"圣人"之所以如此倚重于"无为",大凡概因"无为"不仅是"道"的形上属性,其作为形下之"器",还具备无所不适的"大用"。"无为"不仅是"圣人"的生活方式,还是一种"知道"和"悟道"的方式。

该章首句的"不出户,知天下;不窥牖,见天道",即表明"无为"对于"圣人"之"知道"的重要性。"圣人"作为"得道"之人,首先是"知道"者。既然是"得道"之人,则"圣人"不仅是"知道"者,亦是"行道"者。如上文所述,"圣人"之"行",体现为"无为"。"无为"作为"道"的原则,之所以是"圣人"之"行"的依据,原因在于"圣人"知晓"无为"的属性和功用。在具体运用"无为"的原则"行道"的过程中,"圣人"对于"道"的笃信以及在现实中切实以"道"指导生活的能力,共同构成了"圣人""行道"的生活状态。

在《老子》中,"不出户,知天下;不窥牖,见天道",又是"圣人"之所以为"圣"的内在本领。毕竟,通过对"道"的本质和规律的体认及把握,在将"道"与现实生活相结合之后,"圣人"能够推演并描摹出宇宙自然的大体图景。关于"圣人"的"不出户""不窥牖",而"知天下""见天道"的具体方法,之前的章节已有论述。例如,第十六章的"致虚极,守静笃,万物并作,吾以观复"中的"虚静"而"观"的方式,与"不出户""不窥牖"的方式具有异曲同工之妙,均体现出"无为"的特征。在该句中,对"虚"与"静"的"致"与"守",属于反观内省和宁静致远的禅修活动,这与本章所谓的"不出户,知天下;不窥牖,见天道"的致知方式极其相似。

本章后文的"其出弥远,其知弥少",乃是针对"不出户,知天下;不窥牖,见天道"的对比性论述。对于此句,王弼有言:"无在于一,而求之于众也。道视之不可见,听之不可闻,搏之不可得。如其知之,不须出户，若其不知，出愈远愈迷也"①。由此可知，大道至简，可归于一；若求之于外物，反而易被外物所惑，迷失于品物流形的大千世界之中。本章末的"是以圣人不行而知，不见而明，不为而成"，则从多个层面阐述"圣人"的"无为"及其成就。

本章"圣人"的"不出户，知天下；不窥牖，见天道"中的"知"，体现出"思"和"悟"的重要性。在"致虚静，守静笃，万物并作，吾以观复"中的"观"，并非一般意义上的"看"，也是指"思"和"悟"的过程。"致虚极，守静笃"，指的是"思"和"悟"的过程中"虚"与"静"的状态；之后的"观复"，指的是"圣人"反观内照的活动。正是由此，"圣人"得见"复归"的场景，知晓"道"的运行过程及规律。

章旨参悟

本章的主旨是以"圣人"为典范，阐述"知道"和"悟道"的内涵与方法。中外学术界通常认为，中国传统文化"儒释道"三大家的思维特点，大凡都有偏重于整体思维、直觉思维和形象思维，而偏失于分析思维、理性思维和逻辑思维的特点。应该说，这种以西方哲学的认识论特征为参照系，对中国传统哲学整体思维特点的比较与分析，的确道出了"儒释道"三大家认识论的基本特征。

整体而言，《老子》哲学的认识论大致符合上述特点。但是，《老子》的思维范式，即我国传统文化通常所谓的"心法"，又有其自身显著的特点。《老子》的"心法"最显著的特征，是"以道观天地""以道观万物"和"以道观人"的"大道观"。在《老子》中，有诸多由"大道"推及于人和万物的表述。例如，"天地不仁，以万物为刍狗；圣人不仁，以百姓为刍狗"，就是由"天地之道"推及于人间的"圣人"和"百姓"；又如，"道常无为而无不为。侯王若能守之，万物将自化"，即是由"道"推及于人间的"侯王"；再如，"天之道，利而不害；圣人之道，为而不争"，就是由"天之道"推及于"圣人之道"，等等。

老子"以道观万物"的"大道观"，与通常所谓的"整体思维"有一定的差别。老子"以道观人"和"以道观万物"的"大道观"，并非意味

---

① （魏晋）王弼：《老子道德经注校释》，中华书局 2008 年版，第 126 页。

第十章 不行而知

着"道"外在于或高于人和万物,而是指在"道生一,一生二,二生三,三生万物"的"生生"过程中,"道"的"无为"和"自然"特性业已传递给了人和万物。业已秉持"道"的"无为"和"自然"特性的人和万物,只需按照自身得之于"道"之"德"的固有潜质顺势发展,即可自然而然地成就自身。以现代生物学的术语而言,在"道生万物"的过程中,"道"业已将自身固有的"无为"和"自然"的"遗传基因"传递给了人间万物。于此而言,大凡世间万物和人,一物有一物的本体,一人有一人的本体,人间万物都是自本自根、本自具足、无须外求的,任何外在的"强为"干预,都是违背"无为"和"自然"之"道"的行为。

于老子而言,"道"的"自然无为"特性及其所蕴含的所有真谛,业已天然地存在于万物和人之中。对于"万物之灵"的人而言,只需反求诸己、反身而省、反身而诚、反身而行,即可悟得内在固有的真谛。此乃老子本章所谓"不出户,知天下;不窥牖,见天道。其出弥远,其知弥少。是以圣人不行而知,不见而名,不为而成"的心法要旨所在。其中的"其出弥远,其知弥少",乃是以反例的形式说明,若舍本逐末,外求诸物,尤其是迷失于外在的功名利禄,则终会被外物所役,迷失于品物流形的大千世界之中。由此可见,唯有以"大道观"的视角对《老子》该章的"心法"予以解读,方能得其要旨。

相形之下,中外诸多圣哲先贤,亦多有与《老子》该章"心法"相似的卓见。诸如,苏格拉底关于知识的"回忆说",柏拉图的"灵魂回忆说",康德的"先天综合判断",孔子所谓的"仁远乎哉?我欲仁,斯仁至矣",达摩的"不立文字,直指本心",陆九渊所谓的"我心即宇宙,宇宙即我心",等等。

《老子》此章,尽管寥寥数语,实可谓微言大义。该章的"心法"要旨,大凡涉及教育教学中的诸多问题,诸如,心与物、知与行、致知与格物、内烁和外烁、内省与外修、引导与灌输等。对于"传道授业解惑"的师者,"人之本也"的亲者,甚或学生本人而言,尤当仔细琢磨,或可有所洞见。

第十一章　为道日损

为学日益，为道日损。损之又损，以至于无为，无为而不为。取天下常以无事，及其有事，不足以取天下。

章旨参证

该章通过对"为学"与"为道"的比较，旨在揭示"为道日损"和"以至于无为"的"得道"之方。在之前的章节中，《老子》曾多次描述过"行道"的具体言行。诸如，第三章的"不尚贤，使民不争。不贵难得之货，使民不为盗。不见可欲，使民心不乱"；第七章的"是以圣人后其身而身先，外其身而身存"，等等。诸如此类的描述，大凡皆属于"行道"的范畴，而对于如何"得道"，之前的章节却少有涉及。与之前章节仅描述"合道"和"行道"的具体言行不同，本章旨在揭示"得道"之方。

本章首句的"为学日益，为道日损"中的"损"，即是"得道"之方。该句的主旨不仅包括"为道"的方法，同时也揭示"为学"的方法。在老子看来，"为学"的方法在"益"，"为道"的方法在"损"。由于"益"和"损"是两种相反的行为，故而"为学"与"为道"也是相向而行的。关于此句，河上公注解曰："学谓政教礼乐之学也。日益者，情欲文饰，日以益多。道谓自然之道也。日损者，情欲文饰，日以消损"[1]。依照河上公的解释，以"政教礼乐"为核心内容的"学"，乃是不断增加"情欲文饰"的过程，而以"道"为内容和对象的修为，则是不断减损"情欲文饰"的过程。二者的区别在于，"为学"是对"情欲文饰"的不断获得，而"为道"则是对"情欲文饰"的不断减损。

---

[1] （汉）河上公：《老子》，上海古籍出版社2013年版，第115页。

第十一章 为道日损

《老子》的"德经"首章，曾有"夫礼者，忠信之薄而乱之首"之谓，可见其对"礼"的唾弃态度。河上公将"为学"解释为"礼乐政教之学"，体现出《老子》对于"礼乐之学"的否定态度。由于《老子》倡导"无为"，是故"情欲文饰"因其"人为"而必定为《老子》所否定。"为学"以不断获得"情欲文饰"为主要内容，"为道"则是不断减损之。二者相比，《老子》的态度旗帜鲜明。

《老子》对于"为道日损"的肯定，既是肯定"为道"的行为本身，更是肯定"为道"的方法，即"损"。之所以肯定"损"，原因在于"损"的内容及对象是"情欲文饰"，"损"的结果是"无为"。本章后文的"损之又损，以至于无为，无为而无不为"，乃是对"损"的结果的肯定性论述。关于"损之又损"，河上公曰："损情欲，又损之，所以渐去"①。当"情欲文饰"由"损"而"渐去"以至于"无"时，人便"无所造为"，臻于"无为"的状态了。此即，"损之又损，以至于无为"。在《老子》中，"无为"对应的结果是"无不为"，该章下文的"无为而无不为"，是对"无为"的行为及结果的再次肯定。

在对"日损"的"为道"方法及其所达到的"无为"结果予以论述之后，本章文末的"取天下常以无事，及其有事，不足以取天下"，则是以治国安邦为例，说明"无为"或曰"无事"的重要性。关于此句，河上公曰："取，治也。治天下常当以无事，不当烦劳也。及其好有事，则政教烦，民不安，故不足以治天下也。"② 依照河上公的解释，治者的"无事"，指的正是"无为"。该句对"无事"功用的肯定，亦是对"无为"的肯定。

治者的"无为之治"，关键在于"无为"。治者作为"人"，其"无为"的境界，离不开对"情欲文饰"有意识的"损"。可见，本章末的"取天下常以无事，及其有事，不足以取天下"，不仅是对"无为"的肯定，也是对达成"无为"的目的"损"的方法的强调，以与本章首句的"为道日损"互为映照。

"为学日益，为道日损"，作为《老子》关于"为学"与"为道"的比较性论述，一直为学术界所重视。依照河上公的解释，"为学"与"为

---

① （汉）河上公：《老子》，上海古籍出版社2013年版，第115页。
② 同上。

道"有着共同的内容及对象,即"文饰情欲"。二者的不同之处,在于对待"情欲文饰"的态度,"为学"是"日益"之,而"为道"则是"日损"之。

章旨参悟

在崇尚"知识就是力量",甚或信奉"知识改变命运"的今天,鲜有人会怀疑知识的实用价值。尤其是在当下"知识爆炸"的信息时代,"为学日益"、学有所长和博学多才,业已成为多数人孜孜以求的人生目标。在此背景之下,少有人会从本体论的视角反躬自问知识本身的属性及其对于人生终极之道的利弊得失。于此而言,老子所谓的"为学日益,为道日损",可谓历史的先声。本章主旨,微言大义,为人师者,尤当仔细琢磨。

河上公认为,《老子》本章"为学"的内容是"礼乐政教之学",习得的是"人为"的"情欲文饰"。河上公此解,甚得《老子》该句的大旨。鉴于老子对"礼"持唾弃态度,如其所谓的"夫礼者,忠信之薄而乱之首",以及老子之"道"一向反对"人为"的"情欲文饰",故而老子反对此类的"为学日益"乃是意料之中的。在老子看来,若要"为道",就必须对那些业已习得的"礼乐政教之学"和"情欲文饰"予以"损之又损,以至于无为",如此方能臻于"本真之道"。

那么,何种"为学"之"知"才符合老子的"无为"之"道"呢?于老子而言,即是那些"自知不知"的"知识",如其所谓的"知不知,上"。老子认为,只有"自知不知"或"自知无知"的"知识",才是"真知"。相比之下,老子所谓的"不知知,病",意味着"自己不知"却"自认为知",这种"知"被老子称之为"病"。可见,老子所谓的"真知",并非确定的、绝对的、普遍的"知识";抑或说,他反对任何所谓"放诸四海而皆准"的"知识"。

在老子看来,即使"圣人"也需要戒除"不知知"之"病",甚或"绝圣弃智",以便始终处于"知不知"的状态。这与儒家所倡导的"先知觉后知,先觉觉后觉"(《孟子·万章上》),形成了鲜明的对比。儒家认为,"先知""先觉"者对"后知""后觉"者的启蒙与教化,乃是"士人君子"的天职所在。老子却认为,"后知后觉者"无须"先知先觉者"的"教化","先知先觉"的"圣人"和"治者",只需始终保持"无为"

的状态，即可获致"无不为"的结果。"后知后觉"者会自然而然地"自化"，如其所谓的"我无为而民自化"，即意于此。

　　老子所谓的"为学日益，为道日损"，意味着在"为道"的过程中，要把"为学"过程中积累的"知识"逐步舍弃，以至于达到"无为"和"本真"的状态，如其所谓"损之又损，乃至于无为，无为而无不为"。笔者认为，此处"乃至于无为"中的"无为"，应该当作"无伪"理解，方能切合本章的主旨。在古汉语中，"为"可通假为"伪"，即"人为"。例如，《诗经》所谓的"我生之初，尚无为"，《管子》所谓的"为善者，非善也，故善无以为也"；"变化则为生，为生则乱矣"。上文《诗经》和《管子》中的"为"，指的都是"伪"和"假"。

　　若将《老子》该句的"无为"当作"去伪"和"无伪"理解，那么对"为学日益，为道日损。损之又损，乃至于无为，无为而无不为"的解释即为："在学习'礼乐政教'知识的过程中，会不知不觉地逐渐习得诸多虚伪的'情欲文饰'；而修道的过程，则是自觉地对这些虚伪的知识和习性逐一'去伪'的功夫。如此反复地'去伪'，直至达到本真无伪的地步；只有臻于如此本真的境界，方能达到自然而然的自由状态。"将该章的"无为"理解为"无伪"和"去伪"，亦符合《老子》一向倡导的"返璞归真"之意。《老子》此章的知识论，尤当为师者省察与反思。

第十二章　德善德信

圣人常无心，以百姓心为心。善者，吾善之，不善者，吾亦善之，德善。信者，吾信之，不信者，吾亦信之，德信。圣人在天下，歙歙焉为天下浑其心，百姓皆注其耳目，圣人皆孩之。

章旨参证

该章的主旨是论述业已"得道"的"圣人"对待"百姓"的态度及方式。在《老子》中，"圣人"作为业已"得道"之人，其言行举止无不"遵道""行道""显道"，实可谓与"百姓"同心同德之人。反之，"百姓"通过耳濡目染"圣人"的言行举止，可以见贤思齐，择善而行。

在《老子》之前的章节中，多有"圣人"与"众人""百姓"和"民"之间言行举止的比较。通过比较二者之间言行的差别，目的在于引导和启发后者以前者为楷模，达到修道进德的目的。在《老子》中，"圣人"大凡有三种角色。一是作为"治者"的"圣人"，二是作为"师者"的"圣人"，三是作为普通"得道者"的"圣人"。当"圣人"作为"治者"时，与"圣人"对应的对象通常是"百姓"和"民"，其行为特征通常是"无为而治"；当"圣人"作为"师者"时，其对应的对象是一般的"众人"和"民"，其行为特征是"不言之教"；当"圣人"作为普通的"得道者"时，与"圣人"对应的则是那些未"得道"的"众人""百姓"和"俗人"，"圣人"的行为特征通常是"绝圣弃智"。但是，"圣人"无论以哪种角色出现，其最根本的行为特征都是"无为"和"自然"。

诸如，第二章的"圣人处无为之事，行不言之教"中的"行不言之教"，是对"圣人之教"特征和内容的总体描写；第十四章的"执古之道，以御今之有"，指的是"圣人"以"古之道"为依据，引导"民众"

第十二章　德善德信

自成其是；第二十七章的"故善人者，不善人之师；不善人者，善人之资"，王弼注曰："举善以师不善，故谓之师矣"①，依此可见作为"师者"的"圣人"的角色及职责，等等。

　　本章首句的"圣人常无心，以百姓心为心"，是对"圣人"对待"百姓"态度及方式的整体描述。关于"圣人常无心"，河上公注解曰："圣人重更改，贵因循，若自无心"。②"圣人"之所以"若自无心"，原因在于"圣人"始终遵守"无为"和"自然"之心。本章后文的"善者，吾善之，不善者，吾亦善之，德善。信者，吾信之，不信者，吾亦信之，德信"，是对上文"以百姓心为心"展开论述。关于此两句，河上公解曰："百姓为善，圣人因而善之。百姓虽有不善者，圣人化之使善也。百姓德化，圣人为善。百姓为信，圣人因而信之。百姓为不信，圣人化之使信也。百姓德化，圣人为信。"③可见，在面对"德性"不一的"百姓"时，"圣人"始终抱持一视同仁的"善待"态度。《老子》中的"圣人"之所以"善"和"信"作为对待"百姓"的统一标准，原因在于"道"对待宇宙万物始终是一视同仁的，即如《老子》所谓的"天地不仁，以万物为刍狗"。既然"道"对待万物是"一视同仁"的，那么"圣人"作为"得道"之人，对待"百姓"的态度及方式亦复如此，如《老子》所谓的"圣人不仁，以百姓为刍狗"。

　　本章文末的"圣人在天下，歙歙焉为天下浑其心，百姓皆注其耳目，圣人皆孩之"，与本章首句的"圣人无常心，以百姓心为心"相呼应，再次对"圣人"对待"百姓"的态度及方式予以肯定。关于"圣人在天下，歙歙焉为天下浑其心"，河上公将"天下"解释为"天下百姓"，认为"圣人为天下百姓浑其心，若愚暗不通也。"④在老子看来，"圣人浑其心"是其能够"以百姓心为心"的前提，对于圣人"浑其心"的肯定，即是肯定"圣人无常心，以百姓心为心"。至于"百姓皆注其耳目"，是指"百姓"相互比较聪明才智，彼此竞相争名夺利。本章末的"圣人皆孩之"，指的是"圣人爱念百姓如孩婴赤子，长养之而不责望其报"⑤，这表明

---

① （魏晋）王弼：《老子道德经注校释》，中华书局2008年版，第71页。
② （汉）河上公：《老子》，上海古籍出版社2013年版，第118页。
③ 同上。
④ 同上。
⑤ 同上。

"圣人"善待"百姓"的态度和方式始终如一。

章旨参悟

在品物流形的大千世界之中，能够对"真善美"与"假恶丑"无分别心者，唯有天地和自然万物乎。为何天地和自然万物没有分别心？因为天地和自然万物根本就"无心"。一旦"无心"，即意味着无知、无欲、无求；如此而言，还有什么可分别和执着的？进而言之，"无心"的天地和自然万物，不但对"真善美"与"假恶丑"无分别心，甚或对我与物、我与他、我与你等，又何尝有过分别心？如此物我不分、他我不分、你我不分者，还有什么我心、你心、他心可言？还有什么"我心"可去和"我执"可破？无心、无我、无物、无他者，一定是"物我齐一"和"天人合一"的，一定是本自具足、自本自根、无须外求、自是其是、自然而然和自由自在的。这不正是《老子》的"无为自然"之"道"吗？这不正是古今中外哲学所探求的形上"本体之物"或"本体之道"的根本特征。

无论是"本体之物"，还是"本体之道"，抑或是"本体之人"，都是无心、无知、无欲、无求、无别的，都是本自具足、自是其是、自然无为和自由自在的。或许，对于"本体之物""本体之道"和"本体之人"最好的描述，就是"物是物""道是道""人是人"。但是对于常人而言，这种"甲是甲"和"乙是乙"的同言反复，似乎是没有任何意义的，甚或是荒唐至极的。其实，对于本自具足的"本体"之"物""道""人"而言，用于判断的系词"是"，都是多余的。但是，"有心"的"人"，总是有把系词"是"硬拽进"本体"之中的欲望和冲动。"有心"的"人"并不满足于"甲是甲"这个本真的"本体论"判断，还有"甲是乙"而"乙是丙"，故而"甲也是丙"的"认识论"判断，甚或还有"甲是真善美"而"乙是假恶丑"的"价值论"判断。正是随着这种"认识论"和"价值论"知识的不断积累、丰富和繁复，人类与"本体之物""本体之道"和"本体之我"的距离亦愈行愈远。这种逐渐远离"本体之真"的痼疾，大凡皆源自于人间的"有我"和"有心"。于此而言，"我"和"心"距离"本体之道"最远，也是最难跨越的最后一道"天堑"。这也是中国传统文化"儒释道"三大家为何皆强调"修身""修心""无我"和"无心"的根本原因所在。诸如，儒家所谓的"自天子以至于庶人，壹是皆以修身

第十二章　德善德信

为本","正心","克己复礼归仁",等等;释家所谓的"破除我执","不立文字,直指本心,见性成佛",等等;老子所谓的"吾所以有大患者,为吾有身,及吾无身,吾有何患","为学日益,为道日损",及庄子所谓的"堕肢体,黜聪明,离形去智,同于大通,此谓坐忘","至人无己,神人无功,圣人无名"和"吾丧我",等等,大凡皆因于此。

可见,只有依据"本体之道"和"本体之我"的"无心""无我""无执"和"无别"等内涵及特征,方能圆融无碍地悟得《老子》本章的主旨。"圣人"作为"得道"之人,业已臻于"无我无心",乃至于与百姓"同心同德"的境界,此即本章所谓的"圣人常无心,以百姓心为心"。

"得道"的"圣人"深知,人间日常生活中的"真善美"与"假恶丑"是相反相成的,是一个矛盾的统一体,并无绝对的标准可言。对于"善者"和"信者"固然值得嘉勉,以激励其臻于"至善"和"至信"的境界;而对于"不善者"和"不信者",则更需要宽恕其过并引导其改过自新。此即本章所谓的"善者,吾善之,不善者,吾亦善之,德善。信者,吾信之,不信者,吾亦信之,德信"。

正如《中庸》所谓的"道不远人,人之为道而远人,不可以为道",《老子》中的"圣人"通常也"光而不耀",平易近人,即使"百姓"之间竞相自诩聪明过人,"圣人"也一如慈父旁观孩童的游戏那样,一笑置之而已。此即本章所谓的"圣人在天下,歙歙焉为天下浑其心,百姓皆注其耳目,圣人皆孩之"。

这是一种何等大爱大慈的境界?对于"得道"的"圣人"而言,这是一种"知足之足,常足矣"的境界;但是对于常人而言,这或许是一种可怕的境界。试设想,有几人愿意且能够一层又一层地剥落人间的功名利禄,乃至于"无心""无我""无执"的境界?于此,对于有志于修道进德者而言,自当明鉴之。

第十三章　善生者生

出生入死。生之徒，十有三；死之徒，十有三。人之生，动之于死地，亦十有三。夫何故？以其生生之厚。盖闻善摄生者，陆行不遇兕虎，入军不被甲兵，兕无所投其角，虎无所措其爪，兵无所容其刃。夫何故？以其无死地也。

章旨参证

该章通过对"生"与"死"的比较，以及对"善慑生者"的描述，旨在倡导一种少私寡欲、清静淳朴和自然而然的美好人生。在《老子》"五千言"中，有诸多对于"身""生""神"和"摄生"等有关养生的描述，此乃有学者将《老子》的主旨看作是"养生之道"的主要原因。

在以"养生之道"注解《老子》的诸多学者中，河上公即是其中之一。河上公多以"重身"和"重神"的思想解老。诸如，河上公对于老子所谓的"谷神不死，是为玄牝。玄牝之门，是谓天地根。绵绵若存，用之不勤"的注解，便集中体现出其"重身"和"重神"的养生思想。对于"谷神不死"之"谷"，河上公将其解释为"养"，认为"谷神"即"养神"，"谷神不死"即"养神不死"，指明"养神"的重要性。河上公曰："人能养神则不死也。"[1] 对于"神"字，河上公认为是"五脏之神"，即"肝藏魂，肺藏魄，心藏神，肾藏精，脾藏志，五脏尽伤，则五神去矣。"[2] 以身的五脏与人的精气相对应，并认为"五脏尽伤，则五神去矣"，可见"养身"是"养神"的基础。针对"是谓玄牝"，河上公的注解则主要是

---

[1]（汉）河上公：《老子》，上海古籍出版社2013年版，第13页。
[2] 同上。

将身体上的各种官能与"天"和"地"相对应，说明人承接"天地之气"，与"天地"互通共生。例如，"言不死之有，在于玄牝。玄，天也，于人为鼻。牝，地也，于人为口。天食人以五气，以鼻入，藏于心，五气轻微，为精神聪明，音声五性。其鬼曰魂，魂者雄也，主出入人鼻，与天通，故鼻为玄也。地食人以五味，从口入，藏于胃。五味浊辱，为形骸骨肉，血脉六情。其鬼曰魄，魄者雌也，主出入于口，与地通，故口为牝也。"① 河上公将"玄牝"与人之"鼻"和"口"相对应，认为"玄"即"天"，人之"鼻"与天通；"牝"即"地"，与"口"通。依此可见，人之"身"的重要性。后文的"玄牝之门，是谓天地根"，再次对于人身鼻和口的重要性进行论述。河上公曰："根，元也。言鼻口之门，是乃通天地之元气所从往来"②。至于"绵绵若存，用之不勤"，河上公也是从"身"的角度对其进行注解，"鼻口呼噏喘息，当绵绵微妙，若可存，复若无有。用气当宽舒，不当急疾勤劳也。"③ 由此可见，通过对鼻口呼吸特征的论述，河上公认为"养生"应当"用气宽舒"。

对于《老子》第十章"载营魄抱一，能无离乎"，河上公曰："营魄，魂魄也。人载魂魄之上得以生，当爱养之。喜怒亡魂，卒惊伤魄。魂在肝，魄在肺，美酒佳肴，腐人肝肺，故魂静志道不乱，魄安得寿延年也。"④

对于第十五章的"涣兮若冰之将释，敦兮其若朴"一句，河上公曰："涣者解散，释者消亡，除情去欲，日以空虚。敦者质厚，朴者形未分，内守精神，外无文采也。"⑤ 依此可见"圣人"涵养"德性"，蓄藏精气以"养神"的功夫。

河上公解老所包含的"重身"和"重神"的思想，大凡源于《老子》文本；亦即，因为《老子》文本本身即含有"重身"和"重神"的意味，后来的解老者只是对其解读而已。可以说，"重身"和"重神"即是"重生"，《老子》中"死而不亡"的"寿者""没身不殆"者、"可以长久"者等，都是"重生"之人。

---

① （汉）河上公：《老子》，上海古籍出版社2013年版，第13页。
② 同上。
③ 同上。
④ 同上书，第21页。
⑤ 同上书，第32页。

至于"何以"重生，本章的首句认为："出生入死。生之徒，十有三；死之徒，十有三"。在此句中，老子将人的生命过程概括为"出生入死"。河上公曰："出生谓情欲出五内，魂定魄静，故生也。入死谓情欲入于胸臆，精神劳惑，故死。"① 可见，人之"生"即是"身生"和"神生"的过程；而人之"死"，则是"身死"和"神亡"的过程。"出生入死"的动态过程，即表现为人之"身"和"神"的损益过程。当"身"和"神"俱"益"时，人则"生"，且"生"之有"道"，"活"之有方；当"身"和"神"俱"损"时，则"人"之"生"的宽度及深度，亦随之而"损"，乃至于消散，人则"亡"矣。

人的全部生命活动，体现为"出生入死"的过程。在"出生入死"的过程中，"生者"占"十有三"，"死者"占"十有三"，其余三成则被那些"人之生，动之于死地"的人占去。"生"作为彰显"人"的存在及其价值的途径，十人中能有三人得其"生"，可见"生"所占比例并不多。《老子》中对于"生者""死者"以及"人之生，动之于死地"之人的比例划分，足以体现出"生"的可贵。

何以"生者"只占"十有三"，而其余的均是"死者"或"由生向死者"？大凡概因，除"生者"外，"死者"及"由生向死者"均是"厚生"之人。此即《老子》所谓的"夫何故？以其生生之厚"所含之意。"生者"之所能"生"，正在于其始终遵循"道常无为"和"道法自然"的原则，从不"厚生"，即从不"过为"地养生。关于"厚生"的"厚"，张松辉将其解释为"多""过分"，认为"生生之厚"指的是"保养生命的方法太过分"。② 对此，河上公曰："以其求生活之事太厚，违道忤天，妄行失纪。"③ 可见，"生生之厚"是"死者"以及"由生向死者"之"死"的原因，而"生者"之所以"生"，原因则在于其"善生"。

本章后文的"盖闻善摄生者，陆行不遇兕虎，入军不披甲兵，兕无所投其角，虎无所措其爪，兵无所容其刃"，则是对"善摄生者"的描述。此句中的"摄"，河上公将其解释为"养也"④，"善摄生者"，即是"善养生者"，表明《老子》有"养生"的思想。对于此句，张松如注解曰：

---

① （汉）河上公：《老子》，上海古籍出版社2013年版，第121页。
② 张松辉：《老子》，中国国际广播出版社2011年版，第252页。
③ （汉）河上公：《老子》，上海古籍出版社2013年版，第121页。
④ 同上。

"听说善于养生的人，陆地上行走遇不见兕牛老虎，打起仗来也受不到武器的伤害。兕牛于其身无处投角，老虎于其身无处伸爪，武器于其身无处刺击锋刃。"①

在对"生者"之"生"的状态和结果等描述之后，本章文末的"夫何故？以其无死地"，则是对"生"的总结性论述，指出"生者"之"生"的必然性。陈鼓应对"以其无死地"的解释为"因为他没有进入死亡的范围"②。

章旨参悟

对于人类而言，死亡是莫大的恐惧。人类之所以恐惧死亡，大凡有以下诸点原因。其一，求生和保证人身安全是人类的天性之一，在临近死亡或受到死亡的威胁时，所有的人都会本能地做出求生的举动。举凡动物，概莫能外。其二，人们通常认为，人生是短暂的且只有一次，死亡是不可避免的。其三，死亡不仅被看作是人身永久的消亡，还带有对生前未竟心愿的无尽遗憾，同时死亡还被看作是全部人生价值和意义的终结。最后，或许也是关键的，是人们对于死亡之后的状况不可知和不可控的恐惧。抑或说，死亡之后的状况如何，对于人而言，似乎永远是超验的，死亡通常被想象为毁于一旦的、绝对的、永久的空无。

为了消除由死亡带来的万劫不复的恐惧，古今中外历代先人无不殚精竭虑，孜孜以求于长生不死之道。在全世界的诸多宗教中，大凡都有关于生死观的论述，如此岸与彼岸、地狱与天堂、虹化的仙人、复活的圣子等。

相比较而言，在所有关涉生死问题和生命哲学的流派中，老子哲学的生死观不仅可以纾解世人对死亡的恐惧，甚或堪以形成清静寡欲，乃至于"知足常乐"的生命观。老学界多有学者以"养生之道"解读本章要义，这固然合于《老子》的大意，但是笔者认为，本章的要旨在于倡导"自然而然"的"生死观"。

关于本章首句的"出生入死"，学术界通常将其解释为"人出世为生，

---

① 张松如：《老子说解》，齐鲁书社1998年版，第161页。
② 陈鼓应：《老子注译及评介》，中华书局2014年版，第253页。

入地为死。"这种直译式的注解,固然可以确保明白无误,但也易于失却本句的主旨及其弦外之音。《老子》全书"五千言",可谓字字珍贵,尚不至于虚掷"出生入死"四个字,以描述世人皆知的简单道理。老子深知,世人无谓的"贪生怕死"是违背"自然之道"的,需要振聋发聩之音方能使其惊醒。老子之所以用自然平淡的"出生入死"四个字,来描述被世人视为惶惶不可终日的"生死"大事,其主旨及其弦外之音可解读为以下诸点。

其一,大凡世间万物,都要遵循阴阳互化和物极必反的自然规律,人间的"生与死",就像日常的来去、往返、出入一样平常自然,没有任何可恐惧的。万物都要经历"生长"("阳")与"衰亡"("阴")两个阶段,当"生长"("阳")达到极端时,就必然会转化"衰亡"("阴")。同样,当"衰亡"("阴")达到极端时,又必然会转化为另一种形式的"生长"("阳")。以"道"观之,"生"与"死"仅仅是人生相反相成的两个侧面而已,"生"是另一种形式的"死","死"也是另一种形式的"生"。正如《老子》所谓的"万物负阴而抱阳,冲气以为和","反者道之动";庄子所谓的"方生方死,方死方生",其意皆在于此。

其二,世人认为,只有"生"才是可见、可知的"有",进而要"有"上加"有",例如,对于功名利禄和永生不死的"有"等;而"死"通常却被看作是不可见、不可知的"无",甚或是不可控的、绝对的、永久的"空无"。而老子认为,"有"是另一种形式的"无","无"也是另一种形式的"有"。抑或说,"无"的背后必定会有"万有"和"大有",宇宙间根本就没有绝对和永久的"空无"。如老子所谓的"有无相生","天下万物生于有,有生于无",大凡即有此意。由此可见,"死之无"不正是"生之有"的开始吗?而"生之有"不正可以"生成"天下的"大有"和"万有"吗?由此观之,"死之无",有何可惧?

其三,世人为了达到长生不死的目的,各种"厚生"和"重生"的方法,可谓无所不用其极,只有少数人能达到少私寡欲和纯任自然的生存状态。正如《老子》在本章所谓的"生之徒,十有三;死之徒,十有三。人之生,动之于死地,亦十有三。夫何故?以其生生之厚"。本句的大意是,在所有人中,长寿者占十分之三,短命的人占十分之三,还有一些本来可以得享天年的人,却因为自己的任意妄为而死于非命,这些人又占十分之三。剩下少数的十分之一,属于"无死地"的"善摄生者"。大凡"善摄生者"，无论处于何种险境，都无以加害其身，大凡概因其"无死地"。此处的"无死地"，与第三十三章的"不离其所者久，死而不亡者寿"意旨相近，皆指其业已臻于天人合一的境界。

　　笔者认为，只有在参透《老子》"生死观"的基础上，方能悟得其"养生""养神"和"形神俱养"的真谛。《老子》本章首句"出生入死"中的"入死"，盖有"游子回家""叶落归根"和"视死如归"等"自然而然"之意。试设想，当一个人业已勘破"生死关"，还有何惧忧可言？《老子》的"生死观"，可谓微言大义，语破天惊，当为现代学校教育中的"生命教育"所传承。

第十四章　玄德无为

　　道生之，德畜之，物形之，势成之，是以万物莫不尊道而贵德。道之尊，德之贵，夫莫之命而常自然。故道生之，德畜之，长之育之，亭之毒之，养之覆之。生而不有，为而不恃，长而不宰，是谓玄德。

章旨参证

　　在"道生一，一生二，二生三，三生万物"中，《老子》已经对"道"的"生生"过程进行过描述。相比之下，《老子》本章首句的"道生之，德畜之，物形之，势成之"，则是对事物具体成长过程的描述。"道"生万物之后，即由"德"来畜养，之后依靠"物"成形，最终因"势"而成就自身。可见，"道""德""物""势"四者，在万物生长的不同阶段发挥着不同的作用。

　　关于该句，王弼注解曰："物生而后畜，畜而后形，形而后成。何由而生？道也。何得而畜？德也。何由而形？物也。何使而成，势也。唯因也，故能无物而不形；唯势也，故能无物而不成。凡物之所以生，功之所以成，皆有所由；有所由焉，则莫不由乎'道'也。故推而极之，亦至道也。随其所因，故各有称焉。"[1] 依照王弼的解释，"道"是万物生发的最初也是全部的缘由，由于"道"生万物，是故"德""物""势"三者也无一例外由"道"所生。"德""物""势"三者，虽然不是万物"生"阶段的"道"，却是"道"的不同表现形式。因为三者的表现、特征及功用等方面的不同，故而名称不同，但三者在本质上都是源于"道"，归于

---

[1] （魏晋）王弼：《老子道德经注校释》，中华书局2008年版，第137页。

"道"的。

在《老子》中,"德"是另一个极为重要的概念。按照老学研究者的一般理解,《老子》之"德"是"道"的表现形式,"德"既是"道"的彰显,又是"道"的功用。在《老子》中,"德"作为动词意义的"得",所"得者"正是"道"。可见,"道"与"德"存在着密切的关系。

"道"是万物之母,"德"则引导万物成就其自身的属性。如果说"道"作为万物之母,始终一视同仁地对待万物的话,那么"德"在"道生万物"之后,其主要功用则是有区别地对待万物,即赋予万物以不同的、独特的属性。概言之,"道生之,德畜之,物形之,势成之,是以万物莫不尊道而贵德"一句,通过对事物具体发展过程的描述,解释"道"和"德"对事物发展的重要作用,并因此得出"道尊"和"德贵"的结论。此即是本章下文"道之尊,德之贵,夫莫之命而常自然"一句的主旨所在。

既然"道"和"德"对于事物的发展具有积极的引导和促进作用,并贯穿于事物发展的全过程,本章下文的"故道生之,德畜之,长之育之,亭之毒之,养之覆之",则是对"道"和"德"影响事物发展更为具体的描述。对此,高亨注解曰:"所以道产生天地,德畜养万物,长育万物、成熟万物,覆盖万物。"[①] 由此可见,"道"和"德"对于事物的影响,贯穿于其生长衰亡的全过程。

在事物生长衰亡的过程中,"道"和"德"始终不干涉其发展的自然性,此即"夫莫之命而常自然"。这具体表现为本章下文的"生而不有,为而不恃,长而不宰"。对于此句,河上公曰:"道生万物,不有所取以为利也";"道所施为,不恃望其报也";"道长养万物,不宰割以为利也。"[②] "不有""不恃""不宰",均是"无为"和"自然"的体现。由于"无为"和"自然"是"道"的核心内涵,甚至在一定程度上是"道"的别称,故而"生而不有,为而不恃,长而不宰"与"自然"之"道"相合,亦即"玄德"。

章旨参悟

《老子》"五千言",无非"道""德"二字;而"道""德"所宗所

[①] 高亨:《老子注译》,清华大学出版社2010年版,第85页。
[②] (汉)河上公:《老子》,上海古籍出版社2013年版,第125页。

法，则是"无为"和"自然"。本章的主旨，即是论述"道"和"德"在"生养万物"的过程中，始终持守"莫之命而常自然"的角色；相应地，"万物"在生长衰亡的过程中，也"莫不尊道而贵德"。如此一来，大千世界，自然而然，生生不息。

宇宙是如何产生的？宇宙的本质是什么？世间万物的本质是什么？人的本质是什么？万物和人是遵循什么规律发展的？等等，如此之类的问题，一直是古今中外哲学本体论所探究的核心问题。可以说，对于宇宙起源及其本体的探究，不仅可以满足人类寻根溯源的好奇心和求知欲，还通常被看作是人类社会建构"道统""政统"甚或"学统"的权威源泉。

关于宇宙起源和创生的问题，世界各大文明的神话、宗教、哲学和科学等不乏其说，实可谓众说纷纭。但是对于现实的社会人生而言，作为宇宙起源的"创世主"或曰"万物之母"是谁，并不是人们最为关切的问题。或许，人们最为关切的问题是：在完成对人间万物的"创生"之后，"创世主"或"万物之母"是仍然以无上的权威继续主宰人间万物的成长与发展，还是在为人间万物提供适当的发展环境之后任其自然发展？老子哲学，无疑属于后者。

《老子》"五千言"一脉相承的"道常无为"和"道法自然"本身，即意味着作为"万物之母"的"道"，对自身至高无上权力的主动约束和消解。在"道"对自身的权力主动消解之后，人间万物的生长与发展就整体呈现为自然而然和自由自在的过程与样态。可以说，"自然"一词及其所蕴含的微言大义，可谓老子哲学的一大创新。在老子所谓的"自然"中，"自"即"自己"，"然"即"如此"，而"自然"即意味着"自己本来如此"。在"自然"这一概念中，"自"或"自己"是否独立存在及其完整性如何，对于"然"的状态及其价值而言是至关重要的。

关于人间万物是否有一个"自己"的问题，古今中外的哲学流派有不同的见解。于老子而言，人间万物无疑各有一个"自己"或曰"自性"。抑或说，"道"在"生万物"的过程中，将本身所具固有的"自然"属性业已传递给了万物，而"道"自身"无为"的特点，又强化了人间万物"自身"的"自性"。在老子看来，物或人的"自性"都是由其本身"本自具足"的内部规定性所决定的，无须任何"人为"的外在标准对其予以干预。易言之，人和物"自然"的"存在"和"发展"本身，即是其自身合理性的唯一和最高标准，无须外在的标准对其予以干预和评价——即使这些标准是以仁爱、公义和奉献等高尚道德的名义，对万物和人的"自性"予以教化和改造，都是违背老子之"道"的。

若将《老子》本章的主旨移植于家庭教育和学校教育，即是一部博大精深的"教育哲学"和"道德哲学"。诸如，在教育目的上，老子显然倡导"内在目的论"，而非"外在目的论"，注重自我实现的"为己之学"，而非偏重于外在的"为人之学"；在教育内容上，老子更加重视传授那些适合个体天然素养的本真、本善、本美的知识，而非那些业已确定为普遍权威性的、具有工具理性特征的知识；在教育方法上，老子一定会倡导内省法、引导法、内烁法、谈话法、激励法等，而非强调统一的背诵法、训导法、灌输法和强制法等。《老子》中诸如此类的教育观念与思想，尤当为家长和教师彻悟且身体力行之。

第十五章　复守其母

天下有始，以为天下母。既得其母，以知其子；既知其子，复守其母，没身不殆。塞其兑，闭其门，终身不勤。开其兑，济其事，终身不救。见小曰明，守柔曰强。用其光，复归其明，无遗身殃，是为习常。

章旨参证

"道生万物"以及"道"与"万物"之间"生"与"被生"的关系，及其"母"与"子"的关系，在《老子》之前的章节中曾被反复论及过。诸如，第一章的"无名，天地之根；有名，万物之母"；第四章的"渊兮，似万物之宗"；第六章的"玄牝之门，是谓天地根"；第二十五章的"周行不殆，可以为天下母"；第三十四章的"万物恃之以生而不辞，功成不名有，衣养万物而不为主"，等等。

这种"道"是"万物之母"，"万物"是"道之子"的关系，既规定了"道"的身份及职责，也规定了"万物"的身份及职责，即"母爱子"和"子尊母"。在《老子》中，"道"作为"万物之母"，对"万物"的"爱"表现为以下几个方面。一是对人间万物无任何差别的"爱"，如其所谓的"天地不仁，以万物为刍狗；圣人不仁，以百姓为刍狗"；二是"道"在"生万物"时，业已赋予万物共同的"自然"属性，这为万物自身的发展提供了潜能和条件，如其所谓的"夫莫之命而常自然"；三是生养"万物"的"道"，从不要求"万物"的回报，如其所谓的"功成不名有，衣养万物而不为主"；四是"道"作为"万物之母"，始终拥有宽厚包容的慈母心，始终静待万物的"复归"，如其所谓的"反者道之动"，"见素抱朴"；五是"道"作为"万物之母"，始终任由万物自然而然地发

第十五章 复守其母

展,如其所谓的"以辅万物之自然而不敢为",等等。

反之,"万物"作为"道之子",其对"道"的尊重和效法,主要表现在以下几个层面。一是"万物"始终效法"道",例如,"天长地久,天地所以能长且久者,以其不自生,故能长生";二是"万物"皆"尊道贵德",如其所谓的"是以万物莫不尊道而贵德";三是"万物"在生长过程中始终"顺道",如其所谓的"道生之,德畜之,物形之,势成之";四是"万物"在生长发展过程中始终"显道",如其所谓的"水善利万物而不争",等等。

"道"与"万物"之间还有另外一个重要的特性,即二者在本质上是一致的,或曰"母子同质"。这就是《老子》本章所表达的主旨之一。本章开篇有言:"天下有始,以为天下母",该句强调"道"与"万物"之间的"母子"关系,以确认和强化之前章节所提及的类似观点。本章下文的"既得其母,以知其子;既知其子,复守其母"一句,则指明"道"与"万物"在本质上的一致性,这是在之前的章节中没有涉及的观点。对于该句,高亨注解曰:"人们既然认得他的母亲,从而了解她的儿子;既然了解她的儿子,又掌握住他的母亲。"[1] 由此可见,"道"与"万物"可互为映照,只需知其一,便可知另一者。宇宙之中唯一的"道"与"万物"之间何以存在这种关系?大凡概因,二者存在本质上的一致性。

"道"与"万物"本质上的一致性,主要体现为"自然性"。"道"与"万物"虽在身份、职责、功用之间存在着显著的差别,但"道"在"生万物"的过程中赋予"万物"的"自然性"与自身所具有的"自然性"是相同的。因为二者"自然性"的相同,二者虽有外在表现形式的差异,但在内在本质上是一致的。也正是因为"道"与"万物"之间存在着本质的一致性,故而"既知其母,以知其子;既知其子,复守其母",在老子看来是理所当然的。

对于本章后文的"没身不殆",河上公曰:"不危殆也"[2],王弼则主要是对何以"不殆"进行解释。王弼曰:"母,本也,子,末也。得本以知末,不舍本以逐末也。"[3] 由王弼的解释可知,"道"是所有事物的

---

[1] 高亨:《老子注译》,清华大学出版社2010年版,第86页。
[2] (魏晋)王弼:《老子道德经注校释》,中华书局2008年版,第139页。
[3] 同上。

"本",其他都是"末",以此告诫人们,不可"舍本逐末",只有"执本御末"方能"没身不殆"。

本章后文的"塞其兑,闭其门,终身不勤。开其兑,济其事,终身不救",则是以"人"为主语,对"有为"者与"无为"者的区分。在老子看来,"无为"合于"道",而"为"则背离"道"。由于"道"是"本",故而,人的"为"是"舍本"的,"无为"是"重本"的。该句与上文对于"本"与"末"关系的分析相衔接,将理论应用于现实社会。关于该句,河上公疏解曰:"人当塞目不妄视,闭口不妄言,则终身不勤苦";相反,"开目视情欲,益情欲之事,则祸乱成也。"[1] 对此,王弼持相似的观点:"无事永逸,故终身不勤也;不闭其原而济其事,故虽终身不救。"[2] 高亨则从统治者对百姓统治的角度解析该句:"治国者堵住他们的窍穴,关闭他们的门户,他们一辈子不会得病。如果打开他们的窍穴,助成他们求知逞欲的事,他们一辈子不可救药。"[3] 相比之下,张松辉则从"有为"和"无为"的角度作出解析:"闭目塞听,无识无欲,终身没有痛苦。博见多欲,碌碌无为以求成功,终身不可救药。"[4]

上述学者的注解看似众说纷纭,实则皆遵循相同的原则,即均围绕"有为"和"无为"而展开。河上公的"不妄视"和"不妄言"属于"无为",对应着"终身不勤"的理想结果;"视情欲"和"益情欲"对应"有为",导致"终身不救"的恶果。王弼的"无事永逸"是"无为";"不闭其原而济其事",属于"有为"。高亨的"治国者堵住他们的窍穴,关闭他们的门户",属于"无为之治";"打开他们的窍穴,助成他们求知逞欲的事",则属于"有为之治"。张松辉的"闭目塞听,无识无欲",指的是个体的"无为";"博见多欲,碌碌多为以求成功",则指向个体的"有为"。可见,该句是承接上文,对"本"与"末"的具体论述。

本章最后的"见小曰明,守柔曰强。用其光,复归其明,无遗身殃,是为习常",则是对世人"执本御末"的劝慰。张松辉将其注解为:"观察细微叫作明智,保持柔弱叫作强大。发挥长处,做到明智,不给自己招

---

[1] (汉)河上公:《老子》,上海古籍出版社2013年版,第128页。
[2] (魏晋)王弼:《老子道德经注校释》,中华书局2008年版,第139—140页。
[3] 高亨:《老子注译》,清华大学出版社2010年版,第86页。
[4] 张松辉:《老子》,中国国际广播出版社2011年版,第257页。

来灾难，这可以说是掌握了规律。"[1] 可见，在上句说明"本"的重要性之后，该句重在说明在日常生活中如何"重本"。

章旨参悟

中国传统哲学显著的特征之一，在于强调道器不分、体用不二、心物一体、天人合一。但是自近代以来，由于受西方哲学"二元论"的浸染以及新文化运动的冲击等诸多因素的影响，我国传统哲学中"道不远人"的学统，业已难以为继。目前，在我国人文学科的学术话语中，无不充斥着西方哲学"二元论"的概念，如唯心与唯物、精神与物质、本质与现象、主体与客体、主观与客观，甚或彼岸与此岸、天堂与地狱等。诸如此类二元对峙的概念，固然对于精细地分析事物和学理大有裨益，但也易于在不知不觉之中形成非此即彼、非善即恶等认识论和价值论的判断。西方哲学的"二元论"，大凡源于其"逻各斯中心主义"（logocentrism）和"本质主义"（essentialism）的传统。二者皆认为，世间万物的现象是流动不居的、模糊不清的、不可靠的，只有现象背后的本质才是真实的、永恒的、普遍的、绝对的。如此一来，探究世间万物现象背后的本质，就成为西方哲学长此以往的诉求。尽管苏格拉底有"认识你自己"以及知识的"产婆术"之说，柏拉图也有"知识的回忆说"等，但是师徒二人对事物现象背后的概念、关系及其本质的追求，却是一脉相承和始终如一的。

西方哲学本体论的这种本质与现象、主观与客观、主体与客体、精神与物质等"二元分离"的传统，必然会导致其哲学认识论上的外求诸物、道器二分、体用分立和学术分离等知识观念，及其价值论上的非美即丑、非好即坏、非善即恶等二元判断。这与老子哲学强调道器不分、体用不二、心物一体、天人合一等特征，形成了迥然有别的对照。正如《中庸》所谓的"道不远人，人之为道而远人，不可以为道"，以此来比较和判别中西方哲学的特征，可以得出二者在"道"与"人"之间远近关系的显著差别。

从哲学的本体论来看，《老子》本章的主旨，在于强调"道"与"万物"、"道"与"人"在本质上的一致性，即如其所谓的"既得其母，以

---

[1] 张松辉：《老子》，中国国际广播出版社2011年版，第257页。

知其子；既知其子，复守其母，没身不殆。"若从哲学的认识论来看，既然"道"与"人"及"万物"在本质上是一致的，那么"人"在认识"道"和"万物"时，只需反求诸己，反身自省即可，无须外求诸物。

在《老子》所谓的"塞其兑，闭其门，终身不勤。开其兑，济其事，终身不救"中，"塞其兑"中的"兑"，《周易·说卦》解为"兑为口"，此处可引申为"感觉器官"，意指"求道"不可外驰于他物，应该反求于本心。若从哲学的价值论来看，"返璞归真"的"道人合一"和"物我齐观"的境界，既是伦理道德的"至善"境地，又是美学上"天然去雕饰"的"至美"化境。

可见，《老子》本章的主旨，乃在于提示世人，人间万物的本体之道，业已内在于自我和他物自身，无须外求，只需反求诸己，即可合于本体，同于本质，归于大道。在世间万物中，一人一太极，一物一太极，一人一本体，一物一本体，人间万物，本自具足，自是其是，自然而然，此即《老子》所谓的"万物负阴而抱阳，冲气以为和"，"夫莫之命而常自然"。本章大旨，表面是以母子关系为喻，实则直指"本心即道"，表明本真、本善、本美之"本心"与"道"之间的本质性关联。如此大旨，为人师者，自当彻悟。

第十六章　大道甚夷

使我介然有知，行于大道，唯施是畏。大道甚夷，而民好径。朝甚除，田甚芜，仓甚虚。服文采，带利剑，厌饮食，财货有余，是谓盗夸，非道也哉！

章旨参证

本章通过比较"遵道"和"违道"的种种行为，旨在激励世人见贤思齐"行于大道"。本章首句的"使我介然有知，行于大道，唯施是畏"，肯定了"尊道"和"行道"者的状态及行为。河上公将此句中的"我"注解为统治者，认为"老子疾时王不行大道，故设此言：使我介然有知于政事，我则行于大道，躬行无为之化。"① 对于"唯施是畏"，河上公注解曰："独畏有所施为，失道意。欲赏善恐伪生，欲信忠恐诈忠起。"② 由此可见，"介然有知"的统治者在实施统治时，应当"行于大道"，避免过犹不及的"有为之治"，始终奉行"无为之治"。

相比之下，高亨则将该句注解为："如果我是智慧而又见识的话，就要走在大道上，只怕走入邪路。"③ 张松辉的注解与高亨相似，认为"假如我有点常识的话，我就沿着大路行走，而生怕走邪路"④。对比河上公的注解，高亨和张松辉注解中的"道"更为具象化，指的是通常所谓的"大路"。与"大路"相对的，则是"邪路"或"斜路"。在《老子》中，"道"通常有规律、原理、原则之意，故而此处的"行于大道"，理解为

---

① （汉）河上公：《老子》，上海古籍出版社2013年版，第131页。
② 同上。
③ 高亨：《老子注译》，清华大学出版社2010年版，第87页。
④ 张松辉：《老子》，中国国际广播出版社2011年版，第258页。

"遵道"和"行道"更为贴切。

"大道"之所以"可行",原因在于"大道甚夷"。"大道甚夷"是人们能够"行于大道"的前提。关于"大道甚夷"的"夷",河上公注解为"平易"①。可见,"大道甚夷"指的是人们"遵道"和"行道"并非难事。

本章下文的"民好径",则表示世人"好走邪路",正如河上公所解:"大道甚平易,而民好从邪径也。"② 世人"好走邪路",就会造成诸多社会问题。此即本章后文的"朝甚除,田甚芜,仓甚虚"。对于该句,河上公有言:"高台榭,宫室修。农事废,不耕治。五谷伤害,国无储也。"③ 统治者不惜民力财力,建造高大富丽的宫廷楼阁,致使农田荒芜,储粮亏空。如此不堪的社会状况,大凡概因统治者"好径"。本章下文的"服文采,带利剑,厌饮食,财货有余",则是对统治者"背道"及"好径"生活状态的整体描述。关于此句,河上公疏解曰:"好饰伪,贵外华。尚刚强,武且奢。多嗜欲,无足时"④。

对于上述统治者极尽奢华的种种行为,本章最后指出:"是谓盗夸,非道也哉!"关于"是谓盗夸",河上公注解为:"保性不足而君有余者,是由劫盗以为服饰,持行夸人,不知身死家破,亲戚并随也。"⑤ 相比于河上公的注解,高亨及张松辉则认为,如此的统治者与"强盗头子"无异。本章文末的"非道也哉!"是对前文"好径"者言行的总结,可谓愤慨之叹。

章旨参悟

我国向来有注重修史的传统,历朝历代均设有专事修史的史官。众所周知,我国的史官素有秉笔直书的文风与精神,其中不乏因直言不讳而以身殉道的史官。我国传统的史官之职,通常是子承父业的家族世袭官职,这对于自幼涵养"史家"门风及其传承而言,可谓大有裨益。通常,史官

---

① (汉)河上公:《老子》,上海古籍出版社2013年版,第131页。
② 同上。
③ 同上。
④ 同上书,第131—132页。
⑤ 同上书,第132页。

第十六章 大道甚夷

不仅精通于人间社会的历史，还对天文、地理、堪舆、术数等无所不通。由历代史官编撰的史书，可谓浩若烟海，业已成为传统文化的宝贵遗产。例如，当下通常所谓的"国学"，又可具体称之为"经史子集"之"学"，其中的"史"，即是由历代史官编撰而成的"二十四史"。

可以说，史官以史实为依据秉笔直书，既可延续其家学门风一脉相承的荣誉感和自豪感，又是作为"官学合一"的"史官"之天职所在。稽诸史料可知，史官秉笔直书的学统，既非天赋又非君授，而是历代史官不畏强权、以身殉道、前仆后继的结果。诸如，春秋时期如实记录"崔杼弑君"的齐国太史公兄弟三人，皆视死如归，前仆后继，终成史载；又如，司马迁忍辱负重而自净，得以承继父志，最终著成名垂青史的《史记》，等等。由此而言，在我国传统的"士"阶层中，史官群体堪称"明道救世"的"精神贵族"。言其"贵"，不仅在于其"宁鸣而死，不默而生"的"明道"求真精神，还在于其"为天地立心，为生民立命，为往圣继绝学，为万世开太平"的"救世"情怀。

作为"史官"的老子，其著成的《道德经》尽管不属于"史学"的范畴，但是其"五千言"的字里行间，无不尽显其作为史官秉笔直书的天职与风骨。本章对于当时"治者"穷奢极欲的鞭笞，大凡即属于此。在其他章节中，老子亦多有对时政痼疾无情的抨击。诸如，"天下无道，戎马生于郊"，"民不畏死，奈何以死惧之"，"民之饥，以其上食税之多，是以饥。民之难治，以其上之有为，是以难治。民之轻死，以其上求生之厚，是以轻死"，以及本章的"朝甚除，田甚芜，仓甚虚。服文采，带利剑，厌饮食，财货有余，是谓盗夸，非道也哉！"等等。值得注意的是，老子并非为批判而批判，其目的在于"明道救世"，鞭策世人尤其是"治者"要迷途知返，重归"甚夷"的"大道"。

通过对社会现实问题的批判与反思，老子开出的"明道救世"之方略，囊括天地人间万物，可谓巨细无遗，无所不适。此即，"无为"和"自然"。《老子》中所谓的"道常无为"和"道法自然"，首先意味着"道"对自身权力和权威性的约束和消解。"无为"和"自然"落实到天地万物和人间社会，则有不同的主体。大致而言，"无为"的主体主要是"侯王""人主"和"圣人"等"治者"，以及"天"和"地"；而"自然"的主体，则主要是"众人""百姓"和"民"等"被治者"，以及大自然中的"万物"。在《老子》中，"无为""不争""不仁""无欲"和

"无心"等所指涉的主语,皆是作为"治者"的"侯王""人主"和"圣人"以及"天地";而"自化""自然""自正"和"自朴"等所指涉的主语,则皆是作为"被治者"的"众人""百姓"和"民",以及大自然中的"万物"。在老子看来,只有"治者"采取"无为之治","被治者"才能处于"自然"状态;只有依赖于"天"和"地"的"清"和"宁",大自然中的"万物"才能得以"自然而然"地生长。

可见,老子对任何过犹不及的"有为权力"都始终保持着高度的警觉,甚或要求至尊无上的"道"自身也必须彻底地"自动放权"。老子的"无为"和"自然"之"道",可谓"至简"之"道",其看似简单易行,却需要人们战胜自己的种种欲念与机心;这对于凡夫俗子而言,可谓难之又难。概或在这种意义上,老子有所谓"自胜者强"的论断。凡此,堪当世人明鉴之。

第十七章　修身德真

善建者不拔，善抱者不脱，子孙以祭祀不辍。修之于身，其德乃真；修之于家，其德乃余；修之于乡，其德乃长；修之于国，其德乃丰；修之于天下，其德乃普。故以身观身，以家观家，以乡观乡，以国观国，以天下观天下。吾何以知天下然哉？以此。

章旨参证

老子之"道"，既是"万物之母"，又是"规律之宗"，也是"价值之源"，还是"返璞之归"；故而，人间万物莫不以"遵道"为是。尽管"道"是终极的"形上本体"和"万物之母"，但是在"道生一，一生二，二生三，三生万物"的过程中，"道"也逐次将自身"无为"和"自然"的特性传递给了人间万物，此即通常所谓的"道一而德万"。抑或说，在由"道"逐次生成的大千世界中，人间万物皆有"得"自于"道"的"德"性，人间万物只需按照自身的"天德"，顺其"自然"生长即可成就自身。但是，人间社会始终存在着"背道离德"的现象。于是，"修道进德"就成为必要。

本章开篇的"善建者不拔，善抱者不脱"，论述的是"遵道"和"行道"的重要性。对此，河上公注解曰："善以道立身立国者，不可得引而拔"，"善以道抱精神者，终不可拔引解脱。"[1] 本章后文的"子孙以祭祀不辍"，则是对"遵道"和"行道"结果的论述。对此，河上公曰："为人子孙能修道如是，产生不死，世世以久，祭祀先祖宗庙无绝时。"[2] 以

---

[1] （汉）河上公：《老子》，上海古籍出版社2013年版，第134页。

[2] 同上。

"子孙祭祀不辍"作为"修道"的结果，说明"遵道"对于自身、家族乃至于社稷的重要作用。

为何"修道"竟有如此长久的果报？大凡概因，人并非独立于他人、族群、社会和社稷而存在，反而作为其中的一员，始终与其休戚与共。对于个体"修道"的意义及价值，该章作了详细描述。此即本章下文的"修之于身，其德乃真；修之于家，其德乃余；修之于乡，其德乃长；修之于国，其德乃丰；修之于天下，其德乃普"。对于此句，河上公注解曰："修道于身，爱气养神，益寿延年。其德如是，乃为真人"；"修道于家，父慈子孝，兄友弟顺，夫信妻贞。其德如是，乃有余庆及于来世子孙"；"修道于乡，尊敬长老，爱养幼小，教诲愚鄙。其德如是，乃无不覆及也"；"修道于国，则君信臣忠，仁义自生，礼乐自兴，政平无私，其德如是，乃为丰厚也"；"人主修道于天下，不言而化，不教而治，下之应上，信如影响，其德如是，乃为普博。"[①] 由河上公的解释可知，"修道"可终身受益，任何人"修道"，均能促进自身"德性"的发展，进而收获良性循环的果报。

在论述"修道"的重要性及其良性回报之后，本章后文的"故以身观身，以家观家，以乡观乡，以国观国，以天下观天下"，则通过比照的方式，再次强调"修道"的重要性。对于此句，河上公注解曰："以修道之身，观不修道之身，孰亡孰存也"；"以修道之家，观不修道之家也"；"以修道之乡，观不修道之乡也"；"以修道之国，观不修道之国也"；"以修道之主，观不修道之主也。"[②] 该句通过对"修道"与"不修道"的比较，含有鞭策后者见贤思齐的意蕴。

至于本章文末的"吾何以知天下然哉？以此"一句，则是老子对自身思想的反问。此即：我是怎么知道"修道"如此重要的呢？就是通过对比"修道"与"不修道"的个人、家庭、社会和国家等所呈现的状态而得来的。

《老子》本章，通过比对"修道"与"不修道"的个体、家庭、社会、国家等，以揭示孰优孰劣的道理。为了说明"修道"的重要性，老子选择了不同身份、不同职责和不同范围的主体，并以不同主体"修道"的

---

① （汉）河上公：《老子》，上海古籍出版社 2013 年版，第 134—135 页。
② 同上书，第 135 页。

不同结果，多次强调"修道"的重要性。在老子看来，个体"修道"既是促进个体良性发展的必要途径，又是"修己以安人"的重要前提。作为由个体组成的家庭、家乡、社会、社稷和国家而言，只有"家家修道""乡乡修道""国国修道"进而"天下皆修道"，才能实现"无为而治"、自然而然、各成其是、和谐共生的"道德理想国"。

章旨参悟

就道德修养的先后次序而言，《老子》本章所谓的"修之于身""修之于家""修之于乡""修之于国""修之于天下"，与儒家的经典《大学》所谓的"修身""齐家""治国""平天下"，有诸多相似之处，二者都强调道德修养要从"修身"开始，然后才能逐步推及于"家""国"乃至于"天下"。例如，《大学》第一章明确地强调："自天子以至于庶人，一是皆以修身为本"。

为何儒家和道家都强调道德修养要从"修身"开始？大凡概因，"身"是组成"家"的根本，"家"是构成"乡"的根本，"乡"是构建"国"的根本，"国"是形成"天下"的根本。若无"身"，即无"家"、无"乡"、无"国"、无"天下"可言。"身—家—乡—国—天下"的修养进路符合人们的惯常逻辑，具有理论与现实的双重合理性。然而，倘若反过来说"若没有天下，就没有国；若没有国，就没有乡；若没有乡，就没有家；若没有家，就没有人身"，则明显不符合逻辑，因为这是一种"倒果为因"之说。应该说，这是一个值得澄清的因果关系问题，目前仍然有学者持有这种"倒果为因"的观点。

值得注意的是，原始儒家和道家所处年代的"身""家""乡""国""天下"，还有其特殊的时代意蕴。自夏商周三代至春秋战国时期，在实行宗法分封制的背景下，通常的社会状况是：士有禄田、卿大夫有家、诸侯有国、天子有天下。在封建制度这种层层分封的格局下，存在着一个颇为吊诡的现象，即存在着"我的主人的主人，不是我的主人"；反之，"我的仆人的仆人，不是我的仆人"的现象。易言之，就"主人"与"仆人"之间的权力与义务关系而言，下层被分封的"仆人"只对直接分封自己的"主人"尽义务，而对自己的"主人"的"主人"，却没有必要尽义务；反之，上层负责分封的"主人"，只有权力支配被自己直接分封的"仆人"，却没有权力支配自己的"仆人"的"仆人"。这种现象一方面会赋予"身""家""乡""国"各自拥有相对独立的自治权；另一方面也会导致"国""乡""家""身"之间，在各个领域的不统一甚或存在分崩离析的痼疾。

可以说，春秋战国时期之所以产生"礼崩乐坏"的大变局，与上文所述的吊诡现象不无关系。可以说，只有在理清上述历史背景的基础上，方能对儒家和道家之于"身""家""乡""国"和"天下"的异同观予以深入了解。诸如，儒家在"齐家"之后直接推及于"治国"；相比之下，《老子》在"修之于家"之后，还要进而"修之于乡"，才能推及于"修之于国"。应该说，无论在规模还是在结构等方面，"家"与"国"都存在着巨大的差别，能够"齐家"者，未必就能够"治国"。在"家"与"国"之间，《老子》安插一个过渡性的"乡"，或可表明老子对"小国寡民"、地方自治和社会儒化的珍视。又如，儒家"修身"的目的在于实现远大的政治抱负，其最终的价值诉求在于推出"外王"，即"治国平天下"。相比之下，老子对于"身、家、乡、国、天下"，却连用了五个"修"字；这意味着，老子倡导要在这五种不同的"道场"中始终坚持"修行"。不仅如此，还要边"修"边"观"，边"观"边"修"，在相互观摩比较中反求诸己，相互砥砺而修行，似乎永无止境。《老子》在本章中所谓的"以身观身，以家观家，以乡观乡，以国观国，以天下观天下"。如此而言，《老子》似乎更注重"内圣"，而非"外王"。再如，儒家"修齐治平"的内容，大凡在于"仁义礼智信"；而老子"修"和"观"的内容，却是"自然无为"之"道"。

若以孔子与老子予以比较，前者"修身"的目的，或许在于"克己复礼为仁"，而后者的目的，却是合于"自然无为"的"大道"。实际上，佛学的禅宗亦特别重视个体的修行，如其所谓的"直指本心，见性成佛"，即属于此。值得注意的是，"修身"和"修心"是相通的，互为一体的。由此可见，我国传统文化的"儒释道"三大家，在道德修养上都注重以"修身"和"修心"为本。这对于目前我国学校道德教育偏重于高远的道德理想说教，脱离学生日常生活的道德灌输，缺乏对源自学生本心道德良知的引导，以及仅仅依据学生的外部表现而对其予以道德评价等现象，不失为纠偏救弊之明鉴。

第十八章　赤子德厚

含德之厚，比于赤子。蜂虿虺蛇不螫，猛兽不据，攫鸟不搏。骨弱筋柔而握固，未知牝牡之合而朘作，精之至也。终日号而不嗄，和之至也。知和曰常，知常曰明。益生曰祥，心使气曰强。物壮则老，是谓不道，不道早已。

章旨参证

《老子》"五千言"，无外乎"道""德"二字。在《老子》中，"道"作为形上的存在和终极的本源，其外在的表现形式及功用即是"德"。著名学者唐君毅和方东美将老子的"道"分为"道体""道象""道征""道用"几个层面，其中的"道象""道征"和"道用"，便可统称为"德"。作为"道"的显现及功用的"德"，通常是赋予万物自然本性的存在。"德"所赋予万物的本性即是"自然性"。于此而言，"自然性"就是"德"，二者可合而为一。在《老子》中，只要按照自身"自然性"生存与发展的事物，就是有"德"的。

老子认为，在人间社会中，能够按照自身的自然本性自然而然的生活者，即是"得道"和"有德"之人。在《老子》中，大凡"得道"和"有德"之人，大都是"圣人""婴儿"和"赤子"。在之前的诸多章节中，老子对于"圣人""婴儿"和"赤子"便多有褒扬。诸如，第十章的"载营魄抱一，能无离乎？专气至柔，能婴儿乎"，该句通过反问，肯定了"专气至柔"的婴儿。对于"专气至柔，能婴儿乎"，河上公注解曰："专守精气使不乱，则形体能应之而柔顺"；"能如婴儿内无思虑，外无政事，则精神不去也。"① 可见,"婴儿"的"柔顺"和"无思虑",正是"无为"的体现。又如,第二十章的"众人熙熙,如享太牢,如春登台。我独泊兮其未兆,如婴儿之未孩",通过对"众人"与"圣人"的比较,表明"无为"的"圣人"与"有为"的"众人"在言行上的差别,以肯定"自然无为"的"圣人"。该句中的"我独泊兮其未兆,如婴儿之未孩",通过对"圣人"("我")言行的描述,以喻指"婴儿"是自然淳朴的"有德"之人。

《老子》本章在整体上便是对合于"自然德性"的"赤子"的描述。本章首句的"含德之厚,比于赤子",即是全面肯定"赤子"的"自然德性"。对于"含德之厚",河上公曰:"谓含怀道德之厚者"②;关于"赤子",张松辉解释为:"赤子,婴儿。小孩刚出生时,身体颜色发红,故称'赤子'"③。综合而言,"含德之厚,比于赤子",意为"像婴儿那样含怀深厚的德性"。

对于本章下文的"蜂虿虺蛇不螫,猛兽不据,攫鸟不搏。骨弱筋柔而握固,未知牝牡之合而朘作,精之至也。终日号而不嗄,和之至也",河上公注解曰:"蜂虿虺蛇不螫。赤子不害于物,物亦不害之。故太平之世,人无贵贱,皆有仁心,有刺之物,还反其本,有毒之虫,不伤于人";"赤子筋骨柔弱,而持物坚固,以其意专心不移也";"赤子未知男女之合会,而阴作怒者,由精气多之所致也";"赤子从朝至暮啼号,声不变易者,和气多之所致。"④ 由此可见,赤子的"含德之厚",不仅能使自身免于外物的伤害,还有助于自身"和气"和"精气"的生成。可以说,"和气"和"精气"对于个体的成长非常重要。婴儿的"精气"是促进其身体生长的原动力,而"和气"则关乎婴儿的精神及心理。"婴儿"之所以是"自然"和"无为"的,正在于其具备"和气"。

对于本章后文的"知和曰常,知常曰明。益生曰祥,心使气曰强",河上公注解道:"人能知和气之柔弱有益于人者,则为知道之常也";"人能知道之常行,则日以明达于玄妙也";"益生欲自生,日以长大";"心当专以和柔,而气实内,故形柔。而反使妄有所为,和气去于中,故形体

---

① (汉)河上公:《老子》,上海古籍出版社2013年版,第21页。
② 同上书,第137页。
③ 张松辉:《老子》,中国国际广播出版社2011年版,第265页。
④ (汉)河上公:《老子》,上海古籍出版社2013年版,第137页。

日以刚强也。"① 由此可见,"赤子"正是老子所谓的"知和""知常""益生""心使气"之人。婴儿之"和气"柔弱,于己有利,不伤他物;婴儿保有自身的"自然性",与"道"相合;婴儿形体柔弱,却满载生命活力;婴儿心思单纯,无有欲念,不会妄为。可见,"柔弱""和气""无有思虑"的"婴儿",可谓自然而然的"厚德"之人。

关于本章文末的"物壮则老,是谓不道,不道早已",河上公曰:"万物壮极则枯老也。老不得道。不得道者,早已死也。"② 老子将婴儿的"柔弱"与万物的"壮",看作是两种截然不同的状态,通过比较以肯定"婴儿"的"柔弱"之"德"。由于"柔弱"是"无为"的体现,故而此处对于"柔弱"之"德"的倡导,亦在于呼吁世人要效仿自然而然的婴儿。这也是对"合道之人"的再次肯定。

章旨参悟

老子的人生哲学,可谓"为道日损"乃至于"自然无为"的哲学,又可谓"返璞归真"乃至于"复归于婴儿"的哲学。在《老子》"五千言"中,只有两类人属于"合道"之人,即"圣人"和"赤子"或"婴儿"。如果说刚出生的"赤子"或"婴儿"本来就是"含德之厚"的"合道"者,那么对于那些穷其一生孜孜以求而"得道"的"圣人"而言,岂不是在业已虚掷人生数十年之后,最终又回到了人生的起点,即"复归于婴儿"?既然"赤子"和"婴儿"都是先天的"合道"者,为何在后天的"为学日益"中反而会"背道离德"?如果人类始终停留在"无知"的"赤子"状态,何有人类文明的发展与进步可言?大凡正是基于如此之类的反问,老子哲学常被学界归之为"尚古主义"和"道德虚无主义"。

老子将甫一出生的"赤子"和"婴儿"看作是"合道"之人,的确令人诧异甚或惊世骇俗。若从一般的知识论和价值论的视角观之,老子的确可归于"尚古主义者"和"道德虚无主义者"。但是若从哲学本体论的视角来看,其所持的"赤子合道观"却可谓真知灼见。

如上文所及,老子之"道"既是宇宙的终极本体,又是人间万物之

---

① (汉)河上公:《老子》,上海古籍出版社2013年版,第138页。
② 同上。

"母",其根本特征是"自然"与"无为"。作为万物之"母","道"在生人间万物的过程中,业已将自身"自然"与"无为"的特性传递给了人间万物。但是人们通常认为,作为个体的人若要"悟道"和"得道",就必须要经历一番外求诸经、"为学日益"甚或是皓首穷经的功夫,方能最终修得"正道"。实则,大谬不然。

与西方哲学固有的道器二分、体用分离的"二元论"相比,老子哲学最根本的特征即是道器合一、体用不二、道不远人。"道"在生人间万物的过程中,业已赋予个体的人和个别的物各具特色的本体,人间万物只需顺应各自的本体潜能及特征,自然而然地发展进而自成其是即可,根本无须外求。在品物流形的大千世界中,作为个体的本体之人和本体之物,其根本的特征是本自具足、无知无别、自然而然、自由自在的。这也正是老子之"道"的根本特征。正是以此为依据,老子认为初生的"赤子"或"婴儿"最符合其自身的本体之"道",此即《老子》本章所谓的"含德之厚,比如赤子"的根据和主旨所在。

尤当注意的是,老子所谓的"含德之厚,比如赤子"以及"常德不离,复归于婴儿"等,指的是"得道"之人业已超越"妄见"而达到的一种人生境界,而不是要成人重新回到"赤子"或"婴儿"的"无知"状态。宋代禅宗大师青原行思提出的"禅修"或曰"修道"的三重境界,大凡可以回答上文所提出的问题。

第一重境界是指,人在"修道"之前或之初,"看山是山,看水是水"。这说明人的认识水平,尚处于相信"眼见为实"的阶段,不知现象背后尚有本质。例如,淳朴天真的"赤子"和"婴儿",大凡即属于此。第二重境界是指,人在"修道"略有所悟时,"看山不是山,看水不是水"。这既可以解释为在经过"为学日益"、皓首穷经和砥砺苦修的功夫之后,业已知晓现象与本质的区别,知道眼见不一定为实。这种认识的境界,也可以解释为人逐步执着于对外物的分别心和知见心,进而沉迷于善恶义利甚或功名利禄的取舍之中。例如,老子所谓的"其出弥远,其知弥少"、"开其兑,济其事,终身不救",大凡即属于此。可以说,多数人属于这个境界。第三重境界是指,在悟道之后,"看山还是山,看水还是水"。这说明已经勘破本质与现象、主体与客体、精神与物质、主观与客观等"二元"分别的妄见,业已达到道器合一、体用不二、即现象即本质,甚或物我不二、人我不分、天人合一的境界。在老子看来,能够臻于这个境界者，只有少数的"圣人"。可见，第三种业已"得道"的境界，与第一种"未修道"却"已在道中"的"童真"和"天真"境界，何其相似乃尔！但是，可以肯定的是，第三种境界却一定是在超越了"为学日益"、道器二分、体用分离、人为使然的第二重境界之后，才能达到的"为道日损""返璞归真"和"复归于婴儿"的境界。

  由此可见，老子所谓的"含德之厚，比如赤子""常德不离，复归于婴儿"等，意味着"赤子"和"婴儿"本身的天性，既是本自具足的，又是本真、本善、本美的。鉴于此，作为"传道授业解惑"的"师者"和"人之本也"的"亲者"而言，不可违逆学生和儿童的天性而妄为使然，只需顺其天性予以因势利导即可。在古今中外的教育史上，不乏违背"童真"的自然天性，试图改造人性而导致的惨痛教训。于此，不可不察，且足当引以为戒。

第十九章　知者不言

知者不言，言者不知。塞其兑，闭其门，挫其锐，解其分，和其光，同其尘，是为玄同。故不可得而亲，不可得而疏，不可得而利，不可得而害，不可得而贵，不可得而贱，故为天下贵。

章旨参证

本章的主旨是论述"道"始终一视同仁地对待万物，及其"无为"和"不言"的特征。本章开篇的"知者不言，言者不知"，表明对"无为"和"不言"的肯定态度。关于此句，河上公注解曰："知者贵行，不贵言也"，"驷不及舌，多言多患"[1]。张松辉对该句的解释是："懂得大道的人是不喜欢去谈论大道的，喜欢谈论大道的人并不懂得大道。"[2] 由此可见，"知"与"不知"的对象是"道"。对于"道"的"言"或"不言"，乃是判定"知"或"不知"的标准。"知道者"尽管是"知者"，但通常却"不言"，即"知者不言"；"不知道者"尽管是"不知者"，但通常却"言"，即"言者不知"。何以"知者"反而是"不言"？大凡概因，他明白"道"本身是"不可言"的。《老子》开篇便说，"道可道，非常道"，指出"道"可以被"言"，但是"道"又不能被"尽言"。此即河上公所说的"知者贵行，不贵言也"[3]。

关于下文的"塞其兑，闭其门，挫其锐，解其分，和其光，同其尘"，河上公注解曰："人欲锐精进取功名，当挫止之，法道不自见也"；人欲

---

[1] （汉）河上公：《老子》，上海古籍出版社2013年版，第140页。
[2] 张松辉：《老子译注与解析》，岳麓书社2008年版，第176页。
[3] （汉）河上公：《老子》，上海古籍出版社2013年版，第140页。

"结恨","当念道无为以解释";"言虽有独见之明,当知暗昧,不当以擢乱人也";"常与众庶同尘垢,不当别自殊"①。由河上公的解释可知,之所以对"锐""分""光""尘"采取"挫""解""和""同"的举措,原因在于"锐""分""光""尘"皆过于锐进、过于疏远、过于光耀、过于特殊,它们都是过犹不及的"有为",皆不合于"道"的"无为"与"自然"。只有采取"挫""解""和""同"的诸种举措,方可从整体上达到和谐共生的局面。

在"塞其兑……同其尘"之后,宇宙"大道"的整体情形,即呈现出万物和谐共生和美美与共的景象,此即本章下文所谓的"是为玄同"。对于"玄同",河上公注解为:"人能行上上事,是谓与天同道也。"② 可见,"人"若能"与天同道",即是人间社会"遵道"的理想状态。

关于本章下文的"故不可得而亲,不可得而疏,不可得而利,不可得而害,不可得而贵,不可得而贱",河上公注解为:"不以荣誉为乐,独立为爱;志静无欲,与人无怨;身不欲富贵,口不欲五味;不与贪争利,不与勇争气;不为乱世主,不处按君位;不以乘权故骄,不以失志故屈。"③ 由此可见,"得道"之人正以"无为"为心,以"无事"为事。

高亨将"玄同"注解为"玄妙的一致",认为"不可得"的主语是统治者,指出"在这玄妙一致的情况下,统治者对于万民自然要公平一致。不可得而亲近谁,不可得而疏远谁,不可得使谁提升为官,也不可得使谁贬职为民。"④ 依照高亨的注解可见,与"道"的"不仁"一致,"得道"之人也是"不仁"的。

章旨参悟

老庄哲学不仅倡导人人平等,还强调人与万物平等,甚或主张"物我齐一"。这在先秦诸子百家中,可谓独树一帜。自古至今,多数人理所当然地认为,只有作为"万物之灵"的人类才有资格谈论和享用平

---

① (汉)河上公:《老子》,上海古籍出版社2013年版,第139页。
② 同上书,第140页。
③ 同上书,第140—141页。
④ 高亨:《老子注译》,清华大学出版社2010年版,第91页。

等；至于自然万物，由于其自身没有平等意识，因而也就没有所谓的平等可言。

"人是万物之灵"的观点，大凡来自于儒家的早期经典。诸如，《礼记》有载，"人者，天地之心也"，《尚书》记有"惟人万物之灵"，《孝经》有所谓"天地之性人为贵"，等等。应该说，主张"人是万物之灵"，固然对于人类形成以人为本的人文主义和人道主义有重要意义，但是也存在着明显的"人类中心主义"或"人类沙文主义"的倾向性。

老子哲学关于人与万物平等的观念，源自于其对世界终极本体的探究。老子认为，世界的终极本体是"道"。"道"既是人间万物之"母"，也是万有法则之"宗"，又是所有的价值之"源"，还是万物的终结所"归"。令人惊诧的是，如此"法力无比"且"功德无量"的"道"，却始终不以"造物主"的身份处于人间万物之"上"，而是以"德"的形式存在于人间万物之"中"。老子之"德"，乃是得自于"道"之"德"。由于"道"的本性是"自然"和"无为"的，故而人间万物得自于"道"的"德"，也是"自然"和"无为"的。人间万物"自然"和"无为"的特性，既是其平等相处乃至于和谐共生的共同基础，也是其作为个体得以"自然"成长的前提。抑或说，"道"和"德"之所以"尊贵"，人间万物之所以都"尊道贵德"，大凡概因老子所谓的"道之尊德之贵，夫莫之命而常自然"，"道生之，德畜之……万物莫不尊道而贵德"。由此可见，在老子的"道""德"与人间万物如此和谐共生的关系中，人人平等、物物平等、物我齐观，甚或物我齐一和天人合一，乃是顺理成章的自然而然之事。

在现实世界中，造成人与人以及人与物不平等的原因是极其复杂的；但是若从哲学本体论的视角观之，又是极其简单的。正如庄子所言，"以道观之，物无贵贱；以物观之，自贵而相贱。"以道家的"大道"或"常道"观之，人与人平等，物与物无别，人并不比自然万物高贵。但是若从"以物观物""以人观人"和"以人观物"的视角观之，则必然会产生"自贵而相贱"的结果。《老子》本章提出的"玄同观"，其宗旨即在于倡导"以道观人"和"以道观物"的"大道观"，以实现天下"玄同"。

值得一提的是，本章末句的"不可得而亲，不可得而疏，不可得而利,不可得而害,不可得而贵,不可得而贱"中的"亲疏""利害""贵贱",是针对当时封建制度和礼乐文化中不平等现象的揭露与批判。本章所倡导的"物我齐观"和"人人平等"的"玄同观",对于促进人与自然的和谐共生,构建平等和谐的人间社会、文化和教育,等等,具有深远的意义,值得深入的反思与探究。

第二十章　以正治国

　　以正治国，以奇用兵，以无事取天下。吾何以知其然哉？以此：天下多忌讳，而民弥贫；民多利器，国家滋昏；人多技巧，奇物滋起；法令滋彰，盗贼多有。故圣人云：我无为而民自化，我好静而民自正，我无事而民自富，我无欲而民自朴。

章旨参证

　　本章的主旨是通过对"有为之治"及其不堪结果的描述，呼吁治者实施"无为之治"。在《老子》的八十一章中，直接涉及"用兵"内容的共有三个章节，即第三十章、第三十一章及本章。从前两章关于"用兵"的内容来看，老子是反对战争的，如其所谓的"以道佐人主者，不以兵强天下"，"师之所处，荆棘生焉；大军之后，必有凶年"。老子认为，在遇到不得不"用兵"的情况下，也要"不得已而用之"，并且要适可而止，即其所谓的"善者果而已矣"。

　　该章首句的"以正治国，以奇用兵，以无事取天下"，是对"治国"和"用兵"的整体性概括。"以正治国"的"正"是"治国"的原则及方法；"以奇用兵"的"奇"是"用兵"的原则及方法；"以无事取天下"的"无事"是"取天下"的原则及方法，三者均属于治国理政的范畴。关于"以正治国"的"正"，高亨认为是"正常平易的方法"[1]，张松辉认为是"正规的方法"[2]，二者之间并无大差异，均指向正式、常规和惯用的方法。关于"以奇用兵"之"奇"，诸多学者认为，"奇"指称"诈伪之

---

[1] 高亨：《老子注译》，清华大学出版社2010年版，第92页。
[2] 张松辉：《老子译注与解析》，岳麓书社2008年版，第179页。

"法"，代表者有河上公、张松辉等。有学者将"奇"解为"出奇变异"和"奇术"，指"用兵"方法的罕见、稀有和奇特。在诸多不同的解释中，吕惠卿的注解可谓更合《老子》的本意："兵者，不详之器，非君子之器，故有道者不处。兵而常且久则是处之也，故以奇而不以正。奇者，应一时之变者也。"① 由吕惠卿的注解可见，"以奇用兵"是应对"一时之变"的方略；"一时之变"的特征，在于其变异性、快速性，是故"以奇用兵"旨在速战速决。至于本章下文的"以无事取天下"，则是指"无为之治"。

本章下文的"吾何以知其然哉"，可视为老子自问。老子的答案是："以此：天下多忌讳，而民弥贫；民多利器，国家滋昏；人多技巧，奇物滋起；法令滋彰，盗贼多有。"关于此句，河上公注解为："令烦则奸生，禁多则下诈，相殆故贫"；"民多权则视者眩于目，听者惑于耳，上下不亲，故国家昏乱"；"多知伎巧，谓刻画宫观，雕琢服章，奇物滋起，下则化上，饰金镂玉，文绣采色，日以滋甚"；"珍好之物滋生彰著，则农事废，饥寒并至，故盗贼多有也。"② 由此可见，"令多""禁多""夺权""多知""珍好之物"等，皆是"有为"的表现。统治者的"有为"，导致"奸生""下诈""奇物滋起""上下不亲""国家昏乱""农事废""饥寒并至""盗贼多有"等不堪的社会现实。老子对于"有为之治"而导致乱象的描述，旨在肯定和彰显"无为之治"的优越性。

本章下文的"故圣人云：我无为而民自化，我好静而民自正，我无事而民自富，我无欲而民自朴"，则是对"无为之治"优越性的整体表述。文中的"我"与"民"相对，"我"指的是"人主"和"侯王"等"统治者"。正是作为"统治者"的"我"的"无为""好静""无事""无欲"，民众才得以达到"自化""自正""自富""自朴"的理想境况。

章旨参悟

《老子》本章的主旨是阐发治国理政的"无为而治"之"道"。下文拟以老子"无为而治"的思想为参照，从历史经验和教训的视角，对教育与政府、教育及政治的关系等相关问题予以简单的回顾和论述。

---

① （宋）吕惠卿：《老子》，华东师范大学出版社2015年版，第63页。
② （汉）河上公：《老子》，上海古籍出版社2013年版，第143—144页。

第二篇 "德经"证悟

历史上，我国素有"政教合一"和"官学一体"的传统。可以说，这一传统所遗留的问题，无论在理论上还是在实践中，迄今为止远未得到应有的认识和解决。近代以来，我国的学校教育制度基本上是以西方国家为模版而建立起来的。但是西方诸国在近现代普及义务教育和高等教育大众化的过程中，业已完成了教育与政治的分离，以及教育与宗教的分离。这意味着在西方诸发达国家中，学校教育作为国家和社会的一个子系统，业已被赋予其本身应有的办学自主权。事实上，学校教育系统只有获得本身应有的办学自主权，才能按照自身固有的规律更好地实现育人的使命。但是就目前的状况来看，我国学校教育的办学自主权，在理论上尚没有得到深入的探究，在实践上更没有得到应有的重视和落实。

从古今中外的历史教训来看，教育一旦被当作达到某种外在目的的工具，教育本身所独有的育人目的和功能，就会偏离其应在的轨道。就我国历史上的经验教训而言，无论是先秦时期的封建社会，还是自秦至清的皇权专制社会，教育与国家之间的关系特征，大致可归结为"政教合一"、"学在官府"、"官学一体"、国家垄断教育等。教育的目的和功能，大凡在于教化顺服的臣民。

近代伊始，在西学东渐的背景下，我国进入追赶西方列强的近代化进程。在内忧外患的"天下兴亡"之时，我国近代知识分子最为关切的是"外王之学"而非"内圣之学"。恰如章太炎所言："求学之道有二：一是求是，一是应用。""然以今日中国之时势言之，则应用之学，先于求是。"[1] 章氏所谓的"应用"，即是以"西学"为师，用于"启蒙救国"。尽管我国近代有"中体西用"之国策，但是在"师夷之技以制夷"的过程中，近代知识界于不知不觉之中业已充任了"西学"的"传播者"，以"富国强兵"为宗旨的"致用者"，而非教育本该应有的"求真者"。可以说，这是我国近代学校教育及知识界的普遍特点。

1949年中华人民共和国成立之后，世界正处于东西方两大阵营的冷战时期。在约半个世纪的"冷战"中，东西方两大阵营展开了各个领域的激烈竞争，其中政治制度和意识形态的较量即是"冷战"重要的一环。此后，我国社会的各个领域多以政治制度和意识形态为宗旨，教育亦成为服务于政治的工具。可以说，在这种大背景之下，教育本身所固有的发展规

---

[1] 章太炎：《说求学》，中华书局1979年版，第620页。

律无从谈起。自1978年改革开放至今，尽管学术界曾展开过关于"教育本质"的大讨论，国家也曾多次出台关于教育体制改革的决定，但是关于教育与政府的关系、教育与政治的关系、教育系统的办学自主权、学校自身的管理权等诸多问题，尚一直存在着模糊的认识，现实中应有的改革举措也无从落实。

我国历史上大致有三次文化和教育发展的高峰期，即春秋战国时期、宋朝和民国时期。其中，春秋战国和民国时期，大致都处于时局动荡之中，也是中央政府无暇统辖文化和教育的特殊时期。然而，正是在这种政府"无为而治"的特殊时期，反而出现了文化、教育和学术的繁荣。宋朝的文化和教育繁荣，大致与该时期的"崇文抑武"立国方略有关。另外，在传统社会国家垄断教育的情况下，各种形式的私学教育始终以顽强的生命力延续不断，堪称在大一统体制之下的一股"清流"。诸如，春秋战国时期诸子开办的私学、宋朝的书院等。

总之，我国历史上政府与教育的关系演进，以及政府所采取的"有为之治"或"无为而治"的经验教训，当为学术界深入研究，其成果或可资以为鉴。

第二十一章　福祸相倚

其政闷闷，其民淳淳；其政察察，其民缺缺。祸兮福之所倚，福兮祸之所伏。孰知其极？其无正？正复为奇，善复为妖。人之迷，其日固久。是以圣人方而不割，廉而不刿，直而不肆，光而不耀。

章旨参证

如本书在"总论"中所及，《老子》一书"心法"的整体特点，可归结为"以道观人"和"以道观万物"的"大道观"或曰"常道观"。在其"大道观"的"心法"体系之中，又有诸多具体的方法。《老子》在本章所采用的方法，大致可归为"辩证法"和"比较法"。本章的主旨既是对"无为之治"的肯定，又强调在治国理政中要辩证地看待和处理事物。

关于本章开篇的"其政闷闷，其民淳淳；其政察察，其民缺缺"，河上公注解为："其政教宽大，闷闷昧昧，似若不明也。政教宽大，故民醇醇富厚，相亲睦也。其政教急疾，言决于口，听决于耳也。政教急，民不聊生，故缺缺日以疏薄。"[1] 由河上公的注解可知，"闷闷"之政与"察察"之政，孰优孰劣概可得见。王弼的注解基本与河上公一致，只是相比之下，王弼的注解更加突出"无为"对于治国的作用。王弼曰："言善治政者，无形无名，无事无政可举，闷闷然，卒至于大治，故曰其政闷闷也。其民无所争竞，宽大淳淳，故曰其民淳淳也。立姓名，明赏罚，以检奸伪，故曰察察也。殊类分析，民怀争竞，故曰其民缺缺也。"[2] 结合河上公及王弼的注解可知，该句通过对统治方式与民众反映之间的比对，以肯

---

[1] （汉）河上公：《老子》，上海古籍出版社2013年版，第148页。
[2] （魏晋）王弼：《老子道德经注校释》，中华书局2008年版，第151页。

定"无为"的"闷闷"之"政"。

关于"其政闷闷,其民淳淳;其政察察,其民缺缺"中所蕴含的辩证关系,高亨认为:"这一章表现老子朴素的辩证观点。他指出;矛盾对立的事物常常相互转化:其政润润,一般人认为是坏的,然而结果其民淳淳是好的;其政察察,一般人认为是好的,然而结果其民缺缺是坏的。"① 在老子看来,表面看似好的形式,却有可能导致坏的结果;表面看似有缺陷的形式,却有可能带来理想的效果。

本章后文的"祸兮,福之所倚;福兮,祸之所伏。孰知其极?"则是对现实事态的规律性总结,旨在告诫统治者不要被表面的现象所迷惑,而是应该认清事物发展的对立统一性,知晓事物发展的转换性以及"物极必反"的道理。对于此句,河上公注解曰:"夫祸因福而生,人遭祸而能悔过责己,修善行道,则祸去而福来。祸伏逆于福中,人得福而为骄恣,则福去祸来。福祸相更生,谁能知其穷极时"②。河上公对词句的注解,甚得本句大旨。

关于本章下文的"其无正?正复为奇,善复为妖",河上公曰:"人君不正其身,其无国也。人君不正,下虽正,复化上为诈也。善人皆复化上为妖祥也"③。河上公认为,由于"正"与"不正"、"善"与"妖"之间的转化性和关联性,"人君"应当时刻秉持"正"的统治原则,并使"正"时刻处于恰当的程度,避免向"极"的方向发展。

本章后文的"人之迷,其日固久",指出人们对于"物极必反"道理的不知和不解,业已由来日久。"人之迷,其日固久",作为普遍存在的状态及现象,主要针对的是一般人。在《老子》中,"圣人"因其身份的特殊性和德性的高深,不可能是"人之迷,其日固久"的主语。"圣人"深谙"物极必反"的道理,并能够自如地运用辩证思维解决现实问题。本章下文的"是以圣人方而不割,廉而不刿,直而不肆,光而不耀",就是对"圣人"深谙此道的描述。对于此句,高亨注解曰:"所以深明大道的圣人,行为方正,却不伤害人;行为有棱角,却不刺伤人;行为正直,却不放肆;行为光明,却不炫耀。"④ 可见,圣人之所以"方正而无害""有棱

---

① 高亨:《老子注译》,清华大学出版社2010年版,第94页。
② (汉)河上公:《老子》,上海古籍出版社2013年版,第148页。
③ 同上书,第148—149页。
④ 高亨:《老子注译》,清华大学出版社2010年版,第94页。

角而不伤人""正直而不放肆""光明而不炫耀",正是因为其能够避免过犹不及的行为,能够避免事态朝"极"的方向演变。

章旨参悟

《老子》本章所谓的"其政闷闷",指的是清静的"无为之治";"其政察察",指的是严苛的"有为之治"。在常人看来,后者的治理效果要好于前者,其实不然。老子认为,若实施清静的"无为之治",百姓就会趋向天真纯朴;若实施严苛的"有为之治",百姓反而会趋向作伪狡诈。深究之,实施"闷闷"之"政"的"治者",必然相信"民"是本真、本善、本美的,只需顺势引导即可;实施"察察"之"政"的"治者",必然认为"民"不知何为"真善美"、何为"假恶丑",需要以既定的美德予以教化,甚或以严刑酷法予以治理。殊不知,"趋利避害"乃是人的天性,对于奖赏"真善美"的条规,必定会出现"重奖之下必有勇夫"的"趋利"行为;久而久之,会导致"伪善"风靡的现象。诸如,汉代实施的"孝廉察举制",就曾造成过"伪孝伪廉"一时风行于世的现象。同样,对于处罚"假恶丑"的严刑酷法,一旦致其极,人们也会因为"避害"而做出诸多"伪恶"的行为。诸如,凡是在历史上规定亲人犯法家人必须举报的朝代里,皆不乏亲人之间违心地相互举报的"伪恶"现象。

老子所谓的"其政闷闷"和"其政察察",比之于学校教育,亦可谓无所而不适。实施"闷闷"之"教"的"师者",必然相信"学生"具有本真、本善、本美的潜质,只需对其因势利导即可;反而,实施"察察"之"教"的"师者",必然认为"学生"不知何为"真善美"、何为"假恶丑",必须对之予以知识灌输和道德说教。目前教育界存在的犬儒主义、功利主义、投机主义和"精致的利己主义"等现象,与此不无关系。正如严复所言,"华风之弊,八字尽之:始于作伪,终于无耻"。于此,为人"师者",不可不察。

《老子》本章所谓的"祸兮福之所倚,福兮祸之所伏",即通常所谓的"福祸相倚",是我国传统文化中的一个古老话题。此处的"福祸相倚"与"万物莫不负阴而抱阳,冲气以为和",可谓一脉相承。"阴阳相生相胜",可谓我国传统文化中最古老的智慧结晶之一。"福祸相倚"和"阴阳相生相胜"都强调,尽管任何事物都有两个极端,但是二者却是一个不可分割的整体，若偏执于一端，就必然会走向另一端。此即通常所谓的"物极必反"。如何才能避免事物从一个极端走向另一个极端？老子的答案是"冲气以为和"。此处的"冲"，既可理解为"虚"，又可疏解为"和"。由此而言，人在"有福"或"处阳"时，只有留有一定的"虚"或"和"的余地，才能达到"冲气以为和"中"和"的理想境界。反之，当"有祸"或"处阴"时，亦复如此。《老子》之所以对此反复告诫，大凡概因于此。如其所谓的"持而盈之，不如其已；揣而锐之，不可常保；金玉满堂，莫之能守；富贵而骄，自遗其咎"，"知足之足，常足矣"，等等，大凡即意于此。儒家的"亚圣"孟子也有所谓的"富贵不能淫，贫贱不能移，威武不能屈"（《孟子·滕文公下》），"穷则独善其身，达则兼善天下"（《孟子·尽心上》），等等。古之先贤对于福祸、贫富、尊卑、贵贱等攸关人生的至理名言，足当今人心悟力行。

《老子》本章所谓的"圣人方而不割，廉而不刿，直而不肆，光而不耀"，既是对"圣人"外柔内刚、柔中带刚和刚柔并济之境界的描述，又是形容其在引导百姓"自化"时，"春风化雨，润物无声"般的"自然"状态。可以说，这正是老子所谓"不言之教"的最高境界，堪当今日"为人师者"反复揣摩。

第二十二章　长生久视

治人事天，莫若啬。夫唯啬，是谓早服。早服谓之重积德，重积德则无不克，无不克则莫知其极，莫知其极，可以有国，有国之母，可以长久，是谓根深固柢，长生久视之道。

章旨参证

《老子》"五千言"，既重视对"形上"之"道体"的论述，又重视对"形下"之"器用"的阐发。就其"形下"之"器用"而言，老子尤其关注治国理政。如果以"内圣外王"来分析老子治国理政的思想，那么其理想中的"内圣"就是以"圣人"为代表，其理想中的"外王"形式就是"无为之治"。

关于"圣人"的形象及特征，本书之前的诸多章节已有涉猎。关于"无为之治"，《老子》本章之前的章节亦多有论述。诸如，第三章"不尚贤，使民不争。不贵难得之货，使民不为盗。不见可欲，使民心不乱"中的"不尚贤""不贵难得之货"和"不见可欲"，皆是"治者"在治国理政时"无为之治"的体现。第七章"是以圣人后其身而身先，外其身而身存"中的"后其身"和"外其身"，是"圣人"遵行"无为"原则的体现。第十九章的"绝圣弃智，民利百倍；绝仁弃义，民复孝慈；绝巧弃利，盗贼无有"，对于"圣""智""仁""义""巧""利"的弃绝，是遵循和践行"无为之治"的具体体现。第二十二章"是以圣人抱一为天下式。不自见故明；不自是，故彰；不自伐，故有功；不自矜，故长"中的"不自见""不自是""不自伐""不自矜"，皆是"圣人抱一"，即"抱无为之道"的体现。在第二十七章的"是以圣人常善救人，故无弃人；常善救物，故无弃物"中，"圣人"对于"人"和"物"的"常善救"，可以

第二十二章　长生久视

看作是"圣人"之所以成"圣"的原因及依据。抑或说,"圣人"之所以有资格作为理想的"治者",大凡在于其能够一视同仁地对待世间万物。"圣人"的"不仁"与"天地"的"不仁",都符合"道"的"无为"和"自然"的范畴。第二十九章"是以圣人去甚、去奢、去泰"中的"去奢""去甚""去泰",既是"圣人"的修身之方,也是"圣人"的统治之方。

由上文所举可知,由于老子所谓的"无为"具有多种表现形式,在现实生活中的"无为之治",也有多种途径及方式。本章即单独提出一种"无为之治"的具体途径,此即"啬"。本章开篇即点题,认为"啬"是"治者"治国理政的重要途径及方式。此即,"治人事天,莫若啬"。关于此句,河上公的解释是:"啬,爱也";"谓人君欲治理民众,当用天道顺四时。治国者当爱民财,不为奢泰;治身者当爱精气,不放逸。"① 由此可知,"啬"指"爱"。具体而言,"啬"主要包括两方面的内涵:于治国而言,指的是统治者要"爱民财";于治身而言,指的是"爱精气,不放逸"。不同于河上公的注解,王弼认为,"莫若,犹莫过也。啬,农夫。农人治田,务去其殊类,归于齐一也。全其自然,不急其荒病,除其所以荒病。上承天命,下绥百姓,莫过于此。"② 在王弼看来,"啬"是指治国应当如农夫治田一样,应该顺其自然地引导和辅助民众的发展。与河上公与王弼的注解不同,一些学者将"啬"注解为"节俭",以高亨和张松辉为代表。

实际上,"啬"作"爱"或"节俭"之解,二者有相通之处。河上公所谓的"爱民财"和"爱精气",都蕴含着"节俭财物"和"节用精气"的含义。同样在政治统治中,对于财货的"少费"和"节俭",也是统治者"爱民"的体现。由于"爱民"思想在《老子》之前的章节中多有涉及,故而此处的"啬"当作"爱"更恰当,指"治者"的"自爱"及"爱民"。

值得注意的是,在《老子》中,以"无为"为前提的"爱",与亲疏有别、尊卑森严、贵贱分殊的"仁"和"爱"存在着根本的区别。统治者的"自爱"及"爱民",皆以"无为"为宗旨,指的是一视同仁的、自然

---

① (汉)河上公:《老子》,上海古籍出版社2013年版,第150页。
② (魏晋)王弼:《老子道德经注校释》,中华书局2008年版,第155页。

而然的"爱"。

何以《老子》如此看重"啬",将其作为"治人事天"的重要方式?大凡概因,"啬"本身便是合"道"的。老子的"啬"之所以与"道"相合,正在于其与"有为"的"爱"大相径庭。关于"啬"的重要性,本章下文曰:"夫唯啬,是谓早服"。关于此句,河上公注解曰:"夫独爱民财,爱精气,则能先得天道。"① 由河上公的注解可知,理想的治国安邦方略是"得道"的,能够"得天道"的"啬",是实现理想政治的重要途径及方式。

理想的政治与"得天道"之间具有必然的联系,那么对于统治者而言,"得天道"意味着什么?对此,本章后文有言:"早服谓之重积德,重积德则无不克,无不克则莫知其极,莫知其极,可以有国,有国之母,可以长久"。依照该句的递进关系可知,"得天道—重积德—无不克—莫知其极—有国—有国之母—长久"是层层递进相扣的,也是一步一步地在政治层面落实"道"的过程。抑或说,统治者只有先"早服",才能够保有自身及政权的久治长安。对于此句,河上公曰:"先得天道,是谓重积德于己也";"重积德于己,则无不胜";"无不克胜,则莫有知己德之穷极也";"莫知己德有极,则可以有社稷,为民致福";"人能保身中之道,使精气不劳,五神不苦,则可以长久。"②

本章末句的"是谓深根固柢,长生久视之道",则是对前文层层递进关系的总结。张松辉疏解此句曰:"这就是巩固根基、永世长存的办法。"③ 可见,在"啬—早服—重积德—无不克—莫知其极—有国—有国之母—长久"的层层递进关系中,"啬"是"长久"的起点,也是政治"深根固柢,长生久视"的最初原因。"是谓深根固柢,长生久视之道",再次彰显"啬"对于治国安邦的意义及价值。

章旨参悟

《老子》本章的主旨是论述"啬"对于"修己以安人"的重要性。老

---

① (汉)河上公:《老子》,上海古籍出版社2013年版,第150页。
② 同上书,第150—151页。
③ 张松辉:《老子译注与解析》,岳麓书社2008年版,第184页。

第二十二章 长生久视

学界对该章"啬"字的疏解,可谓众说纷纭。诸如,将"啬"疏解为"节俭""爱惜""爱民"和"农事"等。现代汉语通常以"吝啬"连用,表示过分爱惜自己的财物。《周易·说卦》曰:"坤为地,为母,为地,为釜,为吝啬"。《周易·说卦》所谓的"吝啬",是指大地乃草木之本,草木不可脱离土地而转移别处,需要守本强根,才能化生成熟。由此而言,将"啬"解释为守本强根、蓄养生势、顺势成长等,似乎更合老子的本意。进而,可引申为人间应该执本秉要,内守天性,反求诸己,修道进德,方能臻于老子所谓的"根深固柢,长生久视之道"。

由此看来,王弼将"啬"解为"农人治田",可谓深得老子意旨。在古汉语中,"啬"可通假为"穑",泛指"农事"。王弼疏曰:"啬,农夫。农人治田,务去其殊类,归于齐一也。"[①]《老子》本章为何将"治人""事天""积德""有国""固柢""长生久视"等诸多攸关人生的头等大事,都比喻为"农人治田"?大凡在于,在人类社会诸多的生计中,唯有"农人治田"最贴近于"无为之治"和"自然之道"。诸如,农夫只需遵守天时地利之道,顺应各种农作物的生长规律,付出相应的播种耕耘之事,即可收获大自然的馈赠。

正如《老子》本章所谓的"治人事天,莫若啬",学校教育又何尝不如此?若将教育比之为农事,教师比作为农民,将学生比拟为种子,将教育内容和方法比作为施肥浇水和田间管理等,可以说是一种恰如其分的比喻。于此而言,老子倡导的"无为而治"和"不言之教",可谓"自然主义教育"的历史先声。

遗憾的是,教育领域的管理者、教师和家长等,通常自认为是"先知先觉者",对于促进甚或改变"后知后觉"的学生和儿童的天性及其发展,似乎总是信心十足甚或过于雄心勃勃。与"农人治田"通常所谓的"种瓜得瓜,种豆得豆"相比,教育管理者、教师和家长似乎更倾向于"揠苗助长"甚或奢望"种下芝麻,收获西瓜"。农民知道从播种到收获是一个漫长的过程,需要顺其自然地呵护、艰辛地劳作和耐心地等待。相比之下,教育领域的管理者、教师和家长却认为,儿童在长大为"成人"之前,幼儿期和儿童期是"无用"的,应该以"有用"的知识填充之。例如,通常所谓的"不要让孩子输在起跑线上",即属于此。殊不知,只有始终如一

---

① (魏晋)王弼:《老子道德经注校释》,中华书局2008年版,第155页。

地尊重孩子的天性，引导其自然而然、健康快乐、自成其是地发展，才是真正的"起跑线"所在。于老子而言，人生既不是"百米冲刺比赛"，也不是"马拉松比赛"。若将人生比拟为一次自由自在的散步，师友同侪结伴而行，一边相互激荡道德学问，一边玩味欣赏路边美景，或许更符合老子的人生哲学吧。如此而言，何有"人生的起跑线"之谓？如此而言，这不正是《老子》本章所谓"治人事天，莫若啬"的宗旨所在。

第二十三章　道莅天下

治大国若烹小鲜。以道莅天下，其鬼不神；非其鬼不神，其神不伤人；非其神不伤人，圣人亦不伤人。夫两不相伤，故德交归焉。

章旨参证

在《老子》中，类比的思维和写作方法比比皆是。以现实中可感可知的事物作为类比的对象，原本深奥难懂的道理就会变得直观形象。在《老子》本章之前，多有运用类比法的章节。诸如，第五章的"天地之间，其犹橐籥乎？虚而不屈，动而愈出"，即是以"橐籥"即现代所谓的"风箱"比喻"天地之间"；又如，第八章的"上善若水"，即是以"水"类比"上善"；再如，第三十六章以"鱼不可脱于渊"，比喻"国之利器不可以示人"，等等。此不赘述。

老子对类比手法的运用，同样体现在本章。本章开篇的"治大国若烹小鲜"，即是以"烹小鲜"类比"治大国"。在《老子》中，"治大国"之所以与"烹小鲜"发生关联，并存在类比关系，原因在于二者皆遵循并体现"无为"的原则。

"无为"作为老子所倡导的治国理念和原则，贯穿于《老子》全书。"烹小鲜"作为日常生活之事，虽然与"治大国"相比相差甚远，但是"烹小鲜"所遵循和运用的"无为"原则，与"治大国"的理想方式是一致的。关于"治大国若烹小鲜"，河上公疏曰："鲜，鱼。烹小鱼不去肠，不去鳞，不敢挠，恐其糜也。治国烦则下乱，治身烦则精散。"① 由河上公的解释可知，"烹小鲜"的"无为"，体现为"不去肠""不去鳞""不敢

---

① （汉）河上公：《老子》，上海古籍出版社2013年版，第153页。

挠"。事实上，在现实的操作中，"烹小鲜"除了河上公所说的"不去肠""不去鳞""不敢挠"外，在"烹"的过程中也应该是"无为"的，即不可以轻易翻动，不以硬物触碰，不以大火烘烤，等等。

以"无为"的"烹小鲜"比对"治大国"，旨在向"治者"建言"无为"对于治国的重要性。对此，王弼有言："躁则多害，静则全真，故其国弥大，而其主弥静，然后能广得众心矣。"① 在《老子》中，"静"属于"无为"的范畴，对于"治者"主"静"的呼吁，在于告诫"治者"在施政过程中，要体认并遵行"无为"的原则，以促成"广得众心"的理想状态。

对于本章下文的"以道莅天下，其鬼不神；非其鬼不神，其神不伤人；非其神不伤人，圣人亦不伤人"，河上公注解曰："以道德居位治天下，则鬼神不敢见其精神，以犯人也"；"其鬼非无精神也，邪不入正，不能伤自然之人。非鬼神不能伤害人，以圣人在位不伤害人，故鬼不敢干之也。"② 由河上公的注解可知，以"无为"之"道"作为治天下的原则，使得原本具备"神"的"鬼"都"不敢"施展自身的"精神"，不能对人造成伤害；又由于"圣人之治"是合于"大道"的，所以"圣人"自然不会伤害人。在《老子》中，"圣人"不仅不伤人，反而以"百姓心为心"，对待百姓"善者，吾善之；不善者，吾亦善之"，"信者，吾信之，不信者，吾亦信之"，始终以"无为"之法"爱国化民"。

可见，以"道"作为指导原则及依据的治国理政，使得"鬼""神""圣人"皆于人无害。本章最后的"夫两不相伤，故德交归焉"，是对"以道莅天下"的肯定性总结。对于此句，河上公曰："鬼与圣人俱两不相伤也"；"夫两不相伤，人得治于阳，鬼得治于阴，人得全其性命，鬼得保其精神，故德交归焉。"③ 由此可见，"以道莅天下"所带来的"两不相伤"的局面，实际上是促成宇宙万物各得其所和各是其是的重要因素，也体现为宇宙万物和谐共生的理想状态。

章旨参悟

《老子》本章所谓的"治大国若烹小鲜"，业已成为国人耳熟能详的箴

---

① （魏晋）王弼：《老子道德经注校释》，中华书局2008年版，第157页。
② （汉）河上公：《老子》，上海古籍出版社2013年版，第153页。
③ 同上书，第153—154页。

第二十三章 道莅天下

言。周朝时，天子有天下，诸侯有国，大夫有家。例如，孔子所谓的"有国有家者，不患寡而患不均"中的"有国有家者"，即是指诸侯和大夫，后来"国"和"家"合称为"国家"。老子之时，王室衰微，诸侯争霸，战火纷起，整个社会处于"礼崩乐坏"的大变局之中。《老子》"五千言"，多有反战主和之词。本章所谓的"治大国若烹小鲜"，亦有告诫各国诸侯恪守"无为之治"，不可肆意妄为之意。

老子可谓善用类比法的大师，每每信口拈来寥寥数语，即可令人心领神会，他对类比法的运用业已臻于出神入化的境界。诸如，"上善若水"，"天地之间，其犹橐籥乎？"，以及本章的"治大国若烹小鲜"，等等。老子为何多用和善用类比法？学术界通常认为，老子以现实中常见的事物做类比，旨在俾使本来"玄之又玄"和深奥难懂的"道"，转变为直观形象和通俗易懂的事理。其实，这只是老子多用和善用类比法的表面原因。究其实，若没有对"道"的本质及其特征的大悟大彻，老子不可能将类比法运用到如此炉火纯青的化境。

老子之所以多用和善用以物喻道、以象显道、以事譬道、以人载道的类比法，大凡在于老子哲学本身的特征，即是道器合一、体用合一、学术合一、形上与形下一体等。抑或说，老子之"道"，不在别处，即在事中；不在人之外，即在人心之中；不在物外，即在物中；不在往来，即在当下；一物一道，一人一道，一事一道；即物即道，即人即道，即用即道。可以说，无论是对普通人，还是对学术界，抑或是对于修道进德者而言，彻悟老子哲学"道不远人"的根本特征，尤其重要。唯有了悟此道，才能凡事不假外求，唯有反求诸己。简单而言，老子之"道"，不在远处，即在身边，即在心间，应当在日常生活中的一事一物中去悟。正如禅宗所谓的"砍柴担水，无不是道"，陆九渊所说的"我心即宇宙，宇宙即我心"，王阳明所说的"人须在事上磨，方立得住；方能静也定，动也定"，等等。大凡皆在开示世人无须外求，本心即道，"道不远人"，只需反求诸己即可。

业已"得道"之人，往往对于任何大事都举重若轻，大有"泰山崩于前而色不变"（《权书·心术》）的气魄。何故？因为我身即道，我心即道，道即我身，道即我心，身心即道，道即身心，道人合一。如此一来，有何轻重之别？有何畏惧可言？正如《老子》所谓的"故道大，天大，地大，人亦大。域中有四大，而人居其一焉"，"故贵以身为天下，若可寄天

139

下；爱以身为天下，若可托天下"，"道""天""地"和"天下"哪一个不比"大国"更大？"天地"和"天下"虽大，但莫大于"道"。若"以道莅天下"，那么"治大国"不亦"若烹小鲜"般游刃有余乎？甚或如庄子所谓的"藏天下于天下"（《庄子·大宗师》）乎？得天下者若将天下藏之于私家私心，必然会整日患得患失；唯有"舍"天下于天下，才能"得"天下于天下。

古人常以"鬼神"是否作怪，来暗示人间社会的治乱兴衰。若社会处于"礼崩乐坏"，国将不国，民不聊生之时，怪力乱神亦会兴风作浪；反之，若天下政通人和，国治民安，人间与鬼神自然"两不相伤"。何以治乱兴衰全在于人间与鬼神自然的"相伤"与"不相伤"？概因二者"德交归焉"之故。正如庄子所言，"阴阳和静，鬼神不扰"（《庄子·缮性》）。于此而言，"鬼神"的"神"与"不神"，人间社会的治乱兴衰，不亦全由人乎？

第二十四章　谦下以静

大国者下流，天下之交，天下之牝。牝常以静胜牡，以静为下。故大国以下小国，则取小国；小国以下大国，则取大国。故或下以取，或下而取。大国不过欲兼畜人，小国不过欲入事人。夫两者各得其所欲，大者宜为下。

章旨参证

本章主旨是论述"下流"和"静"对于邦国之间交往的重要性。此处的"下流"，具有"谦下""处下"和"居下"等含义。于老子而言，"谦下""处下"和"居下"是"无为"的表现形式之一；抑或说，一切合于"无为"的人、事、物，都是"谦下""处下"和"居下"的。诸如，"圣人后其身而身先，外其身而身存"中的"圣人"；"处众人之所恶"的"水"，等等。

本章的首句是"大国者下流，天下之交，天下之牝。牝常以静胜牡，以静为下"。该句包含诸多重要的概念，如"牝""牡""静"。按照张松辉的解释，"牝"指雌性的鸟兽，"牡"指雄性的鸟兽。"牝常以静胜牡"，意在说明"静"的重要性。张松辉将"以静为下"注解为"沉静也是一种卑下的表现"[1]。由此可见，此句的要点在于强调"处下"的重要性。

在强调"处下"的重要性之后，本章后文接着以邦国交往为列，说明"处下"的功用。"故大国以下小国，则取小国；小国以下大国，则取大国。故或下以取，或下而取。大国不过欲兼畜人，小国不过欲入事人。夫两者各得其所。大者宜为下。"对于此段，张松辉解释道："大国用谦下的

---

[1] 张松辉：《老子译注与解析》，岳麓书社2008年版，第187页。

态度对待小国,就能取得小国的拥戴;小国用谦下的态度去对待大国,就能取得大国的庇护。所以有的谦下能取得别人的拥戴;有的谦下能取得别人的庇护。大国不过是想得到别人的拥戴,小国不过是想得到别人的庇护,如果大国、小国都很谦下,那么它们就能各自满足自己的要求。不过大国更应该注意谦下。"① 相比之下,高亨的解释则明显不同于张氏的"温和"风格。高亨曰:"大国用谦卑的策略对待小国,则取得小国。小国用谦卑的策略对待大国,则战胜大国。要之,或者谦卑以取得小国,或者谦卑而战胜大国。大国不过希望兼并小国,小国不过是希望事奉大国。大国和小国要各自实现最大的希望,都应该处于卑下地位。"②

对比二者的疏解,区别最大处在于对"取"字的解释。张松辉对"取"字的解释较为"温和",分别指的是"获得拥戴"和"获得庇护";而高亨对"取"字的解释则略显"强硬",指的是"兼并"及"不事奉"。高亨在总结该章意旨时说道:"这一章是老子的对外斗争策略。主要论点是:大国对小国,小国对大国,都要采用谦卑的策略;采用这种策略,就能实现最大的希望。……老子认为,大国做到这一点,则不用战争手段,而能兼并小国。小国做到这一点,则能独立自卫,战胜大国的侵略。"③ 虽然对于"取"字的解释不同,但二者也具备明显的共同点,即"反对战争",不主张以"战争"作为邦交的策略。张松辉对"取"字的解释明显不处于"战争"的层面,高亨的"兼并"亦指非武力的"取"。于此而言,二者的解释与《老子》的"反战"主旨一致。

关于"谦下"的利处,《周易·谦卦·象》有言:"天道亏盈而益谦,地道变盈而流谦,人道恶盈而好谦。谦,尊而光,卑而不可逾,君子之终也"。《周易》对于"谦下"益处的总结及阐释,有助于理解《老子》以"谦下"作为邦交原则及策略的原因,亦有助于认识"谦下"对于邦国交往的积极意义。

章旨参悟

春秋之时,周王室作为天下共主的权威日趋式微,诸侯列国纷纷争

---

① 张松辉:《老子译注与解析》,岳麓书社2008年版,第187—188页。
② 高亨:《老子注译》,清华大学出版社2010年版,第99页。
③ 同上。

霸，整个社会处于"礼崩乐坏"的大变局之中。于此，孟子曾有"春秋无义战"（《孟子·尽心下》）之说。《老子》本章倡导"大国"与"小国"之间要彼此谦下礼让，旨在告诫列国诸侯要"化干戈为玉帛"，以实现天下太平，国治民安。

我国素有谦下礼让、彬彬有礼、爱好和平的文化传统。诸如，《易传》曰："谦谦君子，卑以自牧也"。此处的"卑以自牧"，是指谦谦有礼的君子，始终自守谦卑，慎独修行。《周易》曰："谦也者，恭敬以存其位者也。又，谦者，德之柄也"。此处将"谦"视为身份及"德性"的根本所在，足见"谦"的重要性。又如，《尚书》所谓的"满招损，谦受益"，不仅符合"物极必反"的自然法则，也符合人间社会"福祸相倚"的"损益"规律。再如，孔子也有所谓"文质彬彬，然后君子"，"礼之用，和为贵"等"主谦"的观点。

由上述引文可知，"谦"是个体自守谨慎的道德修养，是由内而外的恭敬心和逊让心。同样，《老子》本章首句的"大国者下流"和末句的"大者宜为下"，也强调"大国"自身首先要对"小国"有"谦下"的姿态。可以说，无论是邦国之交，抑或是人间相处，倘若各国和个人都能做到自身"谦下"在先，则必然会实现政通人和，天下太平的理想局面。

尤当注意的是，《老子》本章倡导"大国"应该持守"谦下""雌柔"和"清静"等姿态，并非无所由出的道德说教，而是与其"本体大道"的宗旨一脉相承的。老子之"道"作为世界的终极"本体"，其本身的根本特征是自本自根、本自具足、自是其是、无为自然的。作为万物之母，"道"在生人间万物的过程中，也将上述特征"传递"给了人间万物。人间万物的根本特征也是自本自根、本自具足、自是其是、无为自然的。由此而言，在人间万物及其诸事之中，大凡任何外求以立身，假外物而自得，争功名而自傲，贪利禄而无厌，取强权而凌弱，等等，皆属于外强中干的"背道离德"之为。于此，"治国"的"治者"，"齐家"的"亲者"，"传道"的"师者"，尤当引以为鉴。

第二十五章　万物之奥

道者万物之奥。善人之宝，不善人之所保。美言可以市，尊行可以加人。人之不善，何弃之有？故立天子，置三公，虽有拱璧以先驷马，不如坐进此道。古之所以贵此道者何？不曰求以得，有罪以免邪？故为天下贵。

章旨参证

本章开篇即对"道"与"万物"之间的关系作出明确交待，指明"道"对"万物"的藏生和化育之功能。对于"道者万物之奥"的"奥"字，河上公将其解为"藏"，认为"道为万物之藏，无所不容也。"[1] 河上公以"藏"解"奥"，重在对"道"的功能作出说明。于此，王弼的注解亦大致相同。王弼疏曰："奥，犹暖也。可得庇荫之辞。"[2]

在《老子》中，有多处关于"道"蕴藏和庇佑"万物"的论点。例如，"道生一，一生二，二生三，三生万物"，说明在"道"的"生生"过程及其规律中，蕴含着"道"生育和涵养"万物"的功用。又如，"天下万物生于有，有生于无"，包含着"无→有→万物"的先后生发顺序，表明"道"从"无"到"有"，进而生"万物"的特性及功能。再如，"有物混成，先天地生……可以为天下母"，亦通过"道"作为"天下母"的身份，呈现出"道"化育和蕴藏"万物"的功能。

对于本章下句的"善人之宝，不善人之所保"，河上公疏解为"善人

---

[1]（汉）河上公：《老子》，上海古籍出版社2013年版，第159页。
[2]（魏晋）王弼：《老子道德经注校释》，中华书局2008年版，第118页。

以道为身宝,不敢违;道者,不善人之所保倚也。"① 由此可见,"道"不仅是"善人"的法宝,也对"不善人"予以庇佑。

本章后文的"美言可以市,尊行可以加人",则是对"道"之功用的具体例证。"美言可以市",表明"美言"可以促成买卖的功用。"尊行可以加人"中的"尊行",指尊贵的言行,有"退让""谦卑"之意。该句中的"加人",即是加惠于人,使他人受惠之意。可见,该句以"合于道"的"美言"和"尊行",具有"可以市"及"加人"的功用,说明"道"对人世社会的普遍功用。

本章下文的"人之不善,何弃之有",既表现出"道"对"不善人"的不放弃,又肯定"道"对于"不善人"的功用。抑或说,因为"道"具备对"不善人之所保"的宽宏大量,所以世上没有可弃之人。

至此,本章的第一个主题论述完毕。由"道者万物之奥"开始,直接指明"道"的属性及功能,呈现出"道"与"万物"之间的关系。之后,以"善人之宝,不善人之所保",具体论述"道"对人世的作用,表明"道"对任何人均有益处。后文的"美言可以市,尊行可以加人",则是具体从"言行"层面论述"道"的功用。既然"道"对世人普遍有用,无论"善者"和"不善者"均可得到"道"的庇护,"道"从来不曾放弃那些"不善人",那么"人之不善,何弃之有"的结论,也就自然而然可以推导而成。

本章下文的"故立天子,置三公,虽有拱璧以先驷马,不如坐进此道",是从政治层面强调"道"的重要性。老子之时,"天子"和"三公"既拥有政治权力,又有教化民众的职能。河上公对于"立天子、置三公"的疏解,便蕴含有"天子"和"三公"具有教化职能的含义。如其所谓的"欲使教化不善之人",即指"立天子"和"置三公"的目的,在于"教化不善之人"。那么,具有教化职能的"天子"和"三公",怎样才能尽教化之职,得教化之方呢?此即本章后文的"虽有拱璧以先驷马,不如坐进此道"。对于此句,张松辉解释为:"所以在天子即位或三公就职时,即使有大玉璧在先、驷马在后这样的重礼,也不如安坐在那里把规律讲给他们听。"② 可见,司职教化的"天子"和"三公",只有在体认和遵行

---

① (汉)河上公:《老子》,上海古籍出版社2013年版,第159页。
② 张松辉:《老子译注与解析》,岳麓书社2008年版,第190页。

"道"的规律之后，才能更好地发挥其教化职能。

在以政治层面的"天子"和"三公"为例举，说明"道"的政治功用之后，本章末的两个问句，对前文所述的主旨具有再次强调的作用。此即，"古之所以贵此道者何？不曰求以得，有罪以免邪？"对于此二句，河上公注解曰："古之所以贵此道者，不日日远行求索，近得之于身"；"有罪谓遭乱世，暗君妄行刑诛，修道则可以解死，免于众耶也。"[①] 依照河上公的解释，"道"对人具有成全、保全之用，即便在乱世，通过对于"道"的践行，人们也可以规避祸患、保全自身。"道"所具有的"以道求得"和"以道免罪"的功用，与前文的"善人之宝，不善人之所保"首尾呼应，表明"道"在人世社会的普遍功用。

本章最后的"故为天下贵"，既是对前文两个问句的总结，又是对全文的总结。"道"之所以能为"天下贵"，原因正在于如河上公所解："道德洞远，无不覆济，全身治国，恬然无为。"[②] 由此可见，本章首尾呼应、句句相叠、环环相扣、始末互证，皆在于强调"道"的重要性。

在《老子》中，哲学本体论层面的"道"是终极原理及法则。当形上之"道"落实到形下之"器"的层面时，其所具有的属性和功能等，则成为世人为人处世的原则及方法。本章在论述"道"的重要性时，便多次采用举例法，论述"道"在社会各个层面的功用。诸如，"善人之宝，不善人之所保"，说明的是"道"对世人的整体功用；"美言可以市尊，美行可以加人"，说明的是"道"的经世致用之功；"立天子，置三公，虽有拱璧以先驷马，不如坐进此道"，说明的是"道"在治国和教化方面的功能极其珍贵性；"古之所以贵此道者何？不曰求以得，有罪以免邪？"说明的亦是"道"对安身立命的功用。可见，"道"作为"万物之奥"，对于万事万物而言，皆不可或缺。

章旨参悟

学术界通常认为，《老子》本章的主旨是阐述"道"之于人间万物的功用及价值。若将本章与上章连结为一个有逻辑顺序的语境来理解，那么

---

① （汉）河上公：《老子》，上海古籍出版社2013年版，第160页。
② 同上。

第二十五章　万物之奥

在上章论述"大国"要以"谦下"的姿态善待"小国"之后，本章的主旨则是继而阐发"道"和"得道"的"善人"，应该始终善待"不善人"，以"美言"和"尊行"对其予以勉励和示范，以俾使其见贤思齐。

对于本章首句"道者万物之奥"中的"奥"，学术界一般将其疏解为"藏""容纳"和"庇护"。《说文》将"奥"解释为"奥，宛也。室之西南隅"。古时，居家主室的西南角，通常是为祭祀所设置的神主之地，或者是家族中尊长者的居所。如，《礼记·曲礼》曰："为人子者，居不主奥。"由此可见，"奥"还可被疏解为"神圣""崇高"和"高贵"等含义。若将"奥"理解为"神圣"和"高贵"，那么本章的主旨即是："道"之所以是"高贵"的，大凡在于其对人间万物一视同仁，尤其是对"不善人"始终不离不弃。本章末句的"故为天下贵"，正是对"道"之所以"高贵"原因的总结。

作为"史官"的老子，在观察、记录和编撰历史时，目睹在战火不断的乱局中民不聊生的不堪现实，进而有感而发"人之不善，何弃之有"的诘问与慨叹。同时，作为哲学家的老子，一定在思索何为人间万物的终极本体的问题。老子的答案是："常无为"和"法自然"的"道"。作为世间终极本体的"无为自然"之"道"，对待人间万物一定是"一视同仁"的。《老子》所谓的"天地不仁，以万物为刍狗；圣人不仁，以百姓为刍狗"，"天之道，损有余而补不足"，等等，大凡皆意味着"道"和"得道"的"圣人"，对待人间万物同等齐观，无有亲疏、尊卑、善恶、美丑之分。如此而言，"人之不善，何弃之有？"

如上文所及，于老子的本体之"道"而言，人间万物无有尊卑善恶之分。本章所谓的"善人"和"不善人"，并非伦理道德意义上的"善"与"不善"之"人"，而是指"得道之人"和"未得道之人"。老子认为，对于"未得道之人"，可以用"美言"和"尊行"，即正向的勉励之言和善行予以引导，以俾使其"自化"于本真、本善、本美之"道"。在老子看来，与其拥立"天子"和设置"三公"以"教化"天下"百姓"，以及以"拱璧"和"驷马"等奢华之物去拜天礼地以祈求国泰民安，不如按照"自然无为"之"道"去"治国"和"施教"。

于此而言，《老子》本章既是博大精深的"政治哲学"，又是微言大义的"教育哲学"，以此关照"治国"与"施教"，当有开示之见。

第二十六章　报怨以德

为无为，事无事，味无味。大小多少，报怨以德。图难于其易，为大于其细。天下难事必作于易，天下大事必作于细。是以圣人终不为大，故能成其大。夫轻诺必寡信，多易必多难，是以圣人犹难之，故终无难矣。

章旨参证

本章的主旨是论述如何依照"无为自然"之"道"为人处事。在之前的章节中，多有涉及为人处事的内容。诸如，第十章的"生而不有，为而不恃，长而不宰"，是对做事原则的论述；第十七章的"悠兮其贵言，功成事遂，百姓皆谓我自然"，描述的是治者"贵言"的做事方法；第二十二章的"是以圣人抱一为天下式"，说明"圣人"做事与"道"相合，倡导世人做事要合乎规律，等等。

关于本章首句的"为无为，事无事，味无味"，陈鼓应将其今译为"以无为的态度去作为，以不搅扰的方式去作事，以恬淡无味当作味"[1]，此疏解颇合《老子》本句的意旨。本章后句的"大小多少，报怨以德"，与上一章有重合之处。上一章对于"人之不善，何弃之有"的反问，其答案正是本章的"大小多少，报怨以德"。在《老子》中，"道"对万物等量齐观、一视同仁，表现在人世中，即是"圣人"对"百姓"的平等对待。"大小多少，报怨以德"，体现为"圣人无常心，以百姓心为心。善者，吾善之，不善者，吾亦善之，德善；信者，吾信之，不信者，吾亦信之，德信"。因为"圣人"能够"遵道行道"，能够"以德报怨"，故而人

---

[1] 陈鼓应：《老子注译及评介》，中华书局2014年版，第294页。

间社会中的"不善人"没有被放弃。"圣人"始终以"合于道"和"以德报怨"的言行感化"不善人",最终达至"天下无弃人,无弃物"的圆满状态。

在论述完"以德报怨"的处事方式之后,本章下文的"图难于其易,为大于其细。天下难事必作于易,天下大事必作于细。是以圣人终不为大,故能成其大",转而开始阐述另一条处事方略,即做事应从易处、小处着手的道理。对于"图难于其易,为大于其细"一句,河上公注解曰:"欲图难事,当于易时,未及成也";"欲为大事,必作于小,祸乱从小来也。"① 可见,"图难于其易,为大于其细",是人们做事时应当秉持的原则。何以在做事时应该"图难于易""图大于细"?本章后文的"天下难事必作于易,天下大事必作于细"中的"必"字,确认了"图难于易"和"图大于细"之原则和规律的必然性。既然困难的事情都是从容易处开始,成大事者必然是从小事做起的,那么即便是"圣人"在做事时也会秉持此原则。本章后文的"是以圣人终不为大,故能成其大",既包含着对于"圣人"践行"图难于易"和"图大于细"原则的肯定,又表现出"图难于易"和"图大于细"的优越性,即"圣人始终不做大事,所以才能成就大事"。以"圣人"秉持和践行"图难于易"和"图大于细"的原则为例举,老子意在彰显"图难于易"和"图大于细"的重要性,旨在倡导世人在做事时要像"圣人"那样"图难于其易,为大于其细"。

在论述完"图难于易"和"图大于细"的道理及规律之后,老子继而直转话锋,开始论述另一种做事之道:"夫轻诺必寡信,多易必多难。是以圣人犹难之,故终无难矣。"该句的"轻诺必寡信,多易必多难",旨在告诫世人在日常的为人处事中不要轻易许下承诺,不可轻视问题。对于此句,张松辉解释道:"轻易许诺,势必缺少信用;把事情看得越容易,就会遇到越多的困难。因此圣人都把办事情看得很困难,所以他最终不会遇到困难。"②

总之,本章的主旨是论述"报怨以德""图难于易,图大于细""终不为大""勿轻诺"等为人做事的方法及策略。

---

① (汉)河上公:《老子》,上海古籍出版社2013年版,第162页。
② 张松辉:《老子译注与解析》,岳麓书社2008年版,第194页。

章旨参悟

　　学术界通常认为，本章的主旨是倡导世人按照"道"的规律去为人处事。的确，这固然是《老子》"五千言"一贯的宗旨，也是本章所蕴含的大意之一。通观《老子》八十一章，的确很少有其他章节像本章这样，对于日常的为人处事如此事无巨细地予以描述。但是，值得深究的问题是，在世人还没有认识到"道"的规律是什么之前，何以可能按照它去为人处事呢？可以说，这不仅是涉及"知"与"行"孰先孰后、孰主孰次的关系问题，还关涉到"道体"与"器用"、"本体"与"日用"、"形上"与"形下"之间的关系如何等的深层问题。

　　由老子开宗的道家，由于与其后产生的道教之间存在着较为复杂的关系，致使世人通常认为，只有脱离滚滚红尘隐居于山林道场，经由皓首穷经、苦行玄思、禅坐忘我、胎息炼丹、仙人开示等，才能悟得"道"的真谛。实际上，这只是道教修行悟道的特殊形式之一。以老庄为代表的道家哲学，并无专门系统地记载此类玄虚隐修的秘籍。相反，老庄哲学的根本特征及其修身的根本要旨，在于对道器合一、体用合一、学术合一、知行合一的参悟与化用。《老子》本章所举的"道用"诸事，大凡即属于此。

　　当然，老子所倡导的日常"道用"诸事，具有明显的宗法"无为""自然"和"恬淡"的特点，此即本章首句的"为无为，事无事，味无味"所意指。人在日常的社会交往中，不免会结怨、报怨、埋怨、怨愤和怨恨等，如何纾解诸如此类的"怨"，儒家和道家有不同的答案。孔子认为，如果倡导"以德报怨"，那么"何以报德"，即"用什么来报答德"呢？所以孔子认为，应该"以德报德，以直报怨"（《论语·宪问》）。老子却认为，无论怨恨有多大多少，都应该"以德报怨"，即本章所谓的"大小多少，报怨以德"。关于孔子和老子对"德"和"怨"不同观点的比较分析，学界业已多有涉猎，此不赘述。

　　实际上，老子所谓的"报怨以德"，还有两点常被学术界忽略的深层含义。其一，"报怨以德"之"德"，并非当今社会通常所谓的"美德"和"善行"，而是指得自于本体"大道"的"天德""天性"和"人性"之"德"。这种天然的"人性"之"德"，与本体之"道"的特性是一致的，即是本自具足和自然而然的，并无通常所谓的利害或恩怨之分。这既是本体之"道"的特征与境界，又是得自于"道"之"德"的特性与境界。于老子之"道"而言，"报怨以德"与"报恩以德"是一体两面而已，根本没有本质的区别。正如老子所谓的"天下皆知美之为美，斯恶已；皆知善之为善，斯不善已"，"圣人无常心，以百姓心为心。善者吾善之，不善者吾亦善之，德善。信者吾信之，不信者吾亦信之，德信"，等等，大凡皆属于此。可以说，《老子》中这种"正言若反"的表述比比皆是，这既是理解《老子》"五千言"的难点所在，又是悟得其真谛的肯綮所系。

其二，老子所谓的"大小多少，报怨以德"，还意味着无论遇到怎样的"报怨"，都要"任劳任怨"和"无怨无悔"地专心于"修道"。老子深知，在"朴散则为器"的世间万物中，只有作为"万物之灵"的人类，才能够在后天的发展中突破自身的"天德""天性"和"本性"，进而形成并执着于善恶、好坏、美丑、亲疏、贵贱、福祸、利害、恩怨等"分别心"或曰"第二天性"。老子认为，这些由"为学日益"而形成的"第二天性"，对于返归本真本善本美的"自然"之"道"而言，乃是"道之华而愚之始"，必当"日损"之。至于如何"损"，除去《老子》业已提及的"致虚极，守静笃"和"万物并作，吾以观复"等方法之外，本章又提出日常的"道用"和"用道"法。《老子》本章后文中所谓的"难"与"易"、"大"与"细"、"轻诺"与"寡信"、"多易"与"多难"等，大凡都强调要在日常的"道用"和"用道"中"体道"和"行道"。

可见，老子的"道用"和"用道"与孔子所谓的"学而时习之，不亦说乎"，朱熹所谓"小学"应该学做"洒扫应对进退之节，礼乐射御书数之文"，王阳明所谓"人须在事上磨，方立得住"等颇为相像，他们皆强调"道不远人"，"道"即在日常生活的一事一物之中。这对于现代学校教育和家庭教育偏重于书本知识的传授与评价，忽视学生和儿童的日常生活自理和自立能力而言，尤有启示。

第二十七章　其安易持

其安易持，其未兆易谋。其脆易泮，其微易散。为之于未有，治之于未乱。合抱之木，生于毫末。九层之台，起于累土。千里之行，始于足下。为者败之，执者失之。是以圣人无为，故无败；无执，故无失。民之从事，常于几成而败之。慎始慎终，则无败事。是以圣人欲不欲，不贵难得之货；学不学，复众人之所过，以辅万物之自然，而不敢为。

章旨参证

本章的行文风格与上一章颇为相似，即均先提出论点，然后再予以论证，以陈述句式贯穿全文。所不同的是，本章除以"圣人"作为证实先行论点之外，还援引自然事物和生活实例予以论证，例如，"合抱之木"和"千里之行"等。

在《老子》中，通过援引"圣人"的言行举止以论证观点的章节颇多；相比之下，以自然事物及生活实例来论证论点的章节则较少。较为明显者，只体现在第三十二章和第三十六章。例如，第三十二章的"天地相合以降甘露，民莫之令而自均"，第三十六章的"鱼不可脱于渊，国之利器不可示于人"。

具体到章节内容来看，本章不像上一章那样几个论点并行，而是由一个论点切入，通篇围绕该论点展开陈述及论证，论证过程层层相扣，步步递进，最终由生动严密的论据引申出更为深层的道理。

本章首句的"其安易持，其未兆易谋。其脆易泮，其微易散"，即属于以肯定语态提出论点。对于此句，河上公疏解曰："治身治国，安静者易守持也；情欲祸患未有形兆时，易谋正也；祸乱未动于朝，情欲未见于色，如脆弱易破除；其未彰著，微小易散去也。"① 大致而言，这两句是对一般道理的简单陈述。诸如此类的规律并非深奥难解，更多是对日常生活经验的体悟与总结。《老子》之所以将生活经验及体悟放在章首，并以肯定的语态和并列的句式列举之，目的在于揭示出普遍适用的"做事"原则及方法，这与之前诸多章节的意旨大致相同。

经由"其安易持，其未兆易谋。其脆易泮，其微易散"的道理及规律，可以得出哪些做事的方法？本章后文的"为之于未有，治之于未乱"，即是答案。换言之，《老子》之所以强调"事物稳定时，容易保持原状；事物还没有出现苗头时，容易谋划；事物脆弱时，容易消解；事物微小时，容易消散"的原理及规律，并非泛泛而谈较容易为世人所理解及体认的道理，而是有其更为深层的用意。亦即，提醒世人在为人做事时要有"先见之明"，要能够"提早着手"。"为之于未有，治之于未乱"，指的正是"在事情还没有发生的时候就做好准备，在国家还没有混乱的时候就注意治理"。

至于细微迹象在事物构成、事态发展中的关键作用，本章后文分别以自然事物和生活经验作为论据予以说明，即"合抱之木，生于毫末。九层之台，起于累土。千里之行，始于足下"。对比于"合抱之木"，"毫末"是微不足道的因素，但"毫末"却是树木的最初萌芽状态；"累土"对比于"九层之台"是微不足道的，但正是"累土"这个基础构成了"高台"；"足下"的一步与"千里"之路相比是微不足道的，但"千里"之路是一步步走出来的，没有开始的第一步，也便没有"千里"可言。《老子》运用生活中随处可见的事物以及人们随时在做的事情，论证了"微小"的重要性，主张人们在治身和治国时，关注那些促成事物发展变化的基础因素，并由此而使自身获得发展，使国家得到治理。

在提出"做事"时应该关注基础和微小因素之后，老子将所述主题与其一贯的思想主旨相结合，以"圣人"的"无为""无败""无执""无失"做论据，表明"无为"的重要性。此即本章下文的"为者败之，执者失之。是以圣人无为，故无败；无执，故无失"。本章上文所及，均是在日常生活中常见的生活经验及自然现象。"圣人"因为关注促成事物发展的微小因素，故而能够在治身和治国时"为之于未有，治之于未乱"，进

---

① （汉）河上公：《老子》，上海古籍出版社2013年版，第165页。

而获得成功。

但是，在现实社会中并非人人都能够像"圣人"那样有预见力。本章下文话锋一转，开始述说生活中那些易于"败事"之人："民之从事，常于几成而败之"。人们做事情往往在接近成功时反而失败了。老子认为，之所以"民之从事，常于几成而败之"，原因在于即便人们关注促成事物发展的早期因素和起始阶段，却并没有始终关注事物的发展，没有做到"慎终如始"。此即本章后文的"慎终如始，则无败事"之意。由于上文反复强调要关注促成事物发展的早期因素，体现出"慎始"的意旨，而"慎终如始"则体现出应该关注结果的意蕴。综合而言，即是倡导做事要"慎始慎终"。

与"常几于成而败"的"民"相比，圣人的"慎始慎终"始终表现为坚持"无为"的原则及方法。本章文末的"是以圣人欲不欲，不贵难得之货；学不学，复众人之所过，以辅万物之自然，而不敢为"，同样是以"圣人"为论据，表明"圣人"始终坚持"无为"的为人处世原则及方法，与《老子》全书"无为"的主旨相契合。对于此句，河上公疏解曰："圣人欲人所不欲。人欲彰显，圣人欲伏光；人欲文饰，圣人欲质朴；人欲于色，圣人欲于德也；圣人不眩为服，不贱石而贵玉。圣人学人所不能学。人学智诈，圣人学自然；人学治世，圣人学治身，守道真也。众人学问反，过本为末，过实为华。复之者，使返本也。教人返本实者，欲以辅助万物自然之性也。圣人动作因循，不敢有所造为，恐远本也。"[①] 依照河上公的解释，"圣人"不同于常人者，在于"圣人"在对己对人、做人做事时，能够自始至终秉持"无为"的原则。"圣人"为人处世的动机是"无为"的；做事的目的是"无为"的；做事的过程是"无为"的。不仅如此，"圣人"还以"无为"的方式及态度引导民众。由此可见，《老子》本章所倡导的"慎始慎终"，实则有其具体的内涵，即始终以"无为"的原则和方法谨慎地为人处事。这也正是本章反复论证的主旨。

章旨参悟

本章主题与上章相似，旨在倡导世人在日常的为人处事中，要奉行

[①] （汉）河上公：《老子》，上海古籍出版社2013年版，第166页。

第二十七章 其安易持

"无为自然"的原则和方法。我国传统文化素有"天人合一"的价值诉求，儒家和道家都认为，"圣人"业已达到了"天人合一"的境界。"圣人"何以能达到如此高的境界？大凡概因，"圣人"善于观察、归纳、演绎和运用"自然法则"。老学界有"不知易，无以解老"之说，《老子》主要继承了《周易》"阴阳学说"和"乾坤两卦"中"阴柔"和"坤用"的精髓。诸如，《老子》本章开篇的头两句，即是老子对自然现象观察得细致入微，及其在对"自然法则"的演绎和运用中，对于"阴柔"和"坤用"之精髓的体现。在"其安易持，其未兆易谋。其脆易泮，其微易散。为之于未有，治之于未乱"中，"安""未兆""脆""微""未有""未乱"等，既是老子观察和归纳所得的"事物原因"，又是其始终倡导和谨守的"做事原则"。本章下文的"毫末""累土"和"足下"等，大凡皆与此相似。在老子看来，只有通晓"事物原因"及其发展的"自然法则"，并且坚持不懈地持守"自然"之"道"，方能立于"无败事"之地。反之，则会招致"为者败之，执者失之"和"民之从事，常于几成而败之"的结果。通常所谓的"凡人畏果，圣人畏因"，即属于此。

本章的精彩和精髓之处，在于后文通过对"圣人"所"欲"、所"贵"、所"学"和所"复"的举例，以向世人示之以楷模，垂之以典范。诸如，"是以圣人欲不欲"，即是指"圣人"所"欲"的，皆是"众人"所"不欲"甚或所"恶"的，宛若"上善"之"水"，始终"处众人之所恶"。又如，"不贵难得之货"，意指"圣人"始终"不贵"众人"所贵"之事物，反而"珍贵"众人"所贱"之事物，如其所谓的"治人事天莫若啬"。再如，老子所谓的"学不学"，意指"圣人"始终"学"那些众人所厌之"学"。抑或说，众人皆有志于扬名显达的"有用之学"，而"圣人"却始终追求"合道"的"无用之学"，如其所谓的"为学日益，为道日损"和"绝学无忧"等。最后的"复众人之所过"，意味着"圣人"之所以能够"得众人所不能得"，"复而补救众人的过失"，大凡概因其所"欲"、所"学"、所"贵"、所"复"，皆有异于众人，如其所谓的"众人皆有余，而我独若遗"，"我独异于人，而贵食母"，等等。试设想，如此"独异于人，而贵食母"的"圣人"，不亦当为今人所效乎？

155

第二十八章　常知稽式

古之善为道者，非以明民，将以愚之。民之难治，以其智多。故以智治国，国之贼；不以智治国，国之福。知此两者亦稽式。常知稽式，是谓玄德。玄德深矣远矣，与物反矣，乃至大顺。

章旨参证

该章的主旨是论述"无为而治"的重要性。在《老子》"五千言"中，为治者谏言，论述治国之道和理政之方的章节颇多。诸如，第三章的"不尚贤，使民不争。不贵难得之货，使民不为盗；不见可欲，使民心不乱"的主语和施动者即是"治者"，而"民"则是"被治者"和受动者。第三章的"是以圣人之治，虚其心，实其腹，弱其志，强其骨；常使民无知无欲；使夫智者不敢为。为无为，则无不治"，则明确指出"圣人""无为之治"的治国方略及效果，肯定"无为"在治国理政中的作用。第十七章的"信不足焉，有不信焉，悠兮其贵言。功成事遂，百姓皆谓我自然"，倡导并肯定"治者"在治国理政中的"贵言"和"无为之治"。第十九章的"绝圣弃智，民利百倍。绝仁弃义，民复孝慈。绝巧弃利，盗贼无有"，则是明确指出"治国化民"的三种策略。第三十章的"以道佐人主者，不以兵强于天下"，以及第三十一章的"兵者，不祥之器，非君子之器"，皆是强调治国安邦要避免战乱和慎用战争的道理。第三十六章的"柔弱胜刚强。鱼不可脱于渊，国之利器不可示于人"，表明治国理政要慎用刑罚和兵权，旨在倡导"无为之治"，等等。

相比之下，本章对于治国之道的论述同样强调"无为之治"的理念，并提出了具体的治国方略。该章首句的"古之善为道者，非以明民，将以愚之"，以"古之善为道者"作为权威性的举例，以倡导和肯定"非以明民，将以愚之"治国策略的合理性。对于"非以明民，将以愚之"，老学界多有误解，多由此而认为老子倡导"愚民政策"。随着学界对于老子思想研究的深入，这种误解已在相当程度上得以澄清。在《老子》中，"愚"字是褒义词并且有特殊的含义，表示"顺自然""质朴"和"淳朴"之意。由此而言，"非以明民，将以愚之"，实则是倡导"教民淳朴"。何以"古之善为道者"通常"教民淳朴"？大凡概因，本章后文所谓的"民之难治，以其多智"。值得注意的是，此处的"智"不同于现代通常所谓的"智慧"和"智能"；"智"在《老子》中多为贬义词，指的是奸诈之"智"、取巧之"智"、投机之"智"等。《老子》之所以倡导"教民淳朴"，正是为了防范这样的投机取巧和虚伪奸诈之"智"。何以"民之难治，以其多智"？《老子》在第十八章中便业已说明："大道废，有仁义。智慧出，有大伪"，民众多"智"则会变得虚伪，会脱离本真本善本美的"自然"之"道"。

本章后文的"故以智治国，国之贼；不以智治国，国之福"，再次肯定了"教民以愚"的政治理念。本章下文的"此两者亦稽式"中的"此两者"，指的是"以智治国国之贼"及"不以智治国国之福"；"稽式"，意为楷式、法式。该句意在说明所述政治观点的合理性。陈鼓应将"（知）此两者亦稽式"今译为"认识这两种差别，就是治国的法则"[①]。

本章文末的"常知稽式，是为玄德。玄德深矣远矣，与物反矣，乃至大顺"，表明"治者"的"教民以愚"合于"自然无为"的"大道"，能够带来理想的政通人和。"常知稽式"的主语是"治者"，即"治者"知道"以智治国国之贼，不以智治国国之福"的法则，故而可被称为有"玄德"之人。在《老子》中，由于"玄德"即是"道"，如果统治者常知治国的"稽式"，便是"得道"和"行道"之人。有"玄德"的"治者"，所采取的"治国之道"是深奥玄妙的，与惯常的统治方式相反。惯常的统治是"有为"和"使然"的，而有"玄德"的"治者"之治则是"无为"和"自然"的。"治者"依靠"无为而治"，能够达到政通人和乃至于天下"大顺"的理想结果。

在《老子》之前的诸多章节中，业已涉猎过与"教民以愚"相似的内容。诸如，第三章的"常使民无知无欲，使夫智者不敢为"中的"常使民

[①] 陈鼓应：《老子注译及评介》，中华书局2014年版，第301页。

无知无欲";第十八章的"智慧出,有大伪",也表现出对于"智"的否定;第十九章的"绝圣弃智,民复孝慈",直接否定了"以智治民"和"教民以智"的统治方式。可见,《老子》的"无为之治"是一种摒弃虚伪投机而"返璞归真"的治国方式,目的在于实现政通人和,国泰民安,民风淳朴的和谐社会。

章旨参悟

本章的主旨是强调治国理政的根本在于民风淳朴。老子生于"礼崩乐坏"的乱世,诸侯列国合纵连横纷纷争霸,民间社会亦竞相投机取巧甚或尔虞我诈。《老子》本章开出"不以智治国"的方略,目的正在于"救时之弊"。

本章所谓的"非以明民,将以愚之",常被学术界看作是老子的"愚民政策"而倍受诟病。实际上,老子此处的本意并非"愚民",而是指要引导百姓"返璞归真"。王弼对该句的疏解,可谓深得老子的本旨:"明谓多见巧诈,蔽其朴也;愚谓无知守真,顺自然也"[①]。老子认为,包括人类在内的世间万物,只有始终持守浑朴未凿、全其天性、合其天德、以愚自守、大智若愚的境界,方能合于"自然无为"的"大道"。

自夏商周三代到春秋战国时期,我国素有"礼乐教化"和"政教合一"的传统,下层社会的民风如何,大凡系于"上所施下所效"的"教化"。由此而言,《老子》本章所谓的"非以明民,将以愚之",不但没有"愚民"的意味,反而认为"下层"民众之所以"多智"而"难治",大凡概因"上层"的"治者"以"智谋权术"愚弄"百姓"所致。《老子》本章前后相连的两句"民之难治,以其多智""故以智治国,国之贼",是"由果溯因"的表达句式,即前句的"果"是后句的"因"造成的。本章随后的"不以智治国,国之福",则是继而提出"救时之弊"的治国方略。于此,学界不可不察。

通观《老子》"五千言",倡导"尊道贵德"和"绝学弃智",是老子旗帜鲜明的一贯立场。自古至今,国人莫不认同"尊道贵德"的优良传统。但是对于"绝学弃智",通常却被认为是匪夷所思甚或是荒诞不经的。

[①] 陈鼓应:《老子注译及评介》,中华书局2014年版,第299页。

第二十八章　常知稽式

晚近几年，老学界有学者稽诸竹简和帛书《老子》等相关文献，对今本《老子》所谓的"绝圣弃智""绝仁弃义"和"绝学无忧"等予以考据论证。应该说，这种对经典予以多元和多重论证的研究是十分必要的。但是，若此类研究的目的仅仅是为了证明老子并非反对儒家的"仁义"之说，以及老子并非主张"绝圣弃智"和"绝学无忧"等，那么其研究的预设和结论就不免会带有先入为主的倾向性。

老子之所以倡导"绝学弃智"和"非以明民，将以愚之"，或许还有以下几点尚待深入探究的原因。其一，老子建构的"道—德"哲学体系，目的正是在于以"绝学弃智"来颠覆和取代当时业已"崩坏"的"礼乐教化"之"学"。老子倡导的是"民众"的"自化"，而非"礼乐"的"教化"。其二，老子认为，当时"诸子"所倡导的"百家"之"学"，既不足以继承古人的"道统"和"学统"，又不足以开出"救时之弊"的"政统"。其三，以"无为"和"自然"为特征的老子哲学，是一种全新的"以道观天地""以道观人"和"以道观万物"的"大道观"哲学体系，之前"以人观天地""以人观人"和"以人观万物"的"人道观"哲学体系及其相关的"学"与"智"，都不足以求得老子的"大道"。其四，老子的"无为自然"之"道"，主张"知不知"的"不言之教"，"欲不欲"的"无欲之欲"，"学不学"之"无用之学"。即如其所谓的"知不知，上"，"圣人欲不欲，不贵难得之货；学不学，复众人之所过"，等等。

由此可见，老子所谓的"非以明民，将以愚之""绝圣弃智""绝学无忧"，既是对当时"道统""学统"和"政统"全方位的颠覆与解构，又是旨在建构一种全新的"大道观"哲学体系。若以此反观当下学校教育和道德教育中存在的问题，可得出诸多启示。诸如，自近代"新学"实施学科专业化以来，原来集"道德"和"学问"为一体的"国学"，业已被门户林立的诸多学科所分割，传统"师者"集"传道、授业、解惑"于一身的"学统"，只剩下作为谋生手段的"授业"。在"师者"本人都远离"传道"和"解惑"无以"独善其身"的情况下，何谈"达则兼善天下"？抑或说，当"修身"和"齐家"业已专属于"学生个体"和"各个家庭"的事情，"治国"和"平天下"专属于"政治家"的事情，留给"师者"的也就只有"格物致知"了。当然，作为知识的创造者和传播者的"师者"，其天职即是"格物致知"，若"师者"能够自由地专心于"为知识而知识"，亦不失其专业和职业的尊严。但是在现实中，无论是"师者"

抑或是"学生",即使是"格物致知"本身,也会受到各种利益的诱惑和各种势力的干扰。诸如,当下的教育和学术界存在的道德犬儒主义、工具理性主义和精致的利己主义等现象,大凡即属于此。鉴于此,以老子所谓的"见素抱朴""绝学无忧"和"绝圣弃智"反观此类现象,不亦鉴之有益乎?

第二十九章　善下善后

　　江海所以能为百谷王者，以其善下之，故能为百谷王。是以欲上民必以言下之，欲先民必以身后之。是以圣人处上，而民不重，处前而民不害。是以天下乐推而不厌。以其不争，故天下莫能与之争。

章旨参证

　　《老子》上章主要阐述"治国之道"，而本章的主旨则是"为君之道"；"治国之道"重在关注君主的"治国"，而"为君之道"则重在关注君主的"修身"。

　　在该章之前，已有多处论述"为君之道"的内容。如，"圣人无常心，以百姓心为心"，表明"圣人"无私心私欲的品行，呼吁"君主"应当如"圣人"那样大公无私。又如，"人之所恶，唯孤、寡、不榖，而王公以自称"，表明"君主"应当具备谦卑的涵养。再如，"是以圣人去甚、去奢、去泰"，以"圣人"的不淫乐、不奢侈、不骄傲，表明理想的"君主"应有的德行，等等。

　　高亨认为："老子之言皆为侯王而发，其书言圣人者凡三十许处，皆有位之圣人，而非无位之圣人也。……故《老子》书实侯王之宝典，《老子》哲学实侯王之哲学也。"[①] 老子以"得道"的"圣人"对应理想的"君主"，旨在倡导"君主"在修身治国上应该以"圣人"为道德楷模。

　　本章首句的"江海所以能为百谷王者，以其善下之，故能成百谷王"，以"处下"的"江海"为例，说明"处下"的"自然"性。该章的"江海"之所以能为老子所推崇，原因在于其地处低洼，容纳百川，彰显出

---

① 高亨：《老子正诂》，古籍出版社1956年版，第62页。

第二篇 "德经"证悟

"谦卑"和"处下"的品质。该句中的"善下之",表明的即是"江海"的"处下"品质,同时也成就了"江海"为"百谷王"的地位。本章开篇即揭示并强调"处下"的合理性及重要性,可谓直入主题,目的在于为"治者"谏言。

本章后文的"是以欲上民必以言下之,欲先民必以身后之"乃承接上文,表明"治者"持守"处下"和"处后"的重要性。既然依靠"处下","百谷"就自然地归于"江海",成就了"江海"成为"王"的地位,那么,"治者"依靠"处下","百姓"同样也会依顺"治者",进而成就其"王"的地位。该句重在强调"以言下之"和"以身后之",对于维护"治者"地位及其权威的重要性。关于此句,高亨注解道:"因此,统治者要想坐在人民的上边,发号施令,必须把自己的意见摆在下位,把人民的意见摆在上位。要想走在人民的前面,执行政事,必须把自己的利益摆在后头,把人民的利益摆在前头。"[1] 由此可见,"处下"不仅仅是理想的"治者"应当具备的德行,还可巩固"治者"的地位。

本章下文的"是以圣人处上,而民不重,处前而民不害",是对"处下"和"处后"合理性的再次强调。需要注意的是,该句中的"是以",是承接上文"江海所以能为百谷王者,以其善下之"的主旨,具有"是故"和"故而"的意思。而本句"是以圣人处上,而民不重,处前而民不害"中的"是以",与前文的"是以"不同,表明的则是"以是"之意,指的是依靠"处下"。"圣人处上而民不重,处前而民不害",重在凸显"处下"的作用。陈鼓应对该句的今译是:"所以圣人居于上位而人民不感到负累;居于前面而人民不感到受害"[2]。由于"圣人"的统治是"以言下民"和"以身后民",民众感觉不到来自于统治的压力及妨碍,是故民众推崇并爱戴统治者,而非憎恨和厌恶统治者。此即后文的"是以天下乐推而不厌"之意。

本章末的"以其不争,故天下莫能与之争",又回到"无为"的主旨,表明正是因为"治者"具有"不争"的品行,才使其甘愿处于民之下和之后,没有私心,一心为民众着想,这反而成就了"治者"的地位。

总之,《老子》本章句句相因,推论严密,通过专论"处下"而彰显

---

[1] 高亨:《老子注译》,清华大学出版社2010年版,第106页。
[2] 陈鼓应:《老子注译及评介》,中华书局2014年版,第304页。

"无为",旨在倡导"治者"具备"无为"的品质,施以"无为之治"。

章旨参悟

《老子》本章的主题是阐发"圣人"的"谦下"品行对于"为君之道"的重要作用。由于本书之前的章节对"圣人"的"谦下"和"处下"等相关问题已有涉猎,下文拟对"圣人"及其"内圣外王"之道等相关问题予以简单分析。

我国传统文化有"观天地可以知圣人,观圣人可以知天地"之说,大凡概因"圣人"业已臻于"通天地""齐万物"的"天人合一"境界。本章以"江海"的"善下"而成就"百谷王",对应"圣人"的"不争"进而达成"天下莫能与之争",大凡即属于此。"圣人"何以能够臻于如此至高无上的化境?以其始终顺应自然之故也,善守天德天性之故也,业已达到返璞归真之故也。

我国传统文化的两大家儒家和道家,皆有以"圣人"诚勉"君主"和教化"民众"的情节。"圣人"之所以堪称"圣",在于其道德修养业已臻于"内圣"的境界,而非指有国有天下的"外王"之"神圣"。"圣人"通常被称为"无冕之王"或"素王",大凡概因于此。若从现代社会"政教分离"的视角来看,"圣人"的"内圣"之"学",属于由"学统"而形成"道统"的范畴;而"君主"的"外王"之"治",则属于"政统"的范畴。西方谚语所谓的"上帝的归上帝,恺撒的归恺撒",大凡即意在于此。但是由于我国古代素有"政教合一"的传统,"圣人"还常被赋予淑世致用的"外王"角色。通常所谓的"内圣外王",即属于此。

值得注意的是,尽管"内圣外王"强调"内圣"与"外王"的统一性,但是由"内圣"推出"外王"的先后顺序却是不容颠倒的。只有在"修身齐家"的功夫上业已臻于"内圣"的境界,方可被赋予"治国平天下"的"外王"资格,而非相反。"内圣"与"外王"的统一性,也意味着"道统""学统"和"政统"的有机融合。只有"道统""学统""政统"达到相对的和谐统一,方可被视之为具有权威性的"正统"。

以现代学校教育的办学自主权、学科分化和教师专业化等视角来看,传统社会中的"政教合一",以及"道统""政统"和"学统"的融合统一,无论对于教育系统按照自身规律办学,抑或是对于学科知识的精细研究而言，无疑都是无所裨益的。但是若从知识本身"博"与"约"的关系来看，现代学校教育的学科分化和教师的专业化，无疑过于偏重于"约"而有失于"博"。对于现代教育和学术界而言，"为知识而知识"的学科专业研究和传授，乃是唯一和首要的天职；古代"士"阶层所追求的"明道"与"救世"相统一的理想，不免掺杂着对纯粹的"知识理性"打折扣的功利色彩。但是，对于将"明道"与"救世"视为一体的传统"士人"而言，现代知识界既无志于"为天地立心"的"明道之学"，又无心于"为生民立命"的"救世之学"，而仅仅追求学科专业所谓的"真知"，这无疑是对"传道授业解惑"的"师者之道"的"肢解"，甚或是"良知"的泯灭。如此之类的问题，足当引起当下学术界的关注、讨论与反思。

第三十章　我有三宝

天下皆谓我道大，似不肖。夫唯大，故似不肖；若肖，久矣其细也夫。我有三宝，持而保之：一曰慈，二曰俭，三曰不敢为天下先。慈故能勇。俭故能广。不敢为天下先，故能成器长。今舍慈且勇，舍俭且广，舍后且先，死矣。夫慈以战则胜，以守则固，天将救之，以慈卫之。

章旨参证

《老子》本章开篇论"道"结尾言"器"，体现出"道器合一"的观念。本章首句的"天下皆谓我道大，似不肖"，以世人对于"道"的评价入手，表明"道大"的观点。"天下皆谓我道大"中的"道"，不是那个终极的"道"，而是指由终极之"道"衍生的、适用于万物的"原理之道"。对于此句，学者的注解多有分歧。诸如，高亨认为，"天下人都说我的道是大的"[1]；陈鼓应则认为，"天下都对我说'道'广大。"[2] 依照高亨的注解，此句中的"道"是"我"之"道"；而按照陈鼓应的注解，"道"不是"我"的"道"。结合该章下文的"我有三宝"中的"我"字可知，"三宝"是属于"我"的，而又由于"三宝"中的"慈""俭""不敢为天下先"，均是合于"道"的原理和法则之"道"，是故笔者以为，"天下皆谓我道大"中的"道"是"我"之"道"，意为"天下人都说我的道是大的"。结合前文所述，此处的"道"指的是"原理之道"。"天下皆谓我道大"，意指"天下人都说我的道理太宏大"；"似不肖"则是对"道大"

---

[1] 高亨：《老子注译》，清华大学出版社2010年版，第108页。
[2] 陈鼓应：《老子今注今译》，商务印书馆2016年版，第310页。

的描述，意为"不具象"，强调老子所描述道理的深奥性。

在陈述完世人对于自身所述道理的评价之后，本章后文的"夫唯大，故似不肖；若肖，久矣其细也夫"，是老子针对世人评价的解说。结合上句，此句意为"因为道理宏大，所以不具体；若是很具体，也就不那么宏大了"。可见《老子》对于世人的评价持肯定态度，并对何以"我道大"作出了解释及说明；亦即，指明之所以"不肖"，正是因为"我道大"。

本章后文的"我有三宝，持而保之：一曰慈，二曰俭，三曰不敢为天下先"，直接表明老子所肯定及提倡的原理和法则。为了表明三者的重要性，老子将其并称为"三宝"。如上文所及，世人评价老子的理论过于宏大，很难理解及把握。针对世人的评价，老子在此表示"我有三宝"，目的在于说明看似宏大和难以把握的理论，并非是虚无难解、无有用处的；人们对该理论的理解及运用，可通过遵循这三条基本的准则而达成。此即，"慈""俭""不敢为天下先"之"三宝"。针对"我有三宝，持而保之"，高亨注曰："我有三个法宝，我掌握它们并珍视它们。"[1] 本章后文的"慈故能勇。俭故能广。不敢为天下先，故能成器长"，则是对"三宝"的内涵及功用的说明。对此，高亨疏解曰："慈爱，所以能勇敢；节俭，所以能富裕；不敢走在天下人的前头，所以能够成为众人的君长。"[2] 理解"慈故能勇。俭故能广。不敢为天下先，故能成器长"中的后两句的关系较为简单；而"慈故能勇"中的"慈"与"勇"之间的关系，按照字面意思并不具有直接的关联性。对于"慈故能勇"，吕惠卿的解释可谓颇得老子旨意："夫慈为柔弱矣，而能胜刚强，是能勇也。"[3] 按照吕氏的解释，由"以柔克刚"和"以柔胜强"与"勇"相关联，较容易为人们所理解与接受。

关于本章后文的"今舍慈且勇，舍俭且广，舍后且先，死矣"，陈鼓应解释道："现在舍弃慈爱而求取勇武，舍弃俭啬而求取宽广；舍弃退让而求取争先，是走向死路。"[4] 通过描述人们"舍慈""舍俭""舍后"的行为所导致"死矣"的结果，《老子》意在强调"三宝"的重要性。

在多次强调"三宝"的重要性后，本章文末对"慈"予以着重强调。

---

[1] 高亨：《老子注译》，清华大学出版社2010年版，第108页。
[2] 同上。
[3] （宋）吕惠卿：《老子》，华东师范大学出版社2015年版，第78页。
[4] 陈鼓应：《老子今注今译》，商务印书馆2016年版，第311页。

"夫慈以战则胜,以守则固,天将救之,以慈卫之"。对于此句,高亨注解曰:"特别是慈爱,用之于战争,就能胜利;用之于守卫,就能巩固。天道将要救援他,就一定要用慈爱来保卫他。"①

按照一般的逻辑及行文,本章在介绍完"三宝"及人们对待"三宝"的态度后,已然形成一个在逻辑与内容上均为非常完备的章节。本章文末撇开"三宝"中的"俭"和"不敢为天下先"而专讲"慈",似乎不太合乎逻辑。然而,除去对于文本结构不甚合理的顾虑,若单独分析"天将救之,以慈卫之",却能够从中看出该句的重要性。以"慈"作为单独列举,该章的"天将救之,以慈卫之",表明形上之"道"与作为法则的"慈"之间的包含与被包含的关系。"天将救之,以慈卫之"中的"天"代表"形上之道";"慈"则代表作为"原理之道";"之"则是"天将救"和"慈卫"的"形下之器",具体指的是现实中的"人"。"天将救之,以慈卫之",将"形上之道"及"原理之道"与"形下之器"的人事相贯通,既为"我道"的合理性提供依据,也彰显出"道器合一"的整体理论特点。

综上所述,《老子》本章以他人对于自身理论的评价起笔,通过列举"三宝"的功用以及人们对待"三宝"的态度,多次强调"三宝"的重要性。由于"三宝"被包含在"我道"中,是故肯定"三宝"即是肯定自身的理论。后文单独以"慈"作为列举,以"天将救之,以慈为之"为结语,将形上之道、自身理论及形下之人事相贯通,既为自身的理论找到权威的依据,又从整体上凸显出"道器合一"的思想特征。《老子》本章寥寥数语,却包含着多个概念及多重关系,无怪乎"天下皆谓我道大"!

章旨参悟

《老子》本章的主旨,在于阐发其始终"持而保之"的"三宝"。老子之"道",常常以"正言若反"的形式予以表达;老子的"三宝",亦复如此。可以说,老子的"三宝"是对当时社会乱象的反思、超越和升华而成的劝世箴言。诸如,《老子》本章所谓的"今舍慈且勇,舍俭且广,舍后且先,死矣",即是对当时社会竞相争霸"勇武"现象的超越,进而

---

① 高亨:《老子注译》,清华大学出版社2010年版,第108页。

升华为普施恩泽的"慈爱";由世人趋之若鹜的"广费",升华为清心寡欲的"俭约";由世人沽名钓誉的"争先",升华为甘处下风的"居后"。

众所周知,孔子主"仁",而老子主"慈"。"仁"与"慈"二者,除去皆有"亲"和"爱"的含义外,还有以下两点区别。其一,就词义而言,"仁"字从人从二,《说文》将其解释为"亲也"。"仁",大凡专指人与人之间的"爱",尤其是由家庭中的夫妇和亲子之"爱",而推及于社会中人与人之间的"爱"。"慈"字,从心,兹声;"兹",指草木自然生长茂盛之状。"慈",是指发自内心的自然而然的"爱",尤其是指上对下的"亲幼"之"爱"。其二,"仁"特指人间之"爱",在儒家而言,"仁爱"有亲疏、尊卑、远近、好恶之别。儒家之"仁",尽管也有"推及于人"的社会"大爱"情怀,如"老吾老以及人之老,幼吾幼以及人之幼"等,但是它仍然带有"礼乐文化"中"爱有等差"和"差序格局"的意味。"慈"除人间之"爱"外,还包括对世间万物的"爱",而且这种对人间和万物的"爱",通常是没有差别的、一视同仁的"博爱"。诸如,《老子》所谓的"天地不仁,以万物为刍狗;圣人不仁,以百姓为刍狗","善者吾善之,不善者吾亦善之,德善;信者吾信之,不信者吾亦信之,德信",等等,大凡皆有此意。

对于教师,尤其是基础教育阶段的教师而言,从学理上通晓"慈爱"的内涵及其特征是至关重要的。首先,教师只有相信所有学生的"天赋"和"天德"都是本自具足的、本真本善本美的,才能对学生发出由衷的、自然而然的关爱;其次,教师只有相信所有学生都具有相通的人性基础,才能在人格上对所有的学生施以一视同仁的关爱;再次,教师只有相信每个学生都各具独一无二的天性和潜质,才能对其付出适时适地的关爱和个性化的引导;最后,教师只有达到"玄德"的"慈爱"境界,才能对学生施以无私无偏的、不求回报的关爱。

以上诸点看似简单易行,实则要求教师具备较高的理论素养和道德修养并付出坚持不懈的努力。老子"三宝"中的"俭"和"不敢为天下先",在之前相关章节的"参悟"中业已有所涉猎,此不赘述。在"三宝"中,老子尤其看重"慈",如其在本章末句所谓的"夫慈以战则胜,以守则固,天将救之,以慈卫之"。老子于此岂戏言哉?无论是作为"自然之子",抑或是作为社会的一员,若能按照老子之"慈"的标准加强个人修为,自当有人生境界的超越与升华。

第三十一章　不争之德

善为士者不武，善战者不怒，善胜敌者不与，善用人者为之下。是谓不争之德，是谓用人之力，是谓配天古之极。

章旨参证

按照之前对于《老子》文本的分析与解读，今本《老子》的章节有其分章布节的内在逻辑。亦即，《老子》每一章均有其中心主旨和论述逻辑。各个章节基本围绕一个核心观点展开，少数章节存在并行的多个观点。在《老子》中，有的章节直接陈述观点而不作任何论证，本章即属于此。

在《老子》本章之前的章节中，在论述为人处事的原则、策略和方法等观点时，直接采用陈述的方式较为常见。例如，第九章的"持而盈之，不如其已。揣而锐之，不可长保。金玉满堂，莫之能守。富贵而骄，自遗其咎。功遂身退，天之道"，整体采用陈述的句式，其间未有对观点的论证，直接揭示事物发展的规律和为人处世的道理。第十七章的"太上，下知有之。其次亲而誉之，其次畏之，其次侮之。信不足焉，有不信焉。悠兮其贵言，功成事遂，百姓皆谓我自然"，直接陈述三种政治统治的境界，之后表明造成统治境界高低的原因，最后表明理想统治的方式。第十九章的"绝圣弃智，民利百倍；绝仁弃义，民复孝慈；绝巧弃利，盗贼无有"，表明统治方式与民众素养及社会现实之间的直接关系，全章不存在论证。第三十三章的"知人者智，自知者明。胜人者有力，自胜者强。知足者富，强行者有志，不失其所者久，死而不亡者寿"，直接陈述"知人者""自知者""自胜者""知足者""强行者""死而不亡者"诸人的生存样态，未作具体的说明及论证。总之，直接提出观点却不对观点展开论述和论证的章节比较多，此不一一赘述。

本章的行文方式，同样是直接陈述观点而不加论证。本章首句的"善为士者不武，善战者不怒，善胜敌者不与，善用人者为之下"，直接陈述"善为士者""善战者""善胜敌者""善用人者"的做事原则及方式。其中，"善为士者不武"中的"士"，指的是"武士"，而非"文士"。与今日学界通常所谓的"士"多指"文士"不同，"士"字最初是指"武士"。于此，王弼有言："士，卒之帅也。"① 正如有学者指出，"春秋时代，作为低级贵族的士是战争的重要力量，作为贵族的身份标志，士皆以征战作为天赋。"② 故而，"善为士者不武"，意指"善为武士者不得尽炫其军阵技能。"③ 与"善为士者不武"相并列的"善战者不怒"和"善胜敌者不与"，皆表明"善为士者"的行事风格及方式，即"善于作战的武士不激奋"，"善于克敌制胜的武士不与敌人直接对抗"。

该章的"善为士者不武，善战者不怒，善胜敌者不与"所表现出的"善为士者"的行事风格及方式，与第三十一章的"夫唯兵者，不详之器，物或恶之，故有道者不处……不得已而用之，恬淡为上"，以及第三十章的"以道佐人主者，不以兵强天下"中所表述的用兵态度及方略相符合，皆表明老子反对战争，即使在迫不得已而用兵时，也要采用"不武""不怒""不与"的态度及方式。

本章后文的"善用人者为之下"不讲用兵之道，转而言"用人之道"。老子所主张的"用人之道"有其一惯性，即"处下"和"谦下"。河上公注解"善用人者为之下"有言："善用人自辅佐者，常为人执谦下也"④，表达"谦下"的用人策略。在《老子》中，"谦下"和"处下"的处事方略是一脉相承的。在一些章节中，"处下"被作为个体修养的品性，如第八章以"上善"之"水"作比，通过说明"水"所具有的"处下"和"谦下"特性，暗示人也应当具备"谦下"的品性。作为个体品性的"处下"，通常也被作为治者对待百姓的方式，例如，"是以欲上民，必以言下之"中的"以言下之"，即蕴含着作为统治方式的"处下"。在《老子》中，"处下"亦被作为邦交策略，诸如，"大国者下流……小国以下大国，则取大国"，表明的正是"处下"对于邦国交流的重要性及其功用。

---

① （魏晋）王弼：《老子道德经注校释》，中华书局 2008 年版，第 172 页。
② 徐志钧：《老子帛书校注》，学林出版社 2002 年版，第 119 页。
③ 同上。
④ （汉）河上公：《老子》，上海古籍出版社 2013 年版，第 179 页。

第三十一章 不争之德

　　本章后文的"是谓不争之德，是谓用人之力，是谓配天古之极"，既是对前文的总结，又是对道理及规律的直接陈述。前文的"善为士者""善战者""善胜敌者""善用人者"，所具备的"不武""不怒""不与""为下"，均是合"道"的，故而能够为老子所肯定与提倡。"是谓不争之德"意在将上述四者归于"不争之德"的范畴内，表明它们与"道"相合。"是谓用人之力"，肯定的是上述四者的做事方式。如同"形上之道"善于通过"形下之器"彰显自身，"善为士者""善战者""善胜敌者""善用人者"，亦善于通过他人的力量行事成事。本章末句的"是谓配天古之极"，则是对作为"不争之德"，善用外力成就自身的"善为士者""善战者""善胜敌者""善用人者"的高度赞扬及肯定。对于此句，河上公疏曰："能行此道者，德配天也。是乃古之极要道也"[①]，以此可见老子对于各者的认同及肯定。

　　总体上看，本章通篇以肯定陈述的语态及句式论述问题，各个观点之间直接承接。在所提论点之间或之后，均没有对于观点予以论证。通过上下文承接以及直接陈述的方式，该章肯定的是"无为"的整体处事原则及方式。

章旨参悟

　　依照本章的内容，"无为"的处事原则及方式，在"善为士者"那里表现为"不武"，在"善战者"那里表现为"不怒"，在"善胜敌者"那里表现为"不与"，在"善用人者"那里表现为"为之下"。由此可见，"无为"对于不同身份和职责的人而言，既有各不相同的表现形式，又有其具体的积极功用。在学校教育中，"无为"也有其特殊的形式及功效——"自化"。"自化"是"无为"原则在教育中的具体运用和体现。

　　具体而言，与"善为士者不武"相对应，"善为教者"也应当是"不武"的。"善为士者不武"表现为"不炫耀军事势力"；与此相对应，"善为教者"的"不武"则主要是指，"师者"要彻悟"学也无涯"的道理，知道自己的道德学问是有限的，不以人生和学问的权威自居，始终以学生的潜质和发展水平为依据，以"亦师亦友"的方式和方法引导学生的

[①] （汉）河上公：《老子》，上海古籍出版社2013年版，第179页。

发展。

与"善战者不怒"相对应,"善为教者"的"不怒",则主要体现为教师在教育过程中的"德善""德信"和"常无心"等。在日常的教育活动中,教师面临的是在个性、天赋、情感、志向和兴趣等方面千差万别的学生,"善为教者"不应该仅以学业分数的尺度和个人好恶的标准对学生进行良莠如否的定性判断,甚或对其是否可造就等攸关人生命运的重大问题产生怀疑,而是要坚信只要自己始终对其循循善诱,所有的学生都会达到自我实现的境界。尤其是对于通常所谓的"学困生""后进生""失信者"和"违纪者"而言,"善为教者"更应该坚持不懈地对其予以特别的关爱和引导。老子所谓的"千里之行,始于足下","善者吾善之,不善者吾亦善之,德善;信者吾信之,不信者吾亦信之,德信","圣人常无心,以百姓心为心",等等,对于"师者"的开示大凡亦在于此。

《老子》本章所谓的"善胜敌者不与",意味着要"不战而屈人之兵";同样,"善为教者"应当避免枯燥的知识灌输、道德说教和言语恫吓等消极性的教育和教学方式,转而采用"春风化雨,润物无声"式的启发方式,以引导学生自觉自愿地"自学""自化"和"自成"。同样,与"善用人者为之下"相对应,"善为教者"的"为之下",表现在对待学生的态度上,应该始终尊重其人格尊严,相信其天性的本真本善,引导其独特的潜质自然地发展。教师应该甘愿以观察者、引路者、陪伴者、知心者、奉献者和守护者等身份,与学生共享成长的甘苦。

值得注意的是,"善为士者不武,善战者不怒,善胜敌者不与,善用人者为之下"中的"善",还意味着对于自己的所做之事,业已达到了出神入化的境界。如此无上的化境,一定是道器合一、体用合一和知行合一的境界。若以"道器合一"的视角反观现代学校教育的相关问题,则其存在着偏重于"有用人才"的训练,而忽视"成人之道"之陶冶的痼疾。于此,孔子也有"君子不器"之说,西哲康德也有"人是自身的目的,不是工具"[1]之谓。如此之类的重大问题,尚需学术界的有识之士予以深入思考与探究。

---

[1] 康德:《实践理性批判》,商务印书馆1999年版,第95页。

第三十二章　用兵有言

用兵有言：吾不敢为主而为客，不敢进寸而退尺。是谓行无行，攘无臂，扔无敌，执无兵。祸莫大于轻敌，轻敌几丧吾宝。故抗兵相加，哀者胜矣。

章旨参证

本章整体围绕"用兵"而展开论述，与上章所论"用兵"的内容有一定的相关性。上章的"善为士者不武，善战者不怒，善胜敌者不与"，即是论述"用兵"；其中的"善为士者""善战者""善胜敌者"，指的都是"善用兵者"。由于"不武""不怒""不与"皆与"无为之道"的特征相符合，故而被老子看作是理想的"用兵之道"。与上章的"用兵"内容相承接，本章整体上是对何以"用兵"予以具体描述，旨在呈现具体的"用兵"方式及策略。

在《老子》中，专讲"用兵之道"的共有三章，分别是第三十章、第三十一章和本章。第三十章作为首次专讲"用兵"的章节，整体上业已呈现出老子的"用兵"思想，为后文的"用兵"内容规定了主旨。依据第三十章所呈现的内容，《老子》所倡导的"用兵之道"，大概包括以下几个层面。

其一，不以"用兵"作为治国之道。例如，"以道佐人主者，不以兵强天下"。其二，"用兵"有害。如，"师之所处，荆棘生焉。大军之后，必有凶年"。其三，"用兵"有其本身的原则及方法。如，"善者果而已，不敢以取强。果而勿矜，果而勿伐，果而勿骄，果而不得已，果而勿强。"这表明"用兵"时，要持守"取得了胜利就要罢手，不要靠武力逞强。胜利了不夸耀，胜利了不骄傲，胜利而不逞强"的道理。后续关于"用兵"

的章节，对于第三十章所述的"用兵之道"，既有重申又有补充。例如，第三十一章首句便表明"用兵"有害的观点，"夫兵者，不祥之器，物或恶之，故有道者不处"，以及"兵者不详之器，非君子之器"中的"不详之器"，表明的正是"用兵"的危害性。其中所谓的"胜而不美，而美之者，是乐杀人"，则与第三十章的"用兵"态度及原则相符合，意指"战胜也不应赞美，如果赞美就是以杀人为乐"。

相比于对"用兵"态度及原则的相似性，后续章节在阐述"用兵"时，阐发的主旨各不相同。在第三十一章中，"兵者不祥之器，非君子之器，不得已而用之"，是对"用兵"前提的论述，指出在"不得已"之时才"用兵"的观点。第三十一章后文的"吉事尚左，凶事尚右。偏将军居左，上将军居右，言以丧礼处之。杀人之众，以哀悲莅之，战胜以丧礼处之"，则表明"用兵"的程式，并通过对"用兵"程式的论述，说明战争的消极性、悲哀性和危害性等。

可见，在本章之前的诸多章节，已经从性质、前提、态度、方式等层面对"用兵"作过论述，业已形成了相对完善的"用兵之道"。相比较而言，本章重在论述"用兵"的原则之外，还具有概括之前各章所述"用兵之术"的作用。

本章首句的"用兵有言：吾不敢为主而为客，不敢进寸而退尺"，是对"用兵之术"的转述。关于此句，河上公疏解曰："陈用兵之道。老子疾时用兵，故托己设其义也。"[1] 在河上公看来，开章所陈述的"用兵之道"，并非他人的"用兵"思想，而正是老子自己的观点。张松辉对于此句的注解，则呈现出转述他人"用兵"思想的倾向："用兵的人说过：'我不敢主动地进攻别人，而只是被动地防守；我不敢前进一寸，而宁可后退一尺'。"[2] 事实上，无论是老子"托己设其义"，抑或是对他人"用兵"思想的转述，均不影响该句的意旨。在之前的章节中，《老子》之所以多次强调"兵者不祥之器，非君子之器"，"以道佐人主者，不以兵强天下"，以及"用兵"要"以恬淡为上"的观念，正是为了表明其对"用兵"始终持消极态度及其反对"用兵"的观点。"吾不敢为主而为客，不敢进寸而退尺"，表明的正是不主动"用兵"和谨慎"用兵"的态度及

---

[1] （汉）河上公：《老子》，上海古籍出版社2013年版，第180页。
[2] 张松辉：《老子译注与解析》，岳麓书社2008年版，第211页。

原则。

按照张松辉的解释，在陈述完"用兵之道"之后，本章后文的"是谓"之句，可看作是老子对于前文的具体解释，"是谓行无行，攘无臂，扔无敌，执无兵"。对此，张松辉解释道："这就是说不要随便动用军队，不要随便奋臂争斗，不要随便攻击敌人，不要随便使用兵器。"[1] 笔者认为，该句是老子对于"无为"的"用兵"原则的具体阐发，而非对于上文的简单承接。从行文方式上看，该句可分为两部分。第一部分是"是谓"，意指"所以说"，"是谓"承接上文的观点，具有"呈上"作用。第二部分的"行无行，攘无臂，扔无敌，执无兵"，乃是紧接"是谓"而出，是"是谓"的具体内容，表明"是谓"的"启下"作用。该句中的"无行""无臂""无敌""无兵"，揭示"无为"在"用兵"中的表现形式，"行无行，攘无臂，扔无敌，执无兵"，整体上讲述的是"为无为"的"用兵之道"。陈鼓应对该句的今译是："虽然有阵势，却像没有阵势可摆；虽然要奋臂，却像没有臂膀可举；虽然面临敌人，却像没有敌人可赴；虽然有兵器，却像没有兵器可持。"[2]

在陈述完"用兵有言"，并呈现出"无为"的"用兵"原则之后，本章下文的"祸莫大于轻敌，轻敌几丧吾宝"，则是对于"用兵者"的规劝。与今日的"轻敌"之意不同，此处的"轻敌"并非意指轻视敌人，而是指"不要轻易与人结敌"。张松辉在注解时，即认为"轻敌"意指"轻易与人为敌，与今天的'轻敌'意思不同"[3]。将"轻敌"理解为"轻易与人为敌"，能够与上文互为关涉，体现出"无为"的蕴意，并能够与之前章节所及反对"用兵"的态度相对照。至于何以不能够"轻敌"，原因在于"轻敌几丧吾宝"。老子所谓的"吾宝"，指的应是"无为"的原则，即上文所说的"行无行，攘无臂，扔无敌，执无兵"。由于"轻敌"与"无为"相背离，所以"祸莫大于轻敌，轻敌几丧吾宝"，意在提醒"用兵者"要时刻秉持"无为"的原则，莫因"轻敌"而背离"无为"，以免招来祸患。

本章文末的"故抗兵相加，哀者胜矣"，则通过举例的方式，论证并

---

[1] 张松辉：《老子译注与解析》，岳麓书社2008年版，第211页。
[2] 陈鼓应：《老子注译及评介》，中华书局2014年版，第312页。
[3] 张松辉：《老子译注与解析》，岳麓书社2008年版，第210页。

再次强调"无为"在"用兵"中的重要性。对于此句,张松辉疏解曰:"所以两军举兵对抗,(被迫自卫)心情悲伤的一方获胜"[①]。依照张氏的解释,"被迫自卫"者与该章首句中的"吾不敢为主而为客"中的"客"相对应,指的是不主动进攻而只是被动防守的一方。运用首尾互推的方式,"哀者胜"的原因在于,"哀者"的行为符合"用兵有言"的理论。由于老子中的"无为"者是退后的、柔弱的、不争的,与"哀者"的"被迫自卫"相符,故而"哀者胜"的最终之意,在于表明"无为"原则对于"用兵"的意义及功用。

概言之,本章作为《老子》中为数不多的专论"用兵之道"的章节,围绕"无为"原则展开论述,提出了"无为"的"用兵"原则及策略。该章对于之前章节所论的"用兵"内容,具有总结和概括的作用。在本章之后的章节中,再无涉及"用兵"的内容。

章旨参悟

我国传统文化向来注重阴阳平衡、乾坤合和、刚柔并济、文武兼备乃至于"和为贵"的中庸之道。老子之"道",一向宗阴、法坤、尚柔、主和。大凡"兵"者,属于"乾健""阳刚"和"勇武"之"道";老子对于"兵""用兵"和"兵战"等,始终持守审慎、保守和反对的立场。在《老子》共八十一章中,之所以专设几个专论"兵家之道"的章节,大凡在于老子意欲告诫其时酣战沙场的列国诸侯,要谨守"兵家之道",尽早握手言和,铸剑为犁,解甲归田。

《老子》"德经"的首章,即依据"无为"和"有为"如否的标准,由上而下提出了"道—德—仁—义—礼"的道德谱系,即"失道而后德,失德而后仁,失仁而后义,失义而后礼"。在老子看来,处于"下德"之末的"礼",乃是"忠信之薄而乱之首"。作为维系社会道德底线的"法度之礼"和"和谐之乐"一旦"礼崩乐坏",则必将招致兵火之乱。在"忠信之薄而乱之首"的"礼"之下,老子本不至于再言"兵",却无奈而不忍于目睹兵火中的生灵涂炭而强言之。在《老子》迫不得已而论及"兵"的几个章节中,业已形成了以"悲天悯人"为特色的"兵家之道"。

---

① 张松辉:《老子译注与解析》,岳麓书社2008年版,第211页。

第三十二章 用兵有言

学术界有学者将《老子》视为"兵书",大凡概因于此。

尽管"兵家之道"与"教育之道"看似相去甚远,但是若从"生命教育"与"和平教育"的角度来看,深切领悟老子"兵家之道"的人道主义精神,亦不无启示。其一,俾使学生充分了解战争的残酷性,迫不得已绝不轻易言战与宣战。我国已有几十年对外无战事,青少年对于战争的残酷性缺乏基本的认识。在当下的日常话语和网络语言中,幸灾乐祸、倾向暴力、轻言战争等动辄宣泄的现象可谓比比皆是。这种倾向暴戾、轻视生命、有碍和平的现象,着实令人担忧。于此,老子之言堪当为警钟:"夫兵者,不祥之器,物或恶之,故有道者不处""兵者不祥之器,非君子之器,不得已而用之""师之所处,荆棘生焉。大军之后,必有凶年"。在老子看来,"战争"是"不祥"的"凶器","有道者"和"君子"只有在迫不得已的情况下才用以自卫;战争和兵火过后,必定会导致生灵涂炭、民不聊生的悲惨结局。倘若目睹如此惨绝人寰的景象,孰能动辄付诸暴力或忍心于轻言战争?《老子》本章首句的"用兵有言:吾不敢为主而为客,不敢进寸而退尺",大凡盖有此意。

其二,肃清斗争思维和仇恨教育的影响,树立生命至上的观念。由于诸多因素的影响,无论是在当下的成人社会抑或是在青少年群体中,都广泛存在着"胜者为王,败者为寇"的观念。这种弱肉强食、适者生存、赢者通吃的"社会达尔文主义"观念,对于社会各个领域尤其是对青少年的危害极大。于此,老子所谓的"胜而不美,而美之者,是乐杀人",可谓一语中的,足当为戒。的确,任何美化血刃之战和对败者斩尽杀绝的行为,都是以"杀人为乐"的不齿行径。不唯如此,老子认为,"杀人之众,以哀悲莅之,战胜以丧礼处之"。老子这种对所有生命都一视同仁、悲天悯人的慈悲胸怀,何止现代所谓的"人道主义"四个字可以言尽。于此,堪当为现代"生命教育"之箴言。

其三,养成"谦和"的为人处世态度,与世界各国友好和平相处,乃至臻于天下"无兵可执"的太平盛世。老子一向倡导邦国之交以"谦下"和"处下"为上,绝不轻易树敌,如其在本章所谓的"祸莫大于轻敌,轻敌几丧吾宝"中的"轻敌",并非指"轻视敌人",而是指"不轻易树敌"。从老子所谓的"国之重器不可示人"来看,老子并非主张完全弃绝"兵器",而是如孟子所谓的"夫国君好仁,天下无敌焉"(《孟子·尽心章句下》)。如果"国之治者"由衷地爱人、崇尚和平,那么天下自然就

"无敌"可言。退而言之，即使握有"国之重器"之"兵"在迫不得已而用之时，也要达到"兵不血刃"和"不战而屈人之兵"的无上境界。老子于本章所谓的"扔无敌，执无兵"，大凡即意于此。

总之，老子的"兵家之道"与其所崇尚的"自然无为"之"大道"一脉相承，其生命至上和爱好和平的"兵家之道"，可谓人道主义的历史先声，对于当下开展"和平教育""生命教育"甚或"死亡教育"，具有宝贵的借鉴意义。

第三十三章　知我者希

吾言甚易知，甚易行。天下莫能知，莫能行。言有宗，事有君。夫唯无知，是以不我知。知我者希，则我者贵。是以圣人被揭怀玉。

章旨参证

该章整体上是老子对自身理论及社会现实的总结性陈述。在《老子》中，直接或者间接阐发自身观点的章节占去全书的大部，而对自身观点进行总结及评判的只有本章。从整体上看，前述各个章节要么论述"形上之道"，要么阐发与"道"密切关联的"德"，要么从政治、修养、用兵和处世等层面论述与"道"相关联的"形下之用"。自《老子》首章至上章，所阐发的几乎全是各种观点及理论，其理论的落脚点皆在于直接或间接地对"修己以安人"予以诫勉和开示。在之前的所有章节中，老子似乎一直都在为他人"建言献策"，包括论述"道""德""侯王""圣人""治国""邦交""用兵""众人""民""万物"等。一到本章，老子突然话锋一转，用寥寥数语开始"自评吾言"。本章既可以看作是老子"自评其道"，也可以看作是对以前章节的回顾与总结。

本章首句的"吾言甚易知，甚易行"，是老子对自己所述理论的总结及评判。在老子看来，其所述的道理既容易被认识，又容易被应用。本章下文的"天下莫能知，莫能行"，则说明自身理论对于世人而言，似乎又是"难知"和"难行"的。何以老子自认为"易知"和"易行"的理论，世人却觉得"难知"和"难行"？老子并没有说明其中的原因。河上公对本章下文的"言有宗，事有君"疏解曰："我所言有祖宗根本，事有君臣上下。世人不知者，非我之无德，心与我反。"① 由此可见，老子的理论之所以"天下莫能知，莫能行"，大凡概因他的理论与当时人们所信奉的理论恰恰相反。

"言有宗，事有君"，既是老子对于自身理论的评价，也可以看作是老子对于自身理论的辩护。对于此句，张松辉注解曰："我提出的主张都是有所本的，我要求做的事也是有一定根据的。"② 结合本章上两句可知，该句既体现出老子对于自身理论的自信，又体现出为自身理论正名的意味。

本章下文的"夫唯无知，是以不我知"一句，则蕴含着自我安慰的意味，也可以看作是"天下莫能知，莫能行"的缘由。对于此句，河上公有言："夫惟世人之无知也，是我德之暗，不见于外，穷极微妙，故无知也。"③ 依照河上公的解释，由于理论是玄妙高深的，使得人们对于老子的理论"无知"。可见，老子理论"天下莫能知，莫能行"的原因共有两点：一是老子的理论与当时世人所信奉的理论相反；二是老子的理论深奥难解，致使世人不易于"知"与"行"。基于此，本章下文的"夫唯无知，是以不我知"与上文相承接，既有自身理论的出发点，又是对上文的总结。

本章文末的"知我者希，则我者贵，是以圣人被褐怀玉"，则体现出对于自我理论的肯定。对于"知我者希，则我者贵"，河上公有言："希，少也。惟达道者乃能知我，故为贵也"④；王弼曰："唯深，故知者希也。知我益希，我亦无匹，故曰知我者希，则我者贵"⑤。最后的"是以圣人被褐怀玉"，则援引"圣人"的"被褐怀玉"自勉。对于此句，王弼注曰："被褐者，同其尘。怀玉者，宝其真也。圣人之所以难知，以其同尘而不殊，怀玉而不渝，故难知而为贵也。"⑥ 依照王弼的解释，"圣人"难为世人知，却是"同尘"和"怀玉"之人，"圣人"之"贵"正体现为其"难知"。"是以圣人被褐怀玉"与"知我者希，则我者贵"，具有上下互证的关联性。本章文末以"圣人"作为列举，表明老子以"圣人"自勉，蕴含

---

① （汉）河上公：《老子》，上海古籍出版社 2013 年版，第 183 页。
② 张松辉：《老子译注与解析》，岳麓书社 2008 年版，第 213 页。
③ （汉）河上公：《老子》，上海古籍出版社 2013 年版，第 183 页。
④ 同上。
⑤ （魏晋）王弼：《老子道德经注校释》，中华书局 2008 年版，第 167 页。
⑥ 同上。

着自我肯定的成分。

章旨参悟

　　《老子》本章的大旨，在于阐述何以自己的理论"甚易知，甚易行"，而"天下莫能知，莫能行"的原因。

　　中国传统文化最显著的特点之一，在于其"甚易知，甚易行"，正如《中庸》所谓的"道不远人，人之为道而远人，不可以为道"。道家通常所谓的"真传一句话，假传万卷书"，表达的即是"大道至简"的意思。作为"六经之首"的《周易》，其根本的特点亦有"三易"之说，即"简易，不易，变易"，其中的"简易"被列为"三易"之首，足见其简单易行的特点及其重要性。作为承继于《周易》的"阳"和"乾"而形成的儒家，以及承袭于《周易》的"阴"和"坤"而形成的道家，二者的理论岂有"莫能知，莫能行"抑或"难知难行"之理？诸如，孔子的学说，可归结为"仁学"。关于"仁"，孔子认为，"为仁由己，而由人乎哉"（《论语·颜渊》），"仁远乎哉？吾欲仁，斯仁至矣！"（《论语·述而》）。于孔子而言，爱人行善之心离人并不遥远，我想拥有爱人行善之心，它就自然而然地由内心涌现出来了，这是多么简单易行的事情啊！在孔子看来，是否有爱人之心，完全是反求诸己之事，与他人无关。可见，《老子》本章首句所谓的"吾言甚易知，甚易行"与孔子之言"仁"，何其相似乃尔！

　　孔子之"仁"与老子之"道"，之所以"甚易知，甚易行"，大凡概因"仁"和"道"皆由"本心""天性"和"天德"所固有，人若想将"仁"和"道"施之于他人他物，只需由内而外、自然而然地给予即可，无须任何强为和强求。老子所谓的"圣人常无心，以百姓心为心"，"我无为而民自化"，"以辅万物之自然而不敢为"，"含德之厚，比如赤子"，"常德不离，复归于婴儿"，等等，大凡皆有此意。进而言之，这种由内施之于外的舍予，宛若太阳发光和泉水外涌，似有取之不尽和用之不竭之势，老子所谓的"圣人不积，既以为人而己愈有，既以与人己愈多"，大凡即属于此。

　　那么，为何"吾言甚易知，甚易行"，而"天下莫能知，莫能行"？大凡概因，世人皆喜欢舍易求难、舍近求远、舍内求外、舍本逐末、好高骛远之故。在世人看来，老子之"道"看似过于"易知"和"易行"，反而不像是博大精深的理论。因于此，世人大多驰心于外物，易心于外求，勾心于名利，迷心于奢华，其结果只能是"其行弥远，其知弥少"，最终导致本来"甚易知，甚易行"的"吾言"之"道"，反而"天下莫能知，莫能行"了。

鉴于此，老子的结论是"知我者希，则我者贵。"易言之，自古至今，世人皆知"道之尊，德之贵"，也大都试图修道进德，但是真正能够做到"常德不离，复归于婴儿"的"得道者"，似乎总是寥若晨星。可见，世人最不相信"甚易知"的道理，也最不愿做"甚易行"的事情。故而，真正"得道"的"圣人"，尽管在衣着外观上看似平凡无奇，实则是业已臻于"内圣"之人，即老子所谓的"是以圣人被褐怀玉"。

对于以"传道授业解惑"为天职和使命的"师者"而言，对于《老子》本章的大旨尤当仔细品悟。一者，当知人人皆有本自具足的天性和天德，只需反求诸己和顺势引发即可，无须外求诸物；二者，当知大道至简，大学易知，大行至朴，切勿故弄玄虚，舍易求难，舍近求远；三者，当知日常生活中的待人接物，读书做事，一言一行，无不是道，道在我心，道在尔心，心即是道，当下即道。于此，若能彻悟无漏并且躬行不辍，或可终成"被褐怀玉"之良师。

第三十四章　自知不知

知不知，上；不知知，病。夫唯病病，是以不病。圣人不病，以其病病，是以不病。

章旨参证

对比之前及之后的章节，本章的遣词造句颇有特点。其一，将"知"的肯定状态与否定状态连用；其二，反复运用叠词。

《老子》本章首句的"知不知"以及"不知知"的句式，在其他章节中未曾出现过。从文字学的层面看，"知不知"以及"不知知"的用法有其特殊性。其核心词汇是"知"。按照一般的理解，"知"具有动词和名词的双重属性。动词的"知"指"知道"和"知晓"；名词的"知"指"知识"和"知能"。作为动词，"知"的否定含义是"不知"，与"知"相对应；作为名词，"知"的否定含义是"无知"和"未知"，与"有知"和"已知"相对应。动词与名词的"知"虽然词性不同，但实际上具有直接关联。这表现为"不知"的行为，对应着"无知"和"未知"的结果；"知"的行为，对应着"有知"和"已知"的结果。由于关联的直接性，动词与名词的"知"在含义上具有较大的重合，在运用过程中，人们往往不会明确区分"知"所具有的词性。

从整体上看，本章在文意上承接上章，所论主旨亦集中于"知"。只是上章的"知"是老子的"自知"以及对于他人"不知己所知"的分析；而本章的"知"，范围远大于上章，并非指"老子的知"，而是指向一切"可知"的对象。

在老子看来，最应该被世人"知"的应当是"道"。《老子》中，对于"形上之道"形象的反复描述，以及对于人间万物的规律及道理的阐述,均在于促使世人"知道"。由于"道"在老子中是"万物之奥","道"在形上层面及形下世界具有不同的表现形式。是故,一切"可知"的对象,均与"道"密切相关。于此而言,本章虽未对"道"有任何论述,却皆是在"道"的前提及范围内讲"知"。

本章的"知",意指"知道"。由于"知"的对象是"道",所以"知道"的对象也是"道"。只不过,本章的"知道",其对象既可以是"形上之道",也可以是各种形式和内容的"形下之道"。老子之"道"的表现形式,大致体现为各种原理、道理、规律和原则等,具体体现为合理的做事方法、正确的为人之道、理想的治国之方等,更具体的则体现为完成一件事情的正确方式及步骤等。

《老子》语境下的"知道"是一个复合词,"知"是动作,"道"是名词,是"知"的对象。易言之,不同于一般意义上的"知道"的名词及动词词性,《老子》的"知道"是一个动词与名词相结合的复合词。又由于人们"知道"的结果,往往表现出"知道者"应有的状态,是故,本章的"知"又可被视为一种状态。可以说,本章的"知"可指"知道"的动作,也可指"知道"的结果,还可以指因"知道"而表现出的状态。

在本章首句的"知不知,上;不知知,病"中,包含着"知"的肯定状态及否定状态,即"知"与"不知"。"知不知"是将"知"与"不知"连用;"不知知"则是否定状态在前,肯定状态在后,亦是将二者连用。关于该句,河上公的解释是:"知道言不知,是乃德之上","不知道言知,是乃德之病。"[1] 可见,"知"与"不知"并非是动词,而是更多地表明"知道"及"不知道"的状态。"知不知"与"不知知"作为"知"与"不知"的结合体,在二者之间存在着动词,是动词将"知"与"不知"相关联。此动词即是河上公所谓的"知道言不知",以及"不知道言知"中的"言"。可见,"知不知"与"不知知"中间省略了作为连接词的动词——"言"字。综上所述,将"知"的肯定状态与否定状态连用,以动词贯之,而省略动词,这是本章用词的特殊之处。

除去对"知"的运用较具特点外,本章对于叠词的运用,与其他章节相比也同样颇具特色。文中的"病病"和"知知"作为叠词,与一般的叠词相比,具有很大的差别。在《老子》中,运用叠词的不独此章,而与本

---

[1] (汉)河上公:《老子》,上海古籍出版社2013年版,第186页。

章的"知知"和"病病"用法相同的却未有。如,第二十章中的"熙熙""儽儽""沌沌""昭昭""昏昏""察察""闷闷"等作为叠词,前后二字的词性相同,均作为形容词表明同一种状态,与本章所用叠词的词性明显不同。诸如,"熙熙",指"淫放多情欲也";"儽儽",指"垂头丧气,狼狈不堪的样子";"沌沌",指"无知的样子";"昭昭",指"明白无误的样子";"闷闷"与"昏昏",皆指"糊涂的样子"。可见,第二十章的叠词皆是一般叠词,并不具备特殊用法及意义。与第二十章的叠词用法相同的,还包括其他章节中的一些用法。诸如,"不欲琭琭如玉,珞珞如石"中的"琭琭"和"珞珞"是形容词性,表明"玉石美好的样子","石头粗糙的样子";"歙歙焉为天下浑其心"中的"歙歙",形容"思想混混沌沌的样子";"其政闷闷,其民淳淳;其政察察,其民缺缺"中的"闷闷""淳淳""察察""缺缺",皆是形容词,分别指"糊涂的样子""忠厚的样子""清楚的样子""狡猾的样子"。

可见,与上述各章中的叠词不同,本章中的"病病"有其特殊用法。本章"病病"共出现过两次,即在"夫唯病病,是以不病。圣人不病,以其病病,是以不病"一句中。在这两句中,两次"病病"的词性一致,均是动词与名词连用。有学者认为,"第一个病字为动词,《广雅》:'病尤也',第二个病字为名词,指错误";"病病,犹言忧虑错误、弊病"。[1] 在《老子》中,不以形容词做叠词表明重复性,而将前后相同的二字赋予不同词性单独成句的,也只有本章如此。

与其他章节相似,本章整体上呈现出先提出论点再做论证的行文方式。本章首句的"知不知,上;不知知,病",是指"知道却说不知道,是上德之人;不知道却说自己知道,则不免有祸患了"。该句围绕"知"展开论述,指明"知不知"的合理性,与"不知知"的弊端。本章后文的"夫唯病病,是以不病",则是针对"不知知,病"所提出的应对和解决策略。针对上文的"不知知"所导致的"病"的事实,"夫唯病病"则是主张人们对自身的错误及不足,应该持有担忧和忧虑的态度,并认为个体对于自身错误的忧虑,能够带来"不病"的理想结果。"不病"与"病"相对反,是"病"的肯定状态。"病"是指"错误"和"不足",而"不病"则是指"不犯错"和"无不足"之意。

---

[1] 徐志钧:《老子帛书校注》,学林出版社2002年版,第129页。

在提出"知不知,上;不知知,病"的论断,并针对"不知知,病"提出"夫唯病病,是以不病"的策略之后,本章文末的"圣人不病,以其病病,是以不病",则是对上文"夫唯病病,是以不病"策略的举例论证。

在《老子》中,以"圣人"作为论据的章节颇多,前文业已有所分析,此不赘述。与其他章节的论证手法相似,该章同样以"圣人"为论据,对自身观点进行论证。简单而言,由于老子认为"夫唯病病"是使得人们"不病"的原因,下文便以"圣人"的"病病"与"圣人"的"不病"做直接对应,以说明"病病"的合理性和必要性。

章旨参悟

《老子》本章的主旨是倡导对于"知"与"不知",都应该始终持守谦虚、诚实、悬疑和精进的态度。关于本章的"知不知"三个字,学界向来有多种解释,最常见的诠释大致包括两种:一是知道却不自认为知道;二是知道自己(有所)不知道。[①] 究其实,这两种疏解都无碍于对《老子》本意的理解。

在知识爆炸、信息剧增和科学主义风靡于世的今天,老子所谓的"知不知",即"知道却不自认为知道"的观念,很难为现代人所理解与认同。长期以来,素以"万物之灵"而自居的人类,对于自身的聪明才智始终自信满满。

老子所谓的"知不知",除去表达"谦虚"的意蕴之外,还是对"道"本身不可尽知和不可尽言的切身体会与真实表达。诸如,老子所谓的"道可道,非常道;名可名,非常名","吾不知其名,强字之曰道",等等,大凡皆含有此意。由此而言,老子所谓的"不知"指的是"道体"。既然人类的理性和语言对于"道"之"体"不可"致诘"其究竟,不若顺其"自然"与"无为"之特性,以"不知"为"体",以"知"为"用",而非偏执甚或迷失于"知"与"不知"。于老子而言,偏执于"知"与"不知"之一端皆是"病",唯有在"知"与"不知"之间始终保持着适当的张力,方能合于"自然"与"无为"之"道"。就此而言,老子不承认存在绝对和普遍的"真知"和"真理"。这与当下社会甚或有

---

① 陈鼓应:《老子今注今译》,中华书局2009年版,第316页。

学者信奉"科学发现即绝对真理"的现象，形成了鲜明的对比。

老子所谓的"知不知"，还有以"自知不知"为"知"的含义。在老子看来，所谓的"真知"并非确定的、绝对的、普遍的"知"，而是"知而不言知""自知不知""自知无知"之"知"。可以说，只有"自知"尚有"不知"和"无知"之"知"时，方能认识到"吾生也有涯，而学也无涯"（《庄子·养生主》），进而"学而不厌"。对于"不知"却"自认为知"者，被老子称之为"病"，如其所谓的"不知知，病"。通常，世人只知有"身体之病"，却不知还有"知识之病"。老子所谓"不知知"的"知识之病"，即佛学通常所谓的"痴"。在佛学中，"贪""嗔""痴"被称为"三毒"；其中的"痴"，又被称为"无明"，意指"无自知之明"和"不明事理"。值得注意的是，老子所谓的"不知知"之"病"，不仅指向"无知者""少知者"和"后知者"，还指向通常所谓的"有知者""多知者"和"先知者"。如老子所谓的"绝圣弃智""绝学无忧"和"绝仁弃义"等，即皆有此意。这与儒家所倡导的"先知觉后知，先觉觉后觉"（《孟子·万章上》），形成了鲜明的对比。于儒家而言，"先知先觉者"对"后知后觉者"施以启蒙式"教化"，乃是毋庸置疑的天职和使命所在。但是对于倡导"知不知"的老子而言，"先知先觉者"并不天然地具备对"后知后觉者"实施"教化"的权威性。抑或说，对于一贯主张"我无为而民自化"的老子而言，业已具备"自化"的天德、天性和潜能的"后知后觉者"，根本无须来自"先知先觉者"人为的"教化"。

老子所谓的"知不知，上；不知知，病"，与孔子所谓的"知之为知之，不知为不知，是知也"，苏格拉底所谓的"认识你自己"，以及笛卡尔的"我思故我在"，康德所谓的"不可知"的"物自体"，等等，有诸多可参照及比较之处。概言之，中外先贤关于"求知"与"求真"，皆重在自知之明和悬疑精神。于此，足当为今人明鉴之。

第三十五章　民不畏威

民不畏威，则大威至。无狎其所居，无厌其所生。夫唯不厌，是以不厌。是以圣人自知不自见，自爱不自贵，故去彼取此。

章旨参证

在老子看来，政治上的"无为"主要指的是制度的"无为"。这表现为统治者不频繁、不严苛、不过分地制定和使用各种繁文缛节，不以过犹不及的制度作为治国理政的手段，不运用制度的强权属性肆意干扰民众的日常生活。

本章首句的"民不畏威，则大威至"，既可以看作是老子对于社会现实的描述，又可看作是对于统治者的警示。徐志钧在《老子帛书校注》中认为，"民不畏威"为"民不畏畏"，认为前一"畏"字是动词，意指"畏惧"。至于通行本中的"畏威"和帛书《老子》中的"畏畏"，虽有用词上的差距，却无词义上大的分歧。关于"畏畏"的"畏"，《帛书老子校注》认为，"畏字指犯罪而被处死"[1]。河上公认为，"威，害也。"[2] 二者的解释皆表明，"畏"或"威"都具有"死"和"害"的含义。与"畏"的"恐惧"和"惧怕"含义相关联，"畏畏"或"畏威"意指"惧怕死亡"和"惧怕危害"。由于"畏畏"或"畏威"的主语是"民"，是故"民不畏威"是对民众态度及行为的陈述，意为"民众不惧怕死亡"，"民众不惧怕危害"。"民不畏威"作为民众的态度及行为，对政治统治及社会生活均会产生较大的影响，表现为"则大威至"。针对"则大威至"，

---

[1] 徐志钧：《老子帛书校注》，凤凰出版社2013年版，第256页。
[2] （汉）河上公：《老子》，上海古籍出版社2013年版，第189页。

第三十五章 民不畏威

河上公有言："人不畏小害则大害至"①，表明"民不畏威"的结果。徐志钧疏解曰："言民众到不怕犯罪而死时，则大畏将至"②，亦指明"民不畏畏"的危害性。关于"大威"，徐志钧论述道："大畏，犹言大的惩罚，如天罚即是。或民众暴动，或强国凌弱，或灾害降临，届时社稷存亡未卜。对诸侯而言，亡国灭宗最是可畏。"③

何以"民不畏威"能够导致"大威至"的不良结果？原因在于，统治者过犹不及的"为"。承接对于"大畏"表现形式的论述，徐志钧指出："统治者的行为超越礼制所允许的范围，必然引起'民之不畏畏'，那就要'大畏将至'。"④由此可见，"民之不畏威，则大威至"，说的是政治统治中的制度。从制度层面分析，在"民不畏威，则大威至"中，蕴含着丰富的理论内涵及现实关怀。"民不畏威"，意指民众不再恐惧制度，既体现为"民众不怕犯罪而死"，又体现为民众不再恐惧"身害"。到底是什么样的统治，让民众连死亡都不再恐惧？答案是：制度的腐朽、严苛、烦琐、滥用，使得民众时刻处于制度的枷锁之中，是故民众不再害怕触犯和违反制度。

当社会处于"民不畏威"，并因此而处于动荡不安、政权不稳的境地时，急切需要一剂医治政治统治的良方。在老子看来，这一良方即是"无为"。与之前过犹不及的"有为"制度相比，"无为"的制度是"大威"。"则大威至"中的"大威"指"大的制度"，在《老子》中，"大"往往用以表示状态，如"大道"，是故"大威"指的是"无为的制度"。将"民不畏威"的社会现实与"无为的制度"相关联，表明"有为"的制度对人的戕害，亦表明"无为的制度"的合理性。

经由对社会现实的描述以及对"有为"制度的批判，老子呈现出制度"无为"的主旨，并自然地过渡到"无为之治"的主旨。本章后文的所有内容，均是围绕"无为之治"展开的。对于本章后文的"无狎其所居，无厌其所生。夫唯不厌，是以不厌"，河上公注解曰："谓心居神，当宽柔，不当急狭也"；"人之所以生者，为有精神。托空虚，喜清净，饮食不节，勿道念色，邪僻满腹，为伐本厌神"；"夫唯独不厌精神之人，洗心濯垢、

---

① （汉）河上公：《老子》，上海古籍出版社2013年版，第189页。
② 徐志钧：《老子帛书校注》，凤凰出版社2013年版，第257页。
③ 同上。
④ 同上。

恬泊无欲，则精神居之不厌也。"① 河上公从修身养性上对"无为之治"展开论述，旨在为统治者的自身修为提供指导。关于该句，张松辉注解道："他们不让百姓安乐地生活在自己的家园，不让百姓有充足的生活资料。正是因为统治者不让百姓吃饱，所以百姓才吃不饱。"②

本章文末的"是以圣人自知不自见，自爱不自贵，故去彼取此"，与其他章节的论证手法相同，均是以"圣人"的行为作为论证的权威性。在《老子》中，"自知"和"自爱"均是美好的德行，"自见"和"自贵"则为老子所摒弃。以圣人舍弃的"自见"和"自贵"及其倡导的"自知"和"自爱"为例举，使得文末与上文的"大威"相对应，与"无狎其所居，无厌其所生"的"有为"统治相对反。"是以圣人自知不自见，自爱不自贵，故去彼取此"，意在为统治者的修身养性提供借鉴，并希冀依靠"自知"和"自爱"的统治者成就理想的政治。

章旨参悟

《老子》本章的大意，与第十七章旨趣相似。在《老子》"五千言"中，民本主义的观念可谓一以贯之。在老子看来，判断治国理政的手段及其结果如何，只能从百姓的切身感受中得到答案。老子按照由优到劣的次序，将治国理政的结果分为四个层次，即如第十七章所谓的"太上，不知有之；其次，亲而誉之；其次，畏之；其次，侮之"。本章所谓的"民不畏威，则大威至"，当属于第四个层次的"侮之"。在老子看来，最理想的治国境界是百姓根本就感觉不到统治者的存在；每当有大功告成之事，百姓都认为是自然而然的，即老子所谓的"太上，不知有之""功成事遂，百姓皆谓我自然"。老子认为，只有统治者始终持守"无为而治"的"自然"之"道"，方能达到如此政通人和的至高境界。

家庭教育和学校教育的最高境界，亦复如此。所有儿童和学生的天性都是本自具足的，本真、本善、本美的，家长和教师只需顺其天性，自然而然地"引导"其"自化"即可。这种由"引导"到"自化"的最高境界，宛若"春风化雨，润物无声"，即老子所谓的"不言之教"。教育在

---

① （汉）河上公：《老子》，上海古籍出版社2013年版，第189页。
② 张松辉：《老子译注与解析》，岳麓书社2008年版，第216页。

本质上是一项引导心灵自由探索的事业，容不得任何违背学生天性的设计、改造、利用甚或使役。于此而言，教育界通常津津乐道的"教师是人类心灵的工程师"，乃是对教育事业和教师天职莫大的曲解。儿童和学生的心灵一旦被看作是空空如也的"白板"，作为"工程师"的"教师"就获得了对其任意设计、改造和利用的权力。在古今中外的教育史上，不乏以宏远的乌托邦、不容争辩的主义、崇高的道德等名义，对人性肆意歪曲、改造、利用甚或奴役的案例。这种违背甚或是反人性的训练、训导、教化和教育，所导致的人性扭曲和人间灾难，足当"师者"引以为戒。

此外，《老子》本章所倡导的"自知不自见，自爱不自贵"，亦堪为"师者"引以为戒。"为学日益"的"师者"，往往易于自恃学富五车而自以为是甚或唯我独尊。老子倡导以"自知"和"自爱"取代"自见"和"自贵"，大凡盖有此意。教师和学生若无"自知之明"甚或"自以为是"，那么教师就"无以为教"，学生也就"无以为学"；如果人人皆无"自爱之心"甚或"唯我独尊"，何以可能关爱他人？可见，在日常生活和教学活动的点滴诸事中，引发学生的"自知之明"和"自爱自尊"，尤显得弥足重要。

第三十六章　不争善胜

勇于敢则杀，勇于不敢则活。此两者或利或害。天之所恶，孰知其故？天之道，不争而善胜，不言而善应，不召而自来，繟然而善谋。天网恢恢，疏而不失。

章旨参证

该章通过论述自然规律及生活道理，旨在引导世人思考、体悟并遵循"大道"的规律。有学者认为，该章的主旨是倡导"贵柔"。比如，高亨认为："这一章是老子的人生论。主要论点是阐述贵柔的主张。"[1]

关于本章首句的"勇于敢则杀，勇于不敢则活"，吕惠卿的注解颇得老子"贵柔"的意旨。吕惠卿有言："传曰：用其刚强而必于外物者，勇于敢者也，则死之徒是已，故曰勇于敢则杀。致其柔弱而无所必者，勇于不敢者也，则生之徒是已，故曰勇于不敢则活。"[2] 依照吕惠卿的解释，"勇于敢者"与"勇于不敢者"的差别，在于是否"柔弱"。"勇于敢者"是"用其刚强而必于外物者"，而"勇于不敢者"则是"致其柔弱而无所必者"。前者是刚强的，后者是柔弱的；前者因"刚强"而死，后者因"柔弱"而活。吕惠卿对该句的疏解，符合老子一向倡导"守弱"和"守柔"，反对"刚强"及"强硬"的主旨。

本章首句即点明"守柔"和"贵柔"的主旨，后文继之对"刚强"与"柔弱"之间的利弊予以阐发。本章下文"此两者或利或害"中的"此两者"，指的就是"敢"和"不敢"；"敢"即"刚强"，"不敢"即

---

[1] 高亨：《老子注译》，清华大学出版社2010年版，第113页。
[2] （宋）吕惠卿：《老子》，华东师范大学出版社2015年版，第83页。

"柔弱"。"此两者或利或害"中的"或"并非"或者"的意思，而是指"非此即彼"。"或利或害"，意为"一个有利，一个有害"。亦即，有利的是"不敢"，有害的是"敢"。为什么"柔弱"的"不敢"有利，而"刚强"的"敢"有害？吕惠卿解释道："勇于敢者，人以为利，而害或在其中矣。勇于不敢者，人以为害，而利或在其中矣。"[①] 依照吕氏的解释，"勇于以刚强做人做事，人们都认为是有利的，反而害在其中矣"；而"勇于以柔做事，人们都认为是有害的，但由于柔能克刚，反而是有利的"。吕惠卿对于"此两者或利或害"原因的解释，倾向于从"敢"与"不敢"所导致的结果入手，对于原因的论述相对具体。何以"此两者或利或害"？老子的解释是本章下文的"天之所恶，孰知其故？"。陈鼓应对该句的解释是："天道所厌恶的，谁知道是什么原故？"[②] 此句旨在表明"天"的绝对权威性，亦表明"勇于敢者则杀，勇于不敢者则活"的合理性，还说明"敢"的有害性，以及"不敢"的有利性。至此，本章主张"柔弱"和摈弃"刚强"的观点得以确证。

在陈述主"柔弱"弃"刚强"的主旨时，本章采用的是直接陈述的方式，并以"天之所恶，孰知其故？"的反问句式，再次肯定了"勇于敢者则杀，勇于不敢者则活"的合理性。在老子看来，"柔弱""不争"和"谦下"等，皆属于形上之"道"的表现形式。抑或说，当玄妙恍惚的"本体之道"作为自然规律及人世生活的法则和方式存在时，正是以"柔弱"和"谦下"等形式彰显自身的。于此而言，"柔弱"来源于"形上之道"，也是"形上之道"的表现形式。

在对形下社会的"柔弱"进行论述后，本章下文的"天之道，不争而善胜，不言而善应，不召而自来，繟然而善谋"，则是对"形上之道"的描述。在《老子》中，"天之道"指的通常是"形上之道"。对于该句，吕惠卿的注解颇为详细："盖天之生物，因其材而笃焉，栽者培之，倾者覆之，则未尝与物争者也，而物莫能违之者，故曰不争而善胜。天何言哉？四时行焉，百物生焉。其行其生未尝差也，故曰不言而善应。莫之为而为者，天也；莫之致而至者，命也，故曰不召而自来。易则易知，而其道盈虚，与时消息，而未尝违，故曰坦然而善谋。天聪明自我民聪明，天

---

① （宋）吕惠卿：《老子》，华东师范大学出版社2015年版，第83页。
② 陈鼓应：《老子今注今译》，中华书局2009年版，第323页。

明威自我民明威,其聪明明威未尝自用,而惠吉逆凶犹影响也,故曰天网恢恢,疎而不失。夫唯天之道不可知为如此,圣人所以勇于不敢,而不知不识,乃之所以顺之也。"① 依照吕惠卿的解释,"天之道"的"不争""不言""不召""繟然"等,皆是"道"之"无为"的表现。"无为"之"天",不争而善于取胜,不言而善于获得回应,不召而万物自来,坦然而统筹大局。如果追问何以"不争""不言""不召""繟然"的"天之道"具有"善胜""善应""自来""善谋"的特点,大凡在于"道"之"无为"与"自然"。可见,"天之道"即是"无为"与"自然",具体体现为"柔弱"。本章文末的"天网恢恢,疏而不失",再次肯定"天道"的终极性和权威性。以作为自然及生活规律的"柔弱"为起笔处,以对"无为"的"形上之道"的论述为落笔处,《老子》本章由形下而形上的逻辑理路概可得见。

章旨参悟

　　《老子》本章的主旨,在于诫勉世人对于"无为而无不为"的"天之道"应该始终持守敬畏之心。《老子》曾多次言及"不敢",诸如,"吾不敢为主而为客,不敢进寸而退尺","不敢为天下先","以辅万物之自然而不敢为",等等。于老子而言,"不敢"和"勇于不敢",等同于遵循"柔弱""自然"和"无为"的"天之道";"敢"和"勇于敢",则违背"柔弱""自然"和"无为"的"天之道"。《老子》本章所谓的"勇于敢则杀,勇于不敢则活",将"勇于敢"和"勇于不敢"所导致的结果,直接归结并上升为生死攸关的高度。

　　无论是对于儒家抑或是对于道家而言,"天""天道"和"天之道",皆属于终极规律的"形上之道"。"天之道"既是生养人间万物之母,又体现为人间万物生长衰亡的规律,还是人间万物最终复归的本根。诸如,老子所谓的"功成身退,天之道","天乃道,道乃久,没身不殆","天道无亲,常与善人","天之道,利而不害";孔子所谓的"天何言哉,四时行焉,百物生焉",等等,大凡皆有"天道"本自具足、自然而然、自是其是和"无为而无不为"之意。

---

① (宋)吕惠卿:《老子》,华东师范大学出版社2015年版,第83—84页。

第三十六章 不争善胜

在《老子》本章所谓的"天之道,不争而善胜,不言而善应,不召而自来,繟然而善谋"中,"不争""不言""不召"和"繟然",可以说是"天之道"四个"无为"的特征,而"善胜""善应""自来"和"善谋",却是"天之道"四个"无不为"的结果。由此看来,"天之道"是"无为而无不为"的;作为"天之道"之"子"的人,理当遵守"天之道"。

与老子"人法地,地法天,天法道,道法自然"的"天—人"关系不同,"人之道"常常违背"天之道"。在《老子》中,曾多次涉猎过"天之道"与"人之道"之间的比较,如,"天之道,损有余而补不足;人之道,则不然,损不足而奉有余";又如,"大道甚夷,而民好径";再如,"天之道"的"生而不有,为而不恃,长而不宰",而"人之道"的"金玉满堂,莫之能守;富贵而骄,自遗其咎",等等。老子对于"天之道"与"人之道"的罗列比较,旨在诫勉人间切忌迷失于过犹不及的"人之道",及早返归于"天人合一"之"道"。

值得一提的是,在老子看来,"天之道"和"人之道"本来是一体的,即通常所谓的"天人合一"之"道"。"天之道"和"人之道"的根本特征,本来都是本自具足、自然而然、自是其是和"自然无为"的。在老子看来,"道"的"自然无为"特性及其所蕴含的所有真谛,业已天然地存在于天地万物和人之中;对于"万物之灵"的人而言,只需反求诸己即可悟得其内在固有的真谛。《老子》本章所谓的"勇于敢则杀"乃是以反例的形式提示,人若舍本逐末,外求诸物,终会被外物所役,迷失于品物流形的大千世界之中。于此,尤以足当为戒。

第三十七章　民不畏死

民不畏死，奈何以死惧之？若使民常畏死，而为奇者，吾得执而杀之，孰敢？常有司杀者杀。夫代司杀者杀，是谓代大匠斫。夫代大匠斫，希有不伤其手矣。

章旨参证

《老子》本章通过对严刑酷法之下"民不畏死"状况的怒斥与批判，旨在警诫统治者要遵循"无为而治"的"天之道"。本章首句的"民不畏死，奈何以死惧之"，与之前所谓的"民不畏威"大意相似。"民不畏死"中的"畏"与"民不畏威"中的"畏"，皆为"畏惧""恐惧"之意。"民不畏威"中的"威"在帛书《老子》中作"畏"，即，"民不畏畏"。按照徐志均的注解，"畏畏"中的前一个"畏"是恐惧的意思；后一个"畏"含有"死"的意思。由此可见，"民不畏威"与"民不畏死"，具有相同的含义。

对于"民不畏死，奈何以死惧之？"高亨的注解体现出对礼法制度批判的意蕴："人民并不怕死，统治者为什么用死刑来威吓他们？"[①] 由高亨的注解可知，"奈何以死惧之"中的"死"，意指"死刑"。"死刑"作为最严厉的刑罚，属于当时礼法制度的一种。可以说，人间社会中最严厉残酷的刑法莫过于"死刑"；但是当"民不畏死"时，就意味着民众不再畏惧"死刑"。可以设想，连如此残酷的"死刑"都不再恐惧，人们对于刑法的否定及反抗态度业已昭然可见。对此，高亨有言："人民不怕死，统

[①] 高亨：《老子注译》，清华大学出版社2010年版，第115页。

治者用屠杀手段威吓人民，是无效的。"①

在本章下文的"若使民常畏死，而为奇者，吾得执而杀之，孰敢？"中，"若"意为"假若"和"假使"，"畏死"意为"畏惧死亡"，"奇"意为"邪"，指"为邪作恶"的行为，"吾"指法律制度的执行者。对于此句，高亨注解曰："如果人们经常怕死，而犯上作乱的人，我们就可以抓住杀掉他，谁还敢犯上作乱呢？"② 由此可知，"吾得执而杀之，孰敢？"表明的是法律制度的有效性，即通过实行法律制度，可以有效地震慑那些"为奇者"，即"违法者"。

为什么"为奇者，吾得执而杀之，孰敢？"却最终导致了"民不畏死"的结果？本章下文的"常有司杀者杀"给出了答案。"常有司杀者杀"，是为法律制度找寻到了实施的主体。高亨将该句疏解为："照例要有司杀者（天、自然）主宰杀。"③ 可见，"天"或"自然"是掌管生杀大权的主体。陈鼓应对于"司杀者"的注释，亦持有相同的观点："司杀者，专管杀人的，指天道。"④ 由此可见，在《老子》中，施行"大制"的不应当是"人"，而应当是"天道"。在《老子》中，"天道"通常是制度的主宰者。

在以"常有司杀者杀"表明"天道"的制度主体身份及职能后，本章后文的"夫代司杀者杀，是谓代大匠斫。夫代大匠斫，希有不伤其手矣"，论述的则是以"人"为制度主体的实然状况及其危害。对于该句中的"代司杀者"，陈鼓应注解为"代替专管杀人的"⑤。如上文所及，专管杀人的是"天道"，代替"天道"的是"人"。对此张默生有言："代司杀者，指伪托天道"⑥，伪托"天道者"即是"人"。蒋锡昌则说："人君不能清净，专赖刑罚，是代天杀"⑦，指明"伪托天道"的是统治者。为了对统治者"伪托天道"的行为作出形象说明，老子以"代大匠斫"为例举。统治者代替"天道"的制度主体身份，通过制度统治民众的做法，如同不会砍树

---

① 高亨：《老子注译》，清华大学出版社2010年版，第115页。
② 同上。
③ 同上。
④ 陈鼓应：《老子今注今译》，商务印书馆2016年版，第328页。
⑤ 同上。
⑥ 同上。
⑦ 同上。

的人"代替木匠去砍木头",结果只能适得其反。下文的"代大匠斫者,希有不伤其手矣",表明"代大匠斫"的结果,即是"伤其手"。

在治国理政方面,老子一向倡导"无为而治"。"无为而治"作为顺应自然的政治统治理念,要求统治者对待各种社会制度,也同样要采取顺应自然的态度及原则。本章对于法律和政治制度的批判,重在通过呈现"人为"制度的无效性及有害性,警示那些实施严刑酷法的统治者要顺应"无为而治"的"天道"规律。

章旨参悟

《老子》本章旨在通过对严刑酷法之下"民不畏死"状况的抨击与批判,警戒统治者要与民休养生息,遵守"无为而治"的"自然"之道。可以说,老子哲学的宗旨之一,即是倡导以"自然无为"为基本特征的"大道观""常道观"和"天道观",取代以"使然有为"为基本特征的"礼乐观""礼法观"和"教化观"。本章所谓的"夫代司杀者杀,是谓代大匠斫",即是指统治者"伪托天道"的名义,对民众滥用生杀予夺之权,最终导致"民不畏死"的局面。

在《老子》中,"大道观""常道观"和"天道观"这三个概念具有相同的含义,三者都主张天地万物乃至于人类社会,应该始终持守本自具足、自然而然、自是其是、自由自在的"天人合一"之"道"。于老子而言,"天"与"人"本来是"合一"的,"天人相分"源自于"人"对自身"天德"的疏离,以及对自然万物和他人"天德"的漠视。究其实,"天人合一"中的"天",大凡有两层含义:一是指每个人天生具备的内在的"天德""厚德""常德"和"天性"等,如老子所谓的"含德之厚,比如赤子","常德不离,复归于婴儿",即属于此;二是指外在于个体的天地万物的"自然之天"。由于该"自然之天"与人类都是"道之子",故而它在本体上与人间是相通的。于此而言,人只需始终持守本真、本善、本美的赤子之心,在"德畜之,物形之,势成之"的适当条件之下,反求诸己、反身而诚和反身躬行,即可自成其是。那么,人与天地自然万物如何和谐相处呢?在老子看来,人只需要内参外观、内省外行、内修外用、内外互证、知行合一,即可臻于物我、人我的和谐统一,最终达到天人合一的境界。

但是，在文明的发展过程中，人类在建构政治、经济、文化和教育等各个领域建制的过程中，却在不知不觉之中与自身的"天性"愈行愈远，对天地自然万物的"天性"也弃之如敝屣。其结果，必然会导致各种的人间和自然灾难。《老子》本章所谓的"民不畏死"和"希有不伤其手"，大凡即属于此。

值得注意的是，统治者在制定和实施各种政治和社会制度时，无不假以"天道"和"人道"之名，实则行"霸道"和"无道"之实。作为史官的老子，对于夏商周三代的礼乐文化和礼法制度可谓了如指掌，统治者最初"制礼作乐"的目的，本是为了达成人间社会的"秩序和谐"，但是最终却以"礼崩乐坏"而告终。或许，正是鉴于这种"以人观天地""以人观万物""以人观人"的"人道观"的失序，老子开始转向"以天道观万物"和"以天道观人"的"天道观"。

于老子而言，以"天道观"还是以"人道观"作为创设学说的切入点，不仅涉及立论所宗的差别，还关涉到在现实中人与人以及人与万物的关系如何等诸多重大问题。由《老子》"五千言"的大旨来看，老子不但不反对"人道主义"的"人道观"，反而还是与"人道主义"密切相关的人本主义、人文主义、民本主义和民生主义的倡导者。老子所反对的，乃是完全以"人"为中心的各种"主义"，诸如，人类中心主义、人类沙文主义，等等。老子之所以明确反对冠以"天道"和"人道"之名，实则行"霸道"和"无道"之实的人间统治，大凡概因，在专制霸权的社会里，人通常被看作是可以"驯化"的工具。在这种情况下，通常所谓的"人本""人文""民本"和"民生"等与"人道"相关的各种理念，根本无从落实；由人的本心和本性而自发的"自化"式的"不言之教"，根本无从谈起。于老子而言，自然万物与人类是平等的，如其所谓的"天地不仁，以万物为刍狗；圣人不仁，以百姓为刍狗"。于此，尤当为教育者所明鉴。

第三十八章　无以生为

民之饥，以其上食税之多，是以饥。民之难治，以其上之有为，是以难治。民之轻死，以其上求生之厚，是以轻死。夫唯无以生为者，是贤于贵生。

章旨参证

《老子》本章的主旨，是对横征暴敛的统治者提出警告。在《老子》中，凡是出现"民"和"百姓"的章节，大都与"治者"的治国理政有关。

本章开始即以三个并列句式，呈现出民不聊生的社会现实与治者横征暴敛的统治之间的必然联系。在"民之饥，以其上食税之多，是以饥"中，与"民"相对应的是"其上"。"其上"之"其"指"民"，"上"则指"统治者"。在《老子》中，统治者是"在上者"，民众是"在下者"。高亨在注解第十七章的"太上，下知有之"时，认为"上，君也。下，民也，百姓"。① 在"民之饥，以其上食税之多，是以饥"中，"民"的生存状况是"饥"；统治者统治的状态是"食税之多"。老子认为，民众之所以呈现出"饥"的生存状态，直接原因是"其上食税之多"。"食税"意为收取赋税，民众上交赋税是古时政治统治的重要方式。因为统治者过多地收取赋税，使得民众处于无粮受饥的不堪境地。对此，吕惠卿注解道："一夫之耕足以食数口，则奚至于饥哉？而至于饥者，非以其上食税之多故饥耶？"② 这是该章首次将民不聊生的状况与统治者的横征暴敛直接相

---

① 高亨：《老子注译》，清华大学出版社2010年版，第37页。
② （宋）吕惠卿：《老子》，华东师范大学出版社2015年版，第63页。

关联。

下文的"民之难治,以其上之有为,是以难治",是该章第二次将民众的生存状态与统治行为相对应。该句中的"其上之有为",表明政治统治过犹不及的"有为",与老子一向倡导的"无为之治"相反。老子认为,"无为之治"能够带来民众的自化、自我富足、自我安定的理想状态,而"有为之治"却只能导致相反的结果。"民之难治"既体现出民众对于政治统治的不满,同时又表明政治统治的失效。可见,"民之难治"与"其上之有为"互为因果,二者的关系存在直接的相关性和必然性。

本章下文的"民之轻死,以其上求生之厚,是以轻死",将民众的"轻死"与统治者的"求生之厚"相对应,表明二者之间的直接关系。对于"民之轻死,以其上求生之厚",高亨注解曰:"人民不怕死(敢于造反),是因为他们的君上养生的物资太丰厚(饮食、衣服、宫室、车马、宝器、珍玩、妻妾、乐队、舞员、奴仆等,力求华美完备)。"[①] 对于"求生之厚",老子持完全否定的态度。例如,第三章的"不贵难得之祸"和"不见可欲",作为对统治者的谏言,即业已表明老子唾弃奢华和反对利欲的观点;第九章的"金玉满堂,莫之能守",也表明老子对极尽奢华的厌恶;第十二章的"五色令人目盲。五音令人耳聋。五味令人口爽。驰骋田猎令人心发狂。难得之货令人行妨",则明确表明"求生之厚"有害身心的观点,呈现出老子对物质享受的否定态度。除却对于"求生之厚"的反对言论之外,《老子》中亦多次对统治者"求生之厚"的行为进行过描述。例如,"服文采,带利剑,厌饮食,财货有余",详细地描述了统治者"穿着华丽的衣服,佩戴锋利的宝剑,吃足了美味,钱财富足有余"的生活状态,此可谓是对统治者"求生之厚"的直接揭示。何以统治者"求生之厚"为老子所否定及批判?原因在于"求生之厚"偏离自然而然的生活规律,不是统治者应有的状态。

概言之,通过"民之饥""民之难治""民之轻死"为例,老子呈现出民众水深火热的生存状况;相形之下,统治者的统治和生存状况则是"食税之多""有为""求生之厚"。本章的三个并列句式,意在表明政治统治与民众处境之间的直接关系,并由此而阐发对统治者的诫勉和警示,以期实现政通人和的理想局面。对此,陈鼓应有言:"剥削与高压是政治

[①] 高亨:《老子注译》,清华大学出版社2010年版,第116页。

混乱的根本原因。在上者横征暴敛，夺万民以自养，再加上政令繁苛，使百姓动辄得咎；这样的统治者已经变成大吸血虫与大虎狼。到了这种地步，人民自然会从饥饿与死亡的边缘中挺身而出，轻于犯死了！本章是对虐政所提出的警告。"①

本章最后的"夫唯无以生为者，是贤于贵生"，是为如何实施治国理政而建言。对于此句，高亨疏解曰："君上不贵生，则无此恶果，是胜于贵生。"② 可见，统治者成为"无以生为者"，亦即"不贵生"之人，是推行理想政治并成就民众理想生存状况的前提及途径。

章旨参悟

我国儒家和道家的政治哲学和教育哲学，都要求"治者"和"师者"秉公无私，以身垂范，一心奉献社稷。例如，孔子所谓的"政者，正也。子帅以正，孰敢不正"（《论语·颜渊》），"其身正，不令而行；其身不正，虽令不行"（《论语·子路》）；老子所谓的"圣人不仁，以百姓为刍狗"，"圣人常无心，以百姓心为心"；范仲淹所谓的"先天下之忧而忧，后天下之乐而乐"，等等，大凡皆有此意。由于我国传统社会实行"大一统"和"政教合一"的统治模式，"在上"的"治者"和"师者"的道德修养如何，直接关系到"在下"的"民众"的生存状况及道德水平。《说文解字》所谓的"教者，上所施下所效也"，对此可谓最佳的诠释。

正如有学者所言，"老子之言皆为侯王而发，其书言圣人者凡三十许处，皆有位之圣人，而非无位之圣人也。……故《老子》书实侯王之宝典，《老子》哲学实侯王之哲学也"。③ 的确，在老子看来，只有臻于"内圣"的"圣人"，才有资格推出"外王"，即"治国平天下"。当然，老子倡导的是"自化"，而非"教化"。由此可见，老子对于"治者"与"师者"的修养要求是非常高的。

值得注意的是，老子不仅反对"过为"的"严刑酷法"，也同样反对"治者"或"圣人"对"百姓"进行过犹不及的"教化"。进而言之，即

---

① 陈鼓应：《老子今注今译》，商务印书馆2016年版，第331页。
② 高亨：《老子注译》，清华大学出版社2010年版，第116页。
③ 高亨：《老子正诂》，古籍出版社1956年版，第62页。

使"治者"以"先知先觉"和"高尚美德"的名义对"百姓"施加"教化",都无疑会遭到老子的反对。老子所谓的"绝圣弃智,民利百倍;绝仁弃义,民复孝慈","圣人处无为之事,行不言之教",大凡即意于此。于老子而言,任何由"治者"施加的"人为"的"教化",都必定会妨碍百姓"自然"的"自化";而"自然"和"自化",恰恰是老子一贯崇尚的终极价值。故而,老子必定会反对任何名义和形式下的知识灌输和道德教化。于此,亦当为今日之"师者"反省自察。

第三十九章　以柔胜刚

人之生也柔弱，其死也坚强。万物草木之生也柔脆，其死也枯槁。故坚强者死之徒，柔弱者生之徒。是以兵强则不胜，木强则折。强大处下，柔弱处上。

章旨参证

《老子》本章的主旨是阐发"柔弱胜刚强"。在《老子》中，"柔弱"是"无为"的表现形式，为老子多次强调与肯定。例如，第十章的"专气致柔，能婴儿乎？"，即是对于婴儿"柔弱"的肯定。又如，第三十六章的"柔弱胜刚强"，也是对于"柔弱"的肯定，等等。与之前肯定"柔弱"以及论述"柔弱胜刚强"道理的章节不同，本章对于二者的论述及肯定，乃是通过严密论证而得出的。

本章首句的"人之生也柔弱，其死也坚强"，以"人"作为对象，将"人"的"柔弱"与"刚强"的两种状态相对应，自然得出孰优孰劣的区别。可以说，"人之生也柔弱，其死也坚强"的论断，具有毋庸置疑和无可辩驳的特性，原因在于该句讲述的是人人皆知的事实。"人之生也柔弱"，描述的是人"活着"时候的状态。"人之生"时，肢体灵活，可伸可屈，皮肤肌肉富有弹性。相比之下，"其死也坚强"，描述的则是人"死"后的状态。"人之死"时，肢体僵直，无法活动，皮肤肌肉僵硬，就连最柔软的舌头也处于僵硬状态。从生物学的角度来看，该句所描述的无外乎人"生"与"死"时不同的状态。显而易见，这是"人之生"与"柔弱"相对应，"人之死"与"坚强"相对应。《老子》以人之"生"及"死"的状态，与"柔弱"及"刚强"相对应，看似是在描述一件普遍的现象，但却运用的是生活常识中不证自明的原则，表明现象背后那个不容置疑的道理。

　　该句除却与人的"生""死"状态下身体所呈现的不同状态外，也可以从人的精神层面予以解读。关于"人之生也柔弱，其死也坚强"，河上公注解曰："人生含和气，抱精神，故柔弱也。人死和气竭，精神亡，故坚强也。"[①] 由此可见，河上公是对何以"人之生也柔弱，其死也坚强"的原因作出说明，并找出了"和气"这一决定人之生死及其状态的关键原因。在河上公看来，"和气"存，则人"生"，人是"柔弱"的；"和气"竭，则人死，人就是"坚强"的。在《老子》中，"柔弱"更多的是指精神及德行。例如，第十章对于"婴儿"之"柔弱"的肯定，虽然符合"婴儿"的身体状态，但是老子更为关注"婴儿"精神的柔弱。

　　如上文所述，"柔弱"属于"无为"的范畴，以精神和德行的"无为"之"柔弱"与"人之生"相对应，既是对"柔弱"的肯定，也是对"无为"的肯定。相反，以精神和德行的"坚强"与"人之死"相对应，则隐含着对于"坚强"的批判。在《老子》中，由于与"无为"相对应的是"有为"，"无为"体现为"不争""处下"和"谦卑"等，而"有为"则体现为"争斗""处前"和"自傲"等。是故，与"无为"之"柔弱"相对应，"坚强"属于"有为"的范畴。

　　本章下文的"万物草木之生也柔脆，其死也枯槁"，则以"草木之生"与"柔脆"相对应，以"草木之死"与"枯槁"相对应，与本章前文的"人之生也柔弱，其死也坚强"主旨相同，旨在肯定"柔弱"。

　　在分别以"人"及"草木"为例，说明"柔弱"及"坚强"的优劣利弊之后，本章下文的"故坚强者死之徒，柔弱者生之徒"，则是经由"人"及"草木"的生死状态，而得出的结论。对于此句，河上公疏解曰："以其上二事观知之，知坚强者死，柔弱者生。"[②] 河上公的注解，明确体现出《老子》"好柔弱""恶坚强"的思想主旨。

　　本章下文的"是以兵强则不胜，木强则折"，再次以人间社会"兵强"以及自然界"木强"的结果，说明"坚强"的危害性，肯定"柔弱"的积极功用。对于"兵强则不胜"，河上公注解道："强大之兵轻战乐杀，毒

[①] （汉）河上公：《老子》，上海古籍出版社2013年版，第201页。

[②] 同上。

流怨结，众弱为一，强故不胜"①，王弼注解曰："强兵以暴于天下者，物之所恶也，故必不得胜。"② 由此可见，老子以"用兵"与自身观点相对照，表明"强兵"的危害。这既可以看作是老子的"用兵"思想，还可以看作是其对统治者的谏言。紧跟"兵强则不胜"，以"木强则折"的自然现象，再次表明"坚强"的危害。

在对于"柔弱"和"坚强"二者的状态和特征进行多次论证之后，本章末句的"强大处下，柔弱处上"，则是对二者关系的陈述，蕴含着"柔弱胜刚强"的意旨。由前文的"兵强则不胜，木强则折"可知，"兵强则不胜"的原因在于"坚强"，树木"断折"的原因在于"坚强"，能够确保"兵胜"和"木生"的只有"柔弱"。由此可知，无论是在现实人世还是在自然界，"柔弱"对比"坚强"都是拥有优势的一方。可见，当"柔弱者"与"坚强者"相互比较时，"柔弱胜刚强"的结果是显而易见的。

本章末句的"强大处下，柔弱处上"中的"强大"即是"坚强"，"处下"是对"坚强"所能导致结果的描述；"处上"则是对"柔弱"所能达到结果的论述。作为结果，"处上"与"处下"的上下差别，与"坚强"和"柔弱"之间的优劣区别相对应。因为"柔弱"优于"坚强"，是故"柔弱处上"而"强大处下"。"柔弱胜刚强"作为对二者关系的描述，既基于"柔弱"与"刚强"二者属性的差别而得，又基于二者所致结果的差别而得。

章旨参悟

如本书在"总论"中所及，作为我国传统文化源头的《周易》，之所以堪称"六经之首"，大凡概因其对天地万物的"阴阳之道"业已深彻透解。于《周易》而言，世间万物乃至于人间都具备"阴阳"两种属性，人间万物的兴衰交替及其"周行而不殆"的规律，皆系"阴"与"阳"相互消长合和所致。老子所谓的"万物负阴而抱阳，冲气以为和"，盖有此意。若将"阳"与"阴"推及于大自然，则首当为"天"与"地"；若将其画符于阴阳八卦，则首当为"乾卦"与"坤卦"。由孔子开宗的儒家，

---

① （汉）河上公：《老子》，上海古籍出版社2013年版，第201页。
② （魏晋）王弼：《老子道德经注校释》，中华书局2008年版，第118页。

主要继承了《周易》中的"乾卦"之"阳刚";而由老子开宗的道家,则主要承继了《周易》中的"坤卦"之"阴柔"。正如《周易·象传》中所谓的"天行健,君子以自强不息;地势坤,君子以厚德载物"(《周易·象传》),宗法"乾道"之"阳刚"的儒家,向来力倡"自强不息"的"积极作为";而宗法"坤道"之"阴柔"的道家,则素来主守"厚德载物"的"自然"与"无为"。在此后的发展过程中,道家和儒家逐渐形成了一柔一刚的性格特征;二者相合而和,则刚柔并济,二者相分相胜,则此消彼长。二者的消长合和,对于我国传统文化与教育的发展产生了深远的影响。

值得注意的是,自古至今的道家学派和儒家学派,素有各执一端而自以为是,甚或相互攻讦的现象。早在战国时期,庄子就曾对"道术将为天下裂"之后,诸子百家"多得一察焉以自好"的现象有过生动的描述:"天下大乱,贤圣不明,道德不一,天下多得一察焉以自好","后世之学者,不幸不见天地之纯,古人之大体。道术将为天下裂"(《庄子·天下》)。实际上,儒家开宗的孔子和道家开宗的老子,只是在"阳刚"与"阴柔"以及"乾道"与"坤道"之间,各有所宗、各有所好、各有所得、各有所长而已;二者对于终极之"道"的理解与诉求,并无孰优孰劣之分,在诸多心法与观念上,二者甚或是一致的。易言之,对于终极的"形上之道"而言,二者仅仅是"乾坤""阴阳"和"刚柔"的一体两面而已。诸如,在"道器""体用""心物""人我"和"知行"层面上,二者皆是"一元论"的倡导者。尤其是在"无极""太极"和"天道"等终极观念的层面上,儒家和道家可谓殊途而同归甚或是合二为一的。孔子所谓的"天何言哉,四时行焉,百物生焉,天何言哉"(《论语·阳货》),"朝闻道,夕死可矣"(《论语·里仁》),老子所谓的"天地不仁,以万物为刍狗","万物负阴而抱阳,冲气以为和",等等,大凡皆有此意。于此,尤当为教育界和学术界深入探究。

另外值得一提的是,尽管儒家和道家在"乾道"与"坤道"、"阳刚"与"阴柔"之间各有所宗,但是无论在日常的为人处事上,抑或是在道德修养上,二者都反对过犹不及的"为",都倡导通过"克己"和"自胜"而持守不偏不倚的"中庸之道"。如孔子所谓的"克己复礼为仁","中庸之为德也,其至矣乎",老子所谓的"多言数穷,不如守中","自胜者强","天之道,损有余而补不足",等等,大凡皆属于此。尽管道家宗法

"柔弱"的"坤道",但是其中也蕴含有"柔中带刚"和"以柔克刚"的意味。对于宗法"乾道"之"阳刚"的儒家而言,大凡亦复如此。如,《周易》坤卦《文言》所谓的"坤至柔而动也刚,至静而德方",大凡即有此意。由此可见,儒家和道家皆倡导阴阳合和、刚柔并济的"中庸之道",而反对偏执于一端,尤其是反对无所不用其极的"强梁之为"。于此,尤当为从事于儒家和道家研究的学术界引以为鉴。

第四十章　为而不恃

天之道，其犹张弓与？高者抑之，下者举之，有余者损之，不足者补之。天之道，损有余而补不足。人之道则不然，损不足以奉有余。孰能有余以奉天下？唯有道者。是以圣人为而不恃，功成而不处，其不欲见贤。

章旨参证

本章通过对"天道"公平与"人道"不公的比较，旨在倡导"无为"和"自然"之"道"。在《老子》中，"天道"与"道"具有相同的本质及内涵，皆指形上的终极原理及法则。"道"是"无为"和"自然"的，"天道"也是"无为"和"自然"的。在《老子》中，有诸多对"天道"进行论述的章节内容，诸如，"功遂身退，天之道"。"天之道，不争而善胜，不言而善应，不召而自来，繟然而善谋"中的"不争""不言""不召""繟然"，皆蕴含并体现出"无为"的属性，"道"与"天道"之间存在极大的相似性。除却"道"与"天道"之间的相似性之外，老子所谓的"天乃道"，则明确表明"天"与"道"之间的直接相关性。在《老子》中，"天道"通常承继形上之"道"，体现出"自然"和"无为"的属性及特征。在老子看来，"人道"亦应该承继"天道"和"道"，体现出"自然"和"无为"的特征。然而，在现实社会中，"人道"往往偏离"道"和"天道"的"自然"和"无为"，变成"不自然的"和"有为的"。老子生活的西周末年，正是一个"人道"背离"天道""道""大道"的"不道"时代。此种理想与现实之间的差距，在本章之中有明确的体现。

本章分为三部分，第一部分主要讲"天道"，第二部分主要讲"人道",第三部分经由"天道"与"人道"的对比,旨在彰显"天道"的重要性,并以"人道"的理想代表"圣人"为例,表明"圣人"对于"天道"的信奉及遵行。

本章开篇首句的"天之道,其犹张弓与?高者抑之,下者举之,有余者损之,不足者补之。天之道,损有余而补不足",论述的即是"天道"。对于"天之道,其犹张弓与",河上公注解曰:"天道暗昧,举物类以为喻也。"① 为了使人们能够更直观地体认"天道",老子以形象化的手段,通过"张弓"比拟"天道"。"张弓"作为常见的活动,为人们所熟知。何以老子要以"天道"比作"张弓"?原因在于,"张弓"与"天道"之间存在很大的相似性。对于"张弓",《说文》曰:"张,施弓弦也","张弓"即是在弓上装弦。对此,严遵解释道:"夫弓人之为弓也,既杀既生,既禽既张,制以规矩,督以准绳。弦高而急,宽而缓之;弦弛下者,摄而上之;其有余者,削而损之;其不足者,补而益之;弦质相任,上下相权,平正为主,调和为常,故弓可抨而矢可行也。"② 依照严遵的言论,在弓上装弓弦,是诸多关系的调和与均衡的结果。这要求在"张弓"的过程中有规矩、有标准、粗细有形、长短有数、张弛有度。严遵对于"张弓"的论述,体现出通过适当的损益及调和,达到整体上的平正及协调的思想主旨。

与严遵论述"张弓"的主旨相似,老子的"天道"亦注重协调与均衡。本章后文的"高者抑之,下者举之,有余者损之,不足者补之",既是对"张弓"的论述,亦是对"天道"特征的论述。对于此句,河上公注解曰:"言张弓和调之,如是乃可用。夫抑高举下,损强益弱,天之道也。"③ 可见,"张弓"之所以需要"高者抑之,下者举之,有余者损之,不足者补之",目的在于最大限度地发挥弓的作用,亦隐含着要成就万物关系的稳定与和谐。本章后文的"天之道,损有余而补不足",则是对"天道"的整体概括,与前文的内容有重合之处,也是提炼与概括上文的结果。对于"天之道,损有余而补不足",河上公注解道:"天道损有余而益谦,常以中和为上。"④ 依照河上公的解释,"中和"表示的既非有余,

---

① (汉)河上公:《老子》,上海古籍出版社2013年版,第204页。
② 王德有:《严遵老子指归译注》,商务印书馆2004年版,第334页。
③ (汉)河上公:《老子》,上海古籍出版社2013年版,第204页。
④ 同上。

亦非不足，而是处于"有余"与"不足"之中的那个"中间"状态，即儒家所谓的"中庸"。可见，"天道"之所以"损有余"和"补不足"，重在关注宇宙万物的均衡共处与和谐共生。这与《老子》第五章的"天地不仁，以万物为刍狗"，蕴含着同样的主旨，即希冀万物处于一种平等、公平与和谐的生存环境之中。

在论述完"天道"之后，该章的"人之道则不然，损不足以奉有余"，则是对"人道"的论述。"人之道则不然"中的"然"，指的是"天道"。此句表明"人道"不像"天道"那般，并指出"人道"的"损不足以奉有余"的现象。对于"损不足以奉有余"，河上公注解曰："世俗之人损贫以奉富，夺弱以益强也。"[①]

如同上文所言，按照《老子》的思想，在理想状态下"人道"与"天道"之间具有直接的相关性；"天道"是"损有余而补不足"的，"人道"亦应如此。当"天道"与"人道"相反时，即意味着"人道"业已背离了"天道"。可以说，"人之道则不然，损不足以奉有余"，隐含着老子对于"人道"的批判。

本章后文的"孰能有余以奉天下？唯有道者"，表明老子并未对"人道"彻底失望，而是认为人世中的"有道者"能够遵行"天道"的"损有余而补不足"，做到"有余以奉天下"。对于此句，河上公注解曰："言谁能居有余之位，自省爵禄以奉天下不足者乎？唯有道之君能行也。"[②] 依照河上公的说法，"孰能有余以奉天下"中的"天下"，意指人世社会中的"不足者"，而"为有道者"中的"有道者"，指的是"有道之君"。将"有道者"视作"有道之君"，重在关注政治的现实功用，这与《老子》关注政治统治的一贯特点相符。然而，"有道者"并非仅指得道的统治者，而是泛指"得道的人"，即"圣人"。在《老子》中，"圣人"不仅是"得道者"，而且还是最理想的统治者。将"有道者"理解为"圣人"，能够与本章文末的"是以圣人为而不恃，功成而不处，其不欲见贤"，在文意上达成一致。在认定人世间的"有道者"能够"有余以奉天下"之后，本章文末以"圣人"为主语，专论"圣人"的为人处世之道，与上文形成衔接。

---

① （汉）河上公：《老子》，上海古籍出版社2013年版，第204页。
② 同上。

在《老子》中,"圣人"是"得道者",也是"道"在人世间的化身和世人的榜样。在"是以圣人为而不恃,功成而不处,其不欲见贤"中,"圣人"的"为而不恃"及"功成而不处",乃是遵行"道"的结果。第九章的"功遂身退,天之道"中的"功遂身退",与本章的"功成而不处"意义相当。第十章在论述"道"的特征时,明确指出"道"是"生而不有,为而不恃,长而不宰"的。至于本章所谓"圣人"的"不欲见贤",张松辉疏解曰:"不愿表现自己的恩德和才能。"[①] 可见,圣人的"不欲见贤",亦是遵行"无为"的结果。以"圣人"的"为而不恃""功成而不居"以及"不欲见贤",作为上文"有道者"的具体论述,表现出老子对于"有道者"的厚望,以及对于"人道"遵行"天道"的期待。

概而言之,本章通过分别论述"天道"及"人道",以及经由二者之间的比对,得出"有道者"是弥合"天人分殊"的关键所在,表达出老子对于"有道者"遵行"天道"的期望。本章文末以"圣人"为人处世的原则及方法为例,对"有道者"进行具体论述,既与上文相承接,又与开章所述的"天道"相呼应。可见,《老子》本章文脉贯通、文意连贯,一气呵成。

章旨参悟

《老子》本章通过对"天之道"与"人之道"的比较,旨在诫勉治者要抛弃"损不足以奉有余"的"人之道",以效法"损有余而补不足"的"天之道"。

我国传统文化对于"等贵贱""均贫富"和"平天下"的"损益观",向来甚为重视。诸如,孔子在解释《周易》的《损》和《益》两卦时,曾有"自损者益,自益者损"(《说苑·敬慎篇》)之叹;《尚书·大禹谟》亦有"满招损,谦受益,时乃天道"(《尚书·大禹谟》)之谓;孟子有"民为贵,社稷次之,君为轻"(《孟子·尽心章句下》)之说;孔子曾有"有国有家者,不患寡而患不均"之谓;《大学》亦有"修身齐家治国平天下"之谓,等等。

《老子》该章论述的"损益观",大凡亦属于此。《老子》"五千言",

---

① 张松辉:《老子译注与解析》,岳麓书社2008年版,第223页。

曾多次对人类社会贫富不均的现象有过描述，如其所谓的"朝甚除，田甚芜，仓甚虚；服文采，带利剑，厌饮食，财货有余"，即是对民不聊生与权贵奢华生活之间的对比。《老子》本章将人间社会贫富差距和不平等的原因，直接归结为"天之道"与"人之道"的不同，如其所谓的"天之道，损有余而补不足。人之道则不然，损不足以奉有余"。老子认为，在人间社会中只有那些能够遵循"天之道"的"有道者"，才能实施"等贵贱""均贫富"和"平天下"的理想，即如其所谓的"孰能有余以奉天下？唯有道者"。

如本书所及，《老子》"五千言"的宗旨之一，即是以"自然无为"的"大道观"或曰"天之道"，取代"使然有为"的"人道观"或曰"人之道"。《老子》本章对于"天之道"的倡导以及对于"人之道"的批判，可谓确立与彰显该宗旨的典范。老子作为西周末期"通古今之变"的"史官"，对于自夏商周三代以来由"以人观人"和"以人观万物"而形成的"人之道"的局限性，及其所建构的各种人间社会制度之痼疾，可谓了如指掌。在老子看来，这种以"人"为中心建构而成的"人之道"及其社会建制，不可避免地存在亲疏、贵贱和贫富等方面的内源性痼疾，此即如庄子所谓的"以物观之，自贵而相贱"（《庄子·秋水》）。鉴于此，《老子》试图建构一种"以道观人"和"以道观万物"的"天之道"（或曰"天道观"），以取代正处于"礼崩乐坏"之中的"人之道"。可以说，老子建构的"道常无为"和"道法自然"的"天之道"，从理论上毕其功于一役地解决了"人之道"的内源性局限，及其人类所有社会建制的弊端。究其原因，大凡盖有以下几点。

其一，老子所谓的"道常无为"和"道法自然"本身，即意味着作为世界的终极本体、万物之母、价值之源、万物归宿的"道"，对于自身至高无上权力和权威的主动放弃和消解。其二，老子所谓的"人法地，地法天，天法道，道法自然"中的"人"，指的是没有任何亲疏贵贱之别的所有人，这就意味着在道德修养上所有人的"人格"是完全平等的，从而取代了之前人在政治和社会地位上各种"名份"和"位格"的不平等。其三，若由"以道观人"和"以道观万物"的"天之道"的视角俯瞰世间万物，必然会得出人与万物一视同仁的平等观念，正如老子所谓的"天地不仁，以万物为刍狗"，亦正如庄子所谓的"以道观之，物无贵贱"（《庄子·秋水》）。在《老子》中，只有"失道"和"嘲笑道"的人，却没有

213

"失道"的自然万物。概因于此，老子频频"以物喻道"，列举诸多"几于道"的自然万物，以供人类效法学习。诸如，"上善"的"水"，"得一"的"谷"，本章所谓的"天之道，其犹张弓与"，等等。由此可见，为制衡"人类中心主义"的"人之道"，在老子设计的"天之道"的世界秩序中，人类被置于与"自然万物"平等甚或需要效法"自然万物"，进而效法"天地"和"道"的位置。

在"以道观人"和"以道观万物"的"天之道"的视角与格局下，宇宙自然必定体现为天无私照，地无私载，天地万物乃至于人间，无有亲疏，无有尊卑，无有贵贱，一律平等，自然而然，相依共生。若以此全新的"天之道"重新反观和审视道德和学问人生，必定会有别一番洞悟。

第四十一章　知易行难

天下莫柔弱于水，而攻坚强者莫之能胜，以其无以易之。弱之胜强，柔之胜刚，天下莫不知，莫能行。是以圣人云：受国之垢，是谓社稷主；受国不祥，是谓天下王。正言若反。

章旨参证

《老子》本章以"柔弱"之"水"为喻，以说明"柔弱胜刚强"的道理，旨在倡导"守柔"和"居弱"的"为君之道"。

在《老子》中，"以水喻道"和"以水喻人"的内容较多。诸如，《老子》第八章的"上善若水。水善利万物而不争，处众人之所恶，故几于道。居善地，心善渊，与善仁，言善信，正善治，事善能，动善时。夫唯不争，故无尤"。对于该章，张松辉解译为："道德高尚的人像水一样。水善于施利于万物而不与万物相争，安居于众人所讨厌的低洼之地，所以说它的行为差不多符合道的原则。（上善之人像水那样）：安居卑下之位，思想深邃难识，交往仁慈有爱，言语真实无欺，为政清静安定，做事无所不能，行为择时而动。正因为他与人无争，所以没有灾难。"[1] 由此可见，"水"被老子人格化，并被用作比喻"得道"之人。另外，《老子》还以"江海"之"水"喻人，通过对江海"善下"的论述，以诫勉统治者要"谦下"和"处下"。《老子》"以水喻人"的内容比较多，此不赘述。

本章首句的"天下莫柔弱于水，而攻坚强者莫之能胜"，蕴含着"柔弱胜刚强"的道理，表明老子对于"柔弱"的肯定。在《老子》中，"水"的"柔弱"特性是"无为"的表现形式，"水"作为自然事物是

---

[1] 张松辉：《老子译注与解析》，岳麓书社2008年版，第32—33页。

"几于道"者,"水"所具有的一切特性皆为老子所肯定。在老子看来,在"几于道"的"水"的所有优点中,"以柔克刚"便是其中之一。陈鼓应对该句的疏解是:"世间没有比水更柔弱的,冲击坚强的东西没有能胜过它。"①

在对"水"的"柔弱"特性及"以柔克刚"的功用予以肯定之后,本章后文的"以其无以易之",是对"水"的特性及功用的再次肯定。对于此句,徐志钧解释道:"攻坚强,消解坚固之物,总比不上水。水可以怀山襄陵,溶融山体,吞没大地,世上之物皆不如水之有力持久,然水却是最温柔的。"②

本章下文的"弱之胜强,柔之胜刚",即是表明上文"柔弱胜刚强"的内涵及主旨。"柔弱胜刚强"蕴含的"弱之胜强,柔之胜刚",在《老子》中出现过数次。《老子》对于"柔"和"弱"的肯定,表明其"主柔弱"和"恶刚强"的一贯主旨。作为事物发展的一般规律及原理,"柔弱胜刚强"不仅为老子所倡导,亦是日常生活的道理,多为世人所知晓,此即本章下文的"天下莫不知"。但是世人皆知晓"柔弱胜刚强"的道理,却并非意味着能够对于这个道理的践行。针对"柔弱胜刚强",世人在"知"与"行"之间通常存在着较大的差距,此即本章下文的"天下莫不知,莫能行"。至此,老子通过对"柔弱胜刚强"道理的多次论述,以世人的"知"为前提,以世人的"莫能行"为现实依据,目的在于促使世人即知即行、即行即知和知行合一。

在以"水"作为论述的对象,表明"柔弱胜刚强"的道理,并揭示世人对于"柔弱胜刚强"的道理"只知不行"的现实之后,本章末的"是以圣人云:受国之垢,是谓社稷主;受国不祥,是谓天下王",则与本章首句相对应,意在以柔弱的"水"与"天下王"相对照,表达理想的"为君之道"。其中的"是以圣人云",表明后续内容的权威性、可信性及合理性。在《老子》中,"圣人"是道德高尚之人和得道之人,圣人之言是"大言",具有不言自明的合理性及正确性。其中的"社稷主"和"天下王",都可理解为统治者。

对于此句,河上公注解曰:"君能受国垢浊者,若江海不逆小流,则

---

① 陈鼓应:《老子今注今译》,中华书局2009年版,第339页。
② 徐志钧:《老子帛书校注》,凤凰出版社2013年版,第291页。

能长保其社稷，为一国君主也。君能引过自与，代民受不祥之殃，则可以王有天下。"① 依照河上公的注解，"社稷主"和"天下王"均是指人世社会的治者，而是否有资格成为"社稷主"和"天下王"，取决于能否"受国之垢"，能否"受国不祥"。可见，统治者有义务"受国之垢"和"受国不祥"。易言之，统治者能够忍辱负重，能够代民承受不祥，才是理想的统治者；反之，则不足以成为统治者。"受国之垢"与"受国不祥"，之所以成为老子衡量统治者理想与否的标准，原因在于理想的统治者，应当如"水"那样"无为"而"柔弱"地治国理政。将"为君之道"与"水"相关联，能够承接上文，首尾呼应。诚如范应元云："受国之垢者，谓自行谦下柔弱也。受国不祥者，谓自称孤寡不孤也。此举圣人之言，举前义也。"② 可见，"受国之垢，是谓社稷主；受国不祥，是谓天下王"，是由"天下莫柔弱于水，而攻坚强者莫之能胜"而得。

在《老子》中，"水"作为合于"道"的自然事物，其所具有的品质及特性应当为人们所仿效。于君王而言，"受国之垢"和"受国不祥"，是其应尽的义务；与水而言，"受物之垢"和"受物不祥"，是其本然属性。"水"之"受物之垢"，体现为其洗涤万物之污迹，而自清；包容万物之缺点，而自流；容纳万物之不堪，而不为功。水之"受物不祥"则体现为，水独居万物所恶之"下"，万物皆欣欣然向上，唯有水自流而下；水涵养滋润万物，不为功，不居德；水默默周流万物，悠然而不言。可见，"受国之垢，是谓社稷主；受国不祥，是谓天下王"，是老子从"水"处所得到的启示。老子"以水喻人"，以"水之道"喻"为君之道"。

在经由"柔弱"之"水"而得出衡量统治者理想与否的标准后，本章文末的"正言若反"，是老子对于"圣人所云"以及对于人们反应的评价。在老子看来，"圣人所云"的理论是"正言"，而人们却从反面理解"圣人所言"，误解甚至曲解"圣人所言"。对于"正言若反"，河上公注解曰："此乃正直之言，世人不知，以为反言。"③ "此乃正直之言"中的"此"，指的即是"是以圣人云：受国之垢，是谓社稷主；受国不祥，是为天下王"。老子常假托"圣人"之口立言，"圣人云"实际上是老子自己

---

① （汉）河上公：《老子》，上海古籍出版社2013年版，第207页。
② 徐志钧：《老子帛书校注》，凤凰出版社2013年版，第292页。
③ （汉）河上公：《老子》，上海古籍出版社2013年版，第207页。

在说；认为"圣人云"是"正言"，表明老子对于自身理论笃信无疑。本章文末的"正言若反"一句，也体现出老子既迫切又无奈的心境。

概言之，《老子》本章"以水喻人"，以"水之道"喻"为君之道"。开章即讲明"水"之道，表明"水"之"柔弱胜刚强"的功用。随后，以"水之道"喻"为君之道"，指明"受国之垢"和"受国不祥"是君王的职责。针对由"水之道"引申出的"柔弱胜刚强"的道理，以及由"水之道"引申出的"受国之垢"和"受国不祥"的君主职责，老子分别结合世人的反应做出评判，认为对于"柔弱胜刚强"的道理，世人多停留在"只知不行"的层面，而对于"受国之垢"和"受国不祥"的君主职责，世人既不理解也不认可。老子对"天下莫不知，莫能行"及对"正言若反"的评判，反映出世人不按规律做事以及君王为己不为人的乱象。这两种评价，既体现出老子的忧患意识，又反映出其无奈的心理。

章旨参悟

古有"三易"之说，此即《周礼》所谓的"太卜掌三易之法，一曰《连山》，二曰《归藏》，三曰《周易》"（《周礼·春官·太卜》）。各家注疏大致认为，《连山》《归藏》和《周易》分别属于夏、商、周三代之"易"，统称"古之三易"；《周易》是由《连山》和《归藏》发展而成的。我国台湾学者萧天石认为，"老子法归藏易首坤，坤以阴柔为德；孔子法周易首乾，而乾以阳刚为德也。乾象天，阳之性也；坤象地，阴之性也；顺也柔也。"[①] 的确，《老子》"五千言"，无不宗法"坤德"之"阴柔"，本章即是以"柔弱"的"水"为喻，旨在以"水之道"勉励"为君之道"。

老子所一贯宗法的"阴柔"之"坤德"，常被世人甚或被学术界视为过于隐忍和不思进取的保守之"道"。实际上，这是对于老子之"道"莫大的误解。正如《周易》坤卦的《文言》所言，"坤至柔而动也刚，至静而德方"，这意味着尽管"坤之道"极其柔顺，但其运动却是刚健有力的；尽管它极为娴静，但是其"德性"却是方正无私的。《老子》本章所谓的"天下莫柔弱于水，而攻坚强者莫之能胜"，大凡即是对"坤德"足以

---

① 萧天石：《道德经圣解》，自由出版社2003年版，第529页。

"弱之胜强，柔之胜刚"最佳的诠释。

老子认为，"弱之胜强，柔之胜刚，天下莫不知，莫能行"。然而，为什么世人都知道"柔弱胜刚强"的道理，却不能够在日常生活中贯彻实行呢？大凡概因，以下三点。一是因为世人通常表现为"知易行难"和"知行不一"，如老子所谓的"天下莫不知，莫能行"；二是因为世人没有忍辱负重和卧薪尝胆的毅力与素养，如老子所谓的"受国之垢，是谓社稷主；受国不祥，是谓天下王"；三是因为世人不相信"忠言逆耳利于行"的劝告，通常把正直之言当成反话和戏言，如老子所谓的"正言若反"。以上三点原因，亦足当今人所明鉴。

值得注意的是，老子所谓的"阴"与"阳"、"柔"与"刚"、"弱"与"强"、"正"与"反"等，并非彼此分离和独立存在的，而是事物的一体两面，共同存在于人间万事万物之中。正如有学者所说，"夫阴之与阳，万物之所同具，合之则为太极，分之则为阴阳；二者相对而生，亦相对而动；相对为正反，亦相对为始终。互为倚伏，互为根因；如环之无端，而莫可纪极也"。[①] 老子所谓的"万物负阴而抱阳，冲气以为和"，大凡即有此意。

实际上，孔子和老子只是在"乾道"与"坤道"、"阳刚"与"阴柔"之间，各有所宗和各有所长而已，二者对于"中庸之道"以及"终极之道"的理解与诉求并无二致。抑或说，二者是我国传统哲学中"乾坤""阴阳"和"刚柔"的一体两面而已，在"无极""太极"和"大道"等终极本体和修道进德的层面上，儒家和道家可谓殊途而同归甚或是合二为一的。这对于彻悟老子哲学甚或儒家哲学的精髓而言是至关重要的，尤当为学术界所明鉴。

[①] 萧天石：《道德经圣解》，自由出版社2003年版，第529页。

第四十二章　天道无亲

和大怨，必有余怨，安可以为善？是以圣人执左契，而不责于人。有德司契，无德司彻。天道无亲，常与善人。

章旨参证

该章整体上是论述"与人为善"的为人处事原则，旨在倡导世人要一视同仁地善待他人。在《老子》中，"善"字曾多次出现，"善"是"德"的重要内容，"善"是衡量世人有"德"与否的重要标准之一，"至善"之人即是"大德"之人。形上之"道"是"至善"的存在，自然的"水"是"至善"的存在，人世的"圣人"是"至善"者。对于这三种"至善者"的论述，分布在诸多章节中。诸如，第八章的"上善若水"，第二十七章的"圣人常善救人，故无弃人，常善救物，故无弃物"，等等。

结合《老子》的思想，经由"几于道"之"水"的"上善"，以及作为"有道者"的"圣人"的"至善"，皆可推导出"道"的"至善"属性。在老子看来，"水"的"上善"以及"圣人"的"至善"，皆是由"形上之道"的"至善"在"形下"的自然及人间的体现。抑或说，通过对自然界的"水"以及人世间"圣人"的"至善"品性的设定，"道"的"至善"属性是不言自明的。自然之"水"是"利万物"的，水滋养万物而不加区分；"圣人"对待所有人始终秉持一视同仁的原则，即老子所谓的"善者，吾善之，不善者，吾亦善之"。同样，赋予"水"及"圣人"以"至善"品性的"形上之道"，对待人间万物本来就是一视同仁的，即如老子所谓的"道者万物之奥，善人之所宝，不善人之所保"。可见，老子"形上之道"的"至善"特性是普遍的、绝对的、永恒的。

《老子》本章首句的"和大怨，必有余怨，安可以为善？"以反问的形式，呈现并强调"善"的原则及方法。对于该句中的"和大怨，必有余怨"，河上公注解曰："杀人者死，伤人者刑，以相和报"，"任刑者失人情，必有怨，及于良人也"。[①] 依照河上公的注解，在日常的为人处事过程中，一旦运用"不善"的方法，所导致的只能是"不善"的结果。"杀人"是"不善"的方法，"死"是恶果；"伤人"是"不善"的方法，"刑罚"则是经由"不善"的方法所得的恶果。"不善"的方法与"不善"的结果之间的直接相关性，从反面表明"善因"与"善果"之间的直接对应性，这符合《老子》以"善"待人待物的主旨。

在以"不善"的原则及方法造成恶果之后，无论如何弥补也无法完全弥合已有的伤害，总是会留下伤害和怨恨。这是"和大怨，必有余怨"一句的所含之意。河上公对该句疏解为"任刑者失人情，必有怨，及于良人也"，乃是结合"杀人者死，伤人者刑，以相和报"，对何以"和大怨，必有余怨"的原因说明。依照河上公的注解，"任刑者"之所以遭到人们的怨恨，原因在于其"失人情"。笔者以为，可将河上公所谓的"失人情"与"失人性"相对照。任意施用刑罚之人，不仅是没有人情味的，更是失去人性的。那么，刑罚者所失之人性是什么？依照《老子》的思想，为"善"矣！在《老子》中，通过其对"婴儿"及"赤子"天性的肯定及倡导可知，老子的思想大凡可归于"人性本善论者"。若以"人性本善"与河上公所论的"任刑者失人情"相关涉，则可知造成"必有余怨"的关键原因，在于为人处事过程中"人性本善"的丧失。因"善性"丧失，而造成的"大怨"，不可能完全和解，必定会遗留下怨恨及不满。既然"善性"的丧失，不仅是造成"大怨"的原因，亦是留有"余怨"的原因，那么以不善的方式对人对事，不仅处于"善行"的对立面，亦不可能得到"善果"。该句下文的"安可以为善"，即是针对"和大怨，必有余怨"之事实的反问。这一反问，既表明对造成"恶果"的"不善"的原则、方法和行为的批判，也是从反面对能够成就"善果"的"善方""善法"和"善行"予以肯定。可以说，该章首句的"和大怨，必有余怨，安可以为善"，业已点明全章的主旨，表明老子的观点及立场。

在表明"与人为善"的原则，肯定"善法"和"善行"的积极意义

---

① （汉）河上公：《老子》，上海古籍出版社2013年版，第210页。

之后，本章后文的"是以圣人执左契，而不责于人"，则以"圣人"为例，论述"圣人"的"善行"。张松辉认为，"左契"指的是"讨债的凭据"①。依照《说文》中"契，大约也"的说法，圣人所执之"契"，当有相当的权威性及约束性；以"圣人执左契"为例举，重在表明"圣人"的权威地位。后文"而不责于人"中的"而"，具备转折之意，表示与前文"圣人执左契"相反的意旨。对于"而不责于人"中的"责"，《说文》曰："责，求也。"徐锴《说文系传》曰："责者，迫迮而取之也。"② 王筠云："责，谓索求负家偿物也。"③ 依照"责"所具之意，"责于人"具有迫使人和逼迫人之意。可见，"圣人执左契，而不责于人"，指的当是"圣人并不以其手中所持有的债契，而逼迫他人偿还"。老子在此所举之例，目的在于说明"圣人"在日常的待人接物时，并不依仗自身的权威性而苛求于人。

本章后文的"有德司契，无德司彻"，则通过上文对"圣人"行为的肯定，分别论述有德行善之人以及无德为恶之人。对于该句，张松辉注解曰："具有高尚品德的人就像上述握有契约的圣人一样（不对人索取），没有高尚品德的人就像主管收取租税的人一样（十分苛刻）。"④ 可见，以是否"责于人"作为衡量世人行善与否的标准，重在为"何为善行"提供实例。"圣人"的"不责于人"，体现为"圣人"不以手中的"契约"作为依据，不以强迫的方式待人，则"圣人"的行为是"善行"，所采用的行动方法是"善法"。

本章文末的"天道无亲，常与善人"，则以"天道"为主语，通过指明"天道"对待"善人"的态度，以期待"人道"之"善"。对于该句，河上公有言："天道无有亲疏，唯与善人。"⑤ 如前文所言，"天道"的"至善"体现在一视同仁地对待人间万物，没有任何私心偏爱。可以说，"天道无亲"，正是"天道至善"的体现。在肯定"天道""至善"的基础上，"常与善人"又将"天道"人格化，将"天道"视为有所偏好的存在。"常与善人"中的"与"，意为"给予帮助"；"善人"，意指行善和为

---

① 张松辉：《老子译注与解析》，岳麓书社2008年版，第225页。
② 徐志钧：《老子帛书校注》，凤凰出版社2013年版，第296页。
③ 同上。
④ 张松辉：《老子译注与解析》，岳麓书社2008年版，第225页。
⑤ （汉）河上公：《老子》，上海古籍出版社2013年版，第210页。

善之人；"常与善人"，表明"天道总是帮助善人"的意思。以"至善"的"天道"对于"善人"的偏袒及帮助作为本章的结语，老子意在勉励世人不断行善，成为"有德"的"善人"。

章旨参悟

《老子》本章的主旨是倡导世人效法无私的"天道"，在日常生活中要严于律己，宽以待人，与人为善。

《老子》本章首句所谓的"和大怨，必有余怨，安可以为善"，意味着如果人与人之间积怨成仇，即使通过"报怨以德"的途径得以调解，也会在内心深处留下挥之不去的"余怨"。正如通常所谓的"圣人畏因，凡夫畏果"，常人只知道畏惧作为"结果"的"大怨"，却不知道它是由日常积"小怨"的"原因"而造成的。又如台湾学者萧天石所说，"小善不为，则大善不立，小怨不去，则大怨必生；大怨生而欲和之难矣！故有怨莫若使其无怨，进而莫若恩怨两忘，善恶双泯"[1]，为人处世与修道成德的根本方法是"不结怨"。《老子》本章所谓"和大怨，必有余怨"的言外之意，在于诫勉世人"勿以恶小而为之，勿以善小而不为"，乃至于达到无咎无怨，积善成德的境界。

《老子》本章所谓的"是以圣人执左契，而不责于人"，意味着大德之人向来宽宏大量，不存芥蒂，不苛求于人。这与老子所谓的"为而不恃，长而不宰，功成而不居"，"既以为人己愈有，既以与人己愈多"，"圣人常无心，以百姓心为心"，等等，可谓一脉相承。由于本书对此已有涉猎，此不赘述。

本章末句的"天道无亲，常与善人"中的"天道无亲"，与第五章的"天地不仁"含义大致相同，都意味着天无私覆，地无私载，"天地之道"对于人间万物向来一视同仁。该句中的"常与善人"意味着"天道总是帮助善人"，这似乎与老子之前一贯倡导的"圣人常善救人，故无弃人"，"圣人不仁，以万物为刍狗"，以及"善者吾善之，不善者吾亦善之"，等等，存在着前后矛盾之处。易言之，对于人间万物一向一视同仁的"天道"，既应该总是帮助善人，也应该毫无差别地始终帮助不善之人。或许，

---

[1] 萧天石：《道德经圣解》，自由出版社2003年版，第537页。

对此较为合理的解释,大凡有两点。一是正如通常所谓的"自助者天助之,自弃者天弃之",由于"善人"的"善行"本身即是符合"天道"的,故而自然会得到"天道"的帮助;反之"不善人"的"恶行"本身就不符合"天道",自然也就不会被"天道"所容。正如《周易》坤卦的《文言》所言,"坤至柔而动也刚,至静而德方",尽管老子之"道"宗法"坤德"的至柔特性,但是其运行的规律却是公正无私的。老子所谓的"天网恢恢,疏而不失",大凡亦有"天道"赏罚分明的含义。二是《老子》此章指出"天道无亲,常与善人",目的在于勉励世人"诸恶莫做,众善奉行","积善之家,必有余庆"。总之,《老子》本章的内容,对于个体修道进德而言,尤有参悟价值。

第四十三章　小国寡民

小国寡民。使有什伯之器而不用，使民重死而不远迁徙。虽有舟舆，无所乘之，虽有甲兵，无所陈之，使民复结绳而用之。甘其食，美其服，安其居，乐其俗。邻国相望，鸡犬之声相闻，民至老死不相往来。

章旨参证

《老子》本章的内容，颇受学术界的争议。有学者认为，本章所蕴含的政治理念、社会观及国家观，体现出老子对于早期社会的向往，并由此而认为老子是"复古主义者"，《老子》思想有反对人类文明进步的倾向性。

在1978年我国开始改革开放之前，学术界对于《老子》本章的思想几乎持一致的批判态度。例如，范文澜在《中国通史》中专就本章的"小国寡民"思想展开过批判："老子思想想分解正在走向统一的社会为定型的和分离的无数小点，人们被拘禁在小点里，永远过着低级水平的生活，彼此孤立。……这种反动思想，正是没落领主的思想……老子小国寡民的政治思想是反历史的。"[1]

张松辉针对学界关于《老子》本章的观点，作过较为全面的梳理与总结，认为学界对于"小国寡民"的评价，主要体现在四个不同的层面。其一，对"小国寡民"思想持基本否定态度；其二，对"小国寡民"思想持半肯定半否定态度；其三，虚化"小国寡民"的实质内容；其四，对"小国寡民"思想进行价值和道德的双重评判。以上述观点为基础，张松辉提

---

[1] 范文澜：《中国通史》（第一册），人民出版社1978年版，第246—247页。

出了自己的见解:"'小国寡民'理想是人类经过文明发展后对自然的自觉回归","'小国寡民'主张利大于蔽"①。张松辉在解读"小国寡民"的过程中,秉持相对客观的原则,既没有全盘肯定也没有全盘否定。相对于对文本内容的解读,他更加关注文本所具有的现实意义。比如,从科技与人类的关系层面看,《老子》本章对待科技的理性态度,便可为今日"唯科技是尊"的社会现实提供警示。

本章之前的诸多内容,业已蕴含并体现出《老子》思想的现实关怀取向。老子对于现实社会的关注体现在多个层面,包括多次论述政治理念及为人之"道"。在对政治理念的论述中,《老子》的诸多章节对理想的统治者、理想的政治统治方式、理想的君民关系、邦国交流的原则和方式以及"用兵"的方略等都作过较为详细的论述。在对为人之"道"的论述中,《老子》对理想之人的形象、理想的为人处事原则及方式、人际交往原则、个体修身的方式等也作过相应的论述。在经过多层面的理论构建之后,本章是老子在统合和协调整体理论的基础上,以理论观照现实,描绘出其所希冀的"理想国"。

本章首句的"小国寡民"是核心观点,后文的内容是对"小国寡民"的具体描述。与本章之前的章节相比,该章的结构更为简单,主旨更为明确。针对"小国寡民",注解者的观点各不相同。河上公认为,"圣人虽治大国,犹以为小,简约不奢泰。民虽众,犹若寡少,不敢劳之也"②;王弼则认为,"国既小,民又寡,尚可使之反古,况国大民众乎? 故举小国而言也"。③ 由河上公的注解可知,"以大为小"和"以众为寡"是老子所肯定的状态,符合"无为"的理念。相比之下,王弼则以为老子倡导"反古",从"反古"的可能性层面理解"小国寡民"。两者相较,各有其合理之处。单就对"小国寡民"的注解看,笔者更认可河上公的注解。在本章之前的诸多章节中,《老子》的确对"小"和"寡"表示过肯定,河上公所谓的"圣人治大国,犹以为小"以及"民虽众,犹以为寡",体现出统治者的谦卑和居下,符合老子一贯的政治理念。"邻国"能够"相望",且"鸡犬之声"能够"相闻",从地理原因考虑,正是因为地域狭小。河

---

① 张松辉:《老子译注与解析》,岳麓书社2008年版,第262—263页。
② (汉)河上公:《老子》,上海古籍出版社2013年版,第211页。
③ (魏晋)王弼:《老子道德经注校释》,中华书局2008年版,第118页。

上公在注解"邻国相望，鸡犬之声相闻"时，亦指明地域狭小的主旨，即"相去近也"。可见，"小国寡民"中的"小"与"寡"应是量词，意味着"国家小，民众少"。

为什么《老子》构建的理想国是"小国寡民"的？因为这与《老子》一贯倡导的"无为"和"自然"主旨一脉相承。在《老子》中，"以弱胜强"和"以小胜大"的关键，在于统治者自身的"无为"以及治国理政的"无为而治"。严遵对于"小国寡民"的论述，即是以政治"无为"和人心"淳朴"所具有的"以小胜大"和"以弱胜强"为关注点。严遵有言："唯有道者无所不制；德厚泽深，无所不胜，小变为大，弱转为强，轻化为重，寡易为众。"[1]

本章下文的"使有什伯之器而不用，使民重死而不远徙"，则是对理想社会状态的构建。对此，河上公注解曰："使民各有部曲什伯，贵贱不相犯也。器，谓农人之器，而不用，不征召夺人良时也。君能为民兴利除害，各得其所，则民重死而贪生也。政令不繁，则安其业，故不远迁徙，离其常处。"[2] 陈鼓应对该句的疏解是："即使有十倍百倍人工的器械却并不使用，使人民重视死亡而不向远方迁移。"[3] 由此可见，该句描绘的是"无为之治"的理想结果。

对于本章后文的"虽有舟舆，无所乘之，虽有甲兵，无所陈之"，河上公注解曰："清静无为，不作烦华，不好出入游娱也"，"无怨恶与天下"[4]。依照河上公的注解，老子所主张的"不乘舟舆"和"不陈甲兵"，并非是刻意的行为，而是在"小国寡民"的理想社会中，不需要"乘舟舆"和"陈甲兵"。在"小国寡民"式的"无为"的社会环境与政治环境中，人们都是清静"无为"的，不会贪图于物质享受，也不会与他人结怨。基于此，"舟舆"和"甲兵"虽是文明进步和科技发展的产物，却没有发挥功用的机会及条件。

本章后文的"使民复结绳而用之"，乃承接前文，仍旧是老子对于"无为之治"的描述。自古以来，学术界之所以将老子看作是"复古主义者"，大凡概因《老子》所谓的"使人复结绳而用之"。其实，"使民复结

---

[1] （汉）河上公：《老子》，上海古籍出版社 2013 年版，第 212 页。
[2] 同上书，第 211 页。
[3] 陈鼓应：《老子今注今译》，中华书局 2009 年版，第 346 页。
[4] （汉）河上公：《老子》，上海古籍出版社 2013 年版，第 211 页。

绳而用之"，并非真正要复古至"结绳而用"的原始社会，而是要恢复到"结绳而用"之时淳朴自然的生活状态。可见，老子所谓的"使民复结绳而用之"，并非意在"返古"，而是在于与其一直倡导的"自然无为"之理念相互认证。

对于本章后文的"甘其食，美其服，安其居，乐其俗"，河上公注解曰："甘其蔬食，不渔食百姓也"，"美其恶衣，不贵五色"，"安其茅茨，不好文饰之屋"，"乐其质朴之俗，不转移也"。[①] 可见，该句乃是描述人们在衣、食、住、行各方面，"崇自然""尚质朴"，"恶奢靡""反文饰"的特点，这同样符合《老子》思想中"无为"和"自然"的一贯宗旨。

本章文末的"邻国相望，鸡犬之声相闻，民至老死不相往来"，则既与本章开篇的"小国寡民"相对应，又以"无为"和"自然"的主旨为落脚点。关于"邻国相望，鸡犬之声相闻"，河上公注解为："相去近也"[②]，与"小国寡民"在地域及数量上的"国小民寡"相对照，具有首尾呼应的特点。至于"民至老死不相往来"，河上公将其解释为"其无情欲"[③]，仍旧是秉承老子"无为"的思想主旨。老子之所以提倡"民至老死不相往来"，其目的在于避免人与人之间的比较及争端。对此，张松辉解释为："封闭的生活方式可以使人避免攀比，能够保持人们心理的平衡，保证相对的社会稳定。"[④]

章旨参悟

《老子》本章的内容，历来倍受争议和诟病，尤其是本章所谓的"小国寡民"，"使民复结绳而用之"和"民至老死不相往来"，常被学术界引证为"老子是反对文明进步的复古主义者"。实际上，这是对老子思想莫大的误解。

在之前的章节中，《老子》曾对当时周室衰微、列国兼并、战火纷起、民不聊生的混乱局面做过反复描述，诸如，"师之所处，荆棘生焉；大军之后，必有凶年"，"戎马生于郊"，"民不畏威，则大威至"，"民不畏死，

[①] （汉）河上公：《老子》，上海古籍出版社2013年版，第211—212页。
[②] 同上书，第212页。
[③] 同上。
[④] 张松辉：《老子》，中国国际广播出版社2011年版，第47—48页。

奈何以死惧之"，等等。若将《老子》本章的内容与上述引文一一对照，即可发现本章实际上是针对当时"礼崩乐坏"大变局的反面写照。学术界公认，春秋战国时期的诸子之学皆出于"救时之弊"，本章所描述的"小国寡民"式的"理想国"，实为老子"救时之弊"所开之"药方"，可谓以理想反观现实的典范写照。

笔者认为，在疏解和评价《老子》本章的内容和宗旨时，尤当注意以下诸点。其一，我国传统哲学对于文明发展和治国理政良莠如否的评价，通常运用的是"变易观""治乱观"和"循环观"，而非现代所谓的"进步观"和"发达观"。目前学术界通常所谓的"进步观"与"落后观"、"传统观"与"现代观"等，乃是近代伊始西学东渐的产物，以现代科技和物质发达的"文明进步观"评价老子哲学，并非适合恰当。其二，老子所谓的"小国寡民"中的"国"，相当于现代意义上的"地方"或"地区"，并非现代政治学中所谓的"国家"概念。在西周时期的封建制度下，通常是"诸侯有国，卿大夫有家"。例如，孔子所谓的"有国有家者，不患寡而患不均"中的"有国者"，即是指"诸侯"。老子在目睹诸侯列国纷纷霸权于天下的情况下，提出"小国寡民"式的理想生活模式，不但没有反对文明进步和文化教育发展的意味，反而还有反对战争、倡导地方自治、珍视地方传统、反对大一统的霸权专制等意蕴。其三，老子所谓的"使民复结绳而用之"，并非意味着重返蒙昧的原始社会，而是反对人类社会沉迷于物质享乐甚或被外物所役，其宗旨在于开示世人要反求诸己，乃至臻于返璞归真之道。如其所谓的"国之利器，不可示人"，"虽有舟舆，无所乘之，虽有甲兵，无所陈之"，大凡即意于此。再如，庄子所谓的"有机械者必有机事，有机事者必有机心"（《庄子·天地篇》）亦有此意。正如现代拥有核武器的国家，不会轻易炫耀核威胁；重视环保和养生之士，更愿意安步当车，这与老子在本章所谓简单淳朴的生活方式相比，可谓毫无二致。其四，老子所谓的"民至老死不相往来"中的"民至老死"，意味着在"小国寡民"的理想社会中，百姓皆可得其天年而逝，而非战死于沙场或因铤而走险而死于非命。该句中的"不相往来"，亦并非反对民间交往甚或实施所谓的"愚民政策"，而是反对世人竞相比较"难得之货"进而争名夺利，其宗旨在于倡导一种自足自给和自然纯朴的生活方式。

总之，我国传统的"士"阶层，素有"达则兼济天下，穷则独善其身"的天然情怀；纵观《老子》该章大旨，大凡属于"独善其身"之列。据史载，"老子修道德，其学以自隐无名为务。居周久之，见周之衰，乃遂去……老子乃著书上下篇，言道德之意五千言而去，莫知其所终"（《史记·老子韩非列传》）。《老子》一书，乃是老子辞去史官之职，西去隐居，经过函谷关时受人之邀而著。老子在绝笔"五千言"之后，西出函谷关而"莫知其所终"，此乃老学界一直未解的一大公案。或许，《老子》在本章所描述的内容，正是"学以自隐无名为务"的老子，在西出函谷关之后，终其余生的生活样式。如此隐于山野，半耕半读，田园牧歌，桃花源式的生活状态，业已成为历代士子梦寐以求的"天人合一"之境。这对于现代学人的学问人生而言，又何尝不是念此在此之境。

第四十四章　信言不美

信言不美，美言不信。善者不辩，辩者不善。知者不博，博者不知。圣人不积，既以为人己愈有，既以与人己愈多。天之道，利而不害；圣人之道，为而不争。

章旨参证

本章作为今本《老子》的最后一章，其主旨具有明显的"结语"意味。具体而言，本章大凡具有以下三层含义。其一，对为人处世的原则予以概括并提出相应的建议；其二，总结《老子》全书"五千言"的思想主旨；其三，对自身的思想理论作出评价。

《老子》本章的第一层用意，即对为人处世的原则予以概括并提出相应的建议，主要体现在本章的后半部分。在《老子》中，论述为人处世之道的章节颇多。在论述的过程中，《老子》经常援引自然事物以及"有德之人"的状态，作为论证自身观点的论据。自然事物与"有德之人"的"合道性"，亦使得老子的言说具备合理性和权威性。在本章之前论述为人之道的章节中，虽然其所列之论据及其所获得的道理各不相同，但是各章节皆遵循"自然"和"无为"的主旨与原则。

于老子而言，作为为人处世总体原则的"无为"，具有多种不同的表现形式；而对于始终遵循自身"自然"本性生长的自然事物而言，"无为"在不同的事物身上又具有不同的表现形式。对于"尊道"和"行道"的"有道之人"而言，"无为"在为人处世的过程中表现为多种形式。举例而言，在《老子》中，"天地"的"无为"，体现为"不仁"和"不自生"；"上善"之"水"的"无为"，体现为"不争"和"处下"；"豀""谷"和"江海"的"无为"，则体现为"处下"和"空虚"。有德的

"圣人"的"无为",体现为生活的各个方面,诸如,在为人处世方面是"处无为之事",在"修己以安人"方面,则是"行不言之教"。当"圣人"为统治者时,对待百姓的态度是"以百姓为刍狗",亦即,始终持守"一视同仁"的待人之道;理想的治国理政是"无为之治",表现为"不尚贤""不贵难得之货""不见可欲"等。在人类社会中,除去"圣人"之外,另有一类有德之人,即是"婴儿"或"赤子"。在老子看来,"婴儿"或"赤子"之所以是有德者,大凡概因婴儿是"无为"的,天真纯朴的。婴儿的"无为",主要表现为"柔弱"和"不争"等。

概言之,在《老子》中,"无为"作为人类社会的理想原则,大凡表现为"不争""柔弱""谦卑""处下""居后"等。由于"无为"是"道"的基本特征,又是人类社会生活的总体原则,故而,凡是被老子所肯定的原则及方法,皆合于"无为之道",皆可视作"无为"的表现形式。

在《老子》的最后一章中,明确地体现出老子第一层用意的,是"圣人不积,既以为人己愈有,既以与人己愈多"。其中的"圣人不积",乃是通过呈现"圣人"的"不积"行为,肯定"不积"的合理性及积极性,倡导世人效法"不积"。"圣人"的"不积",指的即是下文的"既以为人己愈有,既以与人己愈多"。关于此句,河上公注解曰:"圣人积德不积才,有德以教愚,有财以与贫也。既以为人施设德化,己愈有德。既以财贿布施与人,而财益多。如日月之光,无有尽时也。"[1] 依照河上公的注解,"圣人"的"不积",主要体现为"给予"或"布施",即"有德以教愚"与"有财以与贫"。在《老子》中,由于"圣人"始终"处无为之事",故而本章所谓"圣人"的"不积",也同属于"无为"的范畴,是"无为"的外在表现形式。尽管"圣人"的"不积"属于"无为",但是圣人"不积"的结果却是"有为"的,这体现为"己愈有"与"己愈多"。按照河上公的解释,由于"圣人不积"包含着圣人"以德教人"和"以财与贫"两个方面,故而,"己愈有"与"己愈多",分别指"己愈有德"和"己财愈多"。何以"不积"能够带来"德愈多"和"财愈多"的结果?原因在于,"无为"之"无不为"的功用。抑或说,"无为"能够自然而然地带来"无不为"的结果。正如老子所说,"道常无为而无不为","圣人"以"无为"的原则及方法行事为人,能够得到"无不为"

---

[1] (汉)河上公:《老子》,上海古籍出版社2013年版,第214页。

的理想结果。《老子》本章呈现"圣人"的"不积"及其所具有的积极作用，正是在于说明和强调"无为"的主旨及其重要性。

在《老子》最后一章中，蕴含并体现出老子第二层用意的，亦即，概括《老子》全书的思想主旨者，是本章文末的"天之道，利而不害；圣人之道，为而不争"一句。对于此句，河上公注解曰："天生万物，爱育之，令长大，无所伤害也。圣人法天所施为，化成事就，不与下争功名，故能全其功也。"[①] 在河上公的注解中，"圣人法天所施为"，可谓该句的主旨。在《老子》中，"天之道"与"道""大道""常道"具有相同的含义，指的都是"无为"和"自然"之"道"。"道"的"无为"和"自然"总原则，体现在形下的社会层面，便是"无为"和"自然"的生活规律及处事原则。"无为"和"自然"作为"道"的核心内涵，在形上世界中，是终极原理及唯一法则；在形下的器物世界尤其是人世社会，"无为"和"自然"则是日常为人处世的原则及方法。在老子看来，只有"天"才能够承载"道"的形上属性。在形上世界，"天"是"道"的承载者；在形下的人世社会，"圣人"则是"道"的承载者。"圣人"承载"道"，体现为"圣人"作为有德者，在为人处世和待人接物的过程中，始终遵行"无为"的原则，运用"无为"的方法。可以说，形上世界的"天"与形下世界的"圣人"，皆是"道"的承载者和体现者。作为"无为之道"的主体，"圣人"与"天"之间存在着何种关系？"天之道"与"圣人之道"之间存在何种关系？可以说，河上公所谓的"圣人法天所施为"，即是最佳的答案。

"圣人法天所施为"，首先表明"天之道"与"圣人之道"的一致性。其次，表明"天之道"与"圣人之道"的先后性。"天之道"与"圣人之道"的一致性体现为，二者所承载并彰显的皆是"无为"之道。"天之道"与"圣人之道"的先后性，体现为"圣人"对于"天"的效仿及效法。与本章的"天之道，利而不害；圣人之道，为而不争"的句式相同者，还有第五章的"天地不仁，以万物为刍狗；圣人不仁，以百姓为刍狗"。亦即，"天地"的"不仁"与"圣人"的"不仁"，具有相同的性质及表现形式，皆具"一视同仁"和"无有分殊"之意。以"圣人不仁"与"天地不仁"相并列，表明"天之道"与"圣人之道"的一致性；以

[①]（汉）河上公：《老子》，上海古籍出版社2013年版，第215页。

"圣人不仁"承接"天地不仁",表明"圣人"对于"天地"的效法。"圣人之道"与"天之道"具有一致性,符合《老子》"道器不离"和"天人合一"的思想特征。"圣人"效法"天",则表明《老子》"人以道处"的思想主旨。

可以说,《老子》本章的"天之道,利而不害;圣人之道,为而不争",既表明"天之道"与"圣人之道"之间不可分割的关系,亦是依靠"天"及"圣人"的权威性和可信性,勉励世人"尊道"和"行道"的合理性及紧迫性。

《老子》最后一章中,体现出老子第三层用意的,即对自身理论做出评价的,是本章的"信言不美,美言不信。善者不辩,辩者不善。知者不博,博者不知"一句。该句的句式表达颇具特殊性,体现出正反互证的特点。在《老子》中,与该句句式相似的颇多。例如,第二十四章的"企者不立,跨者不行,自见者不明,自是者不彰,自伐者无功,自矜者不长",第二十七章的"善行无辙迹,善言无瑕谪,善数不用筹策",等等。虽然第二十四章与第二十七章都采用类似于"信言不美"的句式,但是这两章并不存在"正反互证"的特征,而仅是就单方面进行论证。于此而言,本章的"信言不美,美言不信。善者不辩,辩者不善。知者不博,博者不知",在句式及表达上颇具特色。

结合该句的大意,老子似乎是在向世人呈现"信言""美言""善者""辩者""知者""博者"的本质及特征。"不美"是"信言"的特征;"不信"是"美言"的特征;"不辩"是"善者"的特征;"不善"是"辩者"的特征;"不博"是"知者"的特征;"不知"是"博者"的特征。若是如此,老子则意在通过该句,揭示"信言""美言""善者""辩者""知者""博者"的本质及特征,以提醒世人要理性认识及合理区分之。然而,该句作为本章的首句,绝非仅为陈述"信言""美言""善者""辩者""知者""博者"的本质及特征,而是有其更为重要的用意。笔者以为,老子通过"信言不美"之句,重在对自身及自身的思想予以反思与评判。

可以说,本章的"信言不美……博者不知"之句,对自身思想评价的结果非常明确,且表现出对于自身及自身理论的自信及笃信态度。"信言不美,美言不信"是对自身理论的评价,暗含着自身言论是"信言"的意旨。按照河上公的解释,"信者,如其实。不美者,朴且质也。"① "善者不辩,辩者不善",可看作是对自身的评价,暗指自身是"善者"。"善者"的突出特质是"不辩",而"辩者"则被河上公疏解为"辩者,谓巧言也"②。由此可见,"不辩"则是"无巧言"。老子认为,自己正是"无巧言"的"不辩者",是"善者"。下文的"知者不博,博者不知",亦是对自身的评价,暗含自身是"知者"的意旨。对于"知者",河上公注解曰:"知者,谓知道之士。"③ 老子本人不仅"知道",还是"传道者",期待人人"知道"。对于"不博",河上公注解曰:"不博者,守一元也。"④《老子》全书围绕"道"而展开,于此而言,老子的确是"守道"的"知者"。

章旨参悟

本章是《老子》全书的最后一章,盖有对全书的主旨予以概括与反思之意。《老子》最后一章首句的"信言不美,美言不信。善者不辩,辩者不善。知者不博,博者不知",与《老子》第一章首句的"道可道,非常道;名可名,非常名",恰好前后呼应,互为指证,贯通一体。在老子看来,既然"可道"之"道"即落于"非常道","可名"之"名"即限于"非常名",那么,那些悦耳动听的"美言",即是虚伪矫饰的"不(可)信"之言;那些花言巧语的"辩者",即是口是心非的"不善"之人;那些看似见多识广的"博者",就是华而不实的"不知(道)"之人。反而言之,那些朴实无华的"不美"之言,反而是确凿的"信言";那些乐善好施的"善者",反而是木讷"不辩"的;那些一心修道的"知者",反而是专心"不博"的。在老子看来,"玄之又玄"的"道",只可神会而不可言传,一旦执着于"以言传道",即落于"言筌"。老子反复强调的"知不知,上;不知知,病","知者不言,言者不知","多言数穷,不如守中","圣人处无为之事,行不言之教",等等,大凡皆有此意。于此而言,孔子所谓的"巧言令色,鲜矣仁"(《论语·学而》),庄子所谓的"不知深矣,知之浅矣"(《庄子·知北游》),大凡亦皆有慎言"知道"之意。这与目前学术界崇尚"美言""辩者"和"博者"之风迥然有异,足

---

① (汉)河上公:《老子》,上海古籍出版社2013年版,第214页。
② 同上。
③ 同上。
④ 同上。

当引以为鉴。

　　本章所谓的"圣人不积,既以为人己愈有,既以与人己愈多",意味着"圣人"无以私藏,他无私地帮助他人,自己反而更加充足;他倾其所有地施与他人,自己反而更加丰富。为什么"圣人"能够拥有如此多的资源以帮助和施与他人?大凡概因,"圣人"业已臻于"天无私覆,地无私载"的"无我"境界。《周易》所谓的"夫大人者,与天地合其德,与日月合其明,与四时合其序"(《周易·文言》);老学界通常所谓的"观天地可以知圣人,观圣人可以知天地",庄子所谓的"天道运而无所积,故万物成;帝道运而无所积,故天下归;圣道运而无所积,故海内服"(《庄子·天道》);孔子所谓的"泛爱众,而亲仁"(《论语·学而》),等等,大凡皆有与此相似的旨趣。此乃《老子》所谓的"人法地,地法天,天法道,道法自然"的宗旨所在;抑或说,当人能够通过效法"天地之道"和"自然之道",进而臻于"天人合一"的境界时,即可达到万物齐一、物我齐观和人我大同的化境。在如此"藏天下于天下"的化境之下,"圣人"有何可"积"?一切皆如天地日月,无论是"为人"或"与人",岂不都是自然而然之事?如果人人皆效法"圣人"而"不积",大家互爱互助,岂不就是"既以为人己愈有,既以与人己愈多"的境界?

　　《老子》最后一章的最后一句话是"天之道,利而不害;圣人之道,为而不争"。《周易·系辞下》有"天地之大德曰生"之谓,亦即天地恩泽万物最大的"德性"是生养和爱护生命,这与"天之道,利而不害"所蕴含的旨趣毫无二致。关于"圣人之道,为而不争",我国台湾学者萧天石将其解读为"至若圣人为而不争,亦即替天行道也。为人而不与人争,为物而不与物争,为世而不与世争,为天下而不与天下争。能为此者唯无我者能之!"[①] 其疏解可谓深得《老子》该句精髓,此不赘述。于此,《老子》之前所谓的"夫唯不争,故无尤","夫唯不争,故天下莫能与之争",大凡亦皆有此意。

　　至此,《老子》共八十一章,约"五千言"结束。此后,老子不立文字,西出函谷关,"莫知其所终"。老子绝笔西隐,不知所终,与孔子所谓的"予欲无言"及"天何言哉",何其相似乃尔!业已臻于如此之化境者,复有何可言哉!

[①] 萧天石:《道德经圣解》,自由出版社2003年版,第553页。

第三篇　结语与思考

第三篇　结语与思考

　　《老子》面世两千五百多年以来,关于"老学"的研究文献可谓汗牛充栋,但是鲜有被学术界公认的权威性成果。古今中外学术界大都公认,《老子》"五千言"晦涩难解,几近于"有字的天书"。晚近几年,尽管笔者一直对"老学"的相关成果研磨不辍,但是在对《老子》"德经"的解读过程中,亦倍感境界不及和学力不逮。本书最后一部分之所以称之为"结语与思考"而非通常所谓的"结论",概因笔者认为本书的研究所得,尚不足以形成"结论"。故而,下文拟就研究心得,提出几个尚待思考和讨论的问题,以求教于学界方家。

第一章 "道法自然"与"真善美"

如上文所及,《老子》"五千言",莫非"道""德"二字,但是"道""德"所表达的宗旨,却是"自然"与"无为"。学术界通常认为,"求真"也是老子哲学终极的价值诉求之一。确切而言,老子哲学以"求真"为主,兼顾"善"与"美",形成了以"自然无为"为基础的、独特的"真善美"的知识和价值体系。可以说,任何博大精深的哲学体系,都会对"真善美"三者有系统的阐述。但是以三者中的何者为主展开阐述与分析,却与其哲学体系的本体论、认识论和价值论的基本特色密切相关。若以这些旨趣迥异的哲学体系为理论指导,对现实的政治、经济、文化和教育等予以建构,必然会导致不同的现实结果。

对"真善美"的不懈追求,始终是人类文明发展与进步的鹄的。但是从现代学科分化的视角来看,"真善美"三者分别属于不同的知识和学科领域。知识之"真"未必包含或符合伦理之"善"和艺术之"美",同样,后二者大凡亦复如此。现代学科制度对知识领域的精细分化,一方面致使各学科的专业知识得以深耕细作,形成了学术界"学有所长、术有专攻"的专业门户;另一方面,某些原本可以整合为一体的知识体系也被分割得支离破碎,致使现代学术界业已难得一见"博约兼备"的博大精深之作。

可以说,整体知识体系的"裂变"问题不唯现代社会所独有,早在大约两千五百年前,庄子即对春秋战国时期"道术裂变"的现象即有过类似的感慨:"天下大乱,贤圣不明,道德不一,天下多得一察焉以自好","后世之学者,不幸不见天地之纯,古人之大体。道术将为天下裂"(《庄子·天下》)。学术界大致公认,经由春秋战国时期的"道术裂变"之后,以孔子为创始人的儒家,逐渐形成了以"美德"之"善"为主,兼顾"真"与"美"的学统体系;而以老子为创始人的道家,则形成了以"自然"之"真"为主,兼顾"善"与"美"的学统体系。原始儒道两家博大精深的学统体系,融合"真善美"三者为一体,只不过二者各有所重而已。

在论及道家"求真"的学统特征时,英国著名汉学家李约瑟认为,"道家严格区分了两种知识,一种是儒家和法家的'社会'知识,这是理性的,但却是虚假的。一种是他们想要获得的自然界知识,或洞察自然的知识,这是经验的甚或可能是超越人类逻辑的,但却是非个人的、普遍的和真实的。"[①] 李约瑟对道家学说的评价,有一定的偏颇。实际上,以老子为代表的道家,并非完全否认"理性"的"社会"知识,而是反对在没有把握"何为真"的前提下,即"人为"地断言"何为善"和"何为美",进而将"善"与"美"的知识普遍化和绝对化。

在"真善美"三者中,"善"和"美"可归于李约瑟所谓的"理性"的"社会"知识范畴。老子对"人为"的、世俗的、一般的"善"和"美"的知识,皆持否定态度。诸如,就"善"而言,老子认为,"大道废,有仁义","天下皆知善之为善,斯不善已",等等;就"美"而言,老子认为,"天下皆知美之为美,斯恶已","五色令人目盲,五音令人耳聋",等等。由此可见,老子反对"人为"地对"善"和"美"规定出绝对的、普遍的、统一的和不变的标准。的确,以"道"观之,"善"与"恶"、"美"与"丑",乃是相互依存的一体两面,二者缺一不可。人们一旦偏执于"善"和"美"之一端,则必将会走向其"恶"和"丑"的另一端。老子认为,这是由"物极必反"的自然规律所决定的。诸如,通常所谓的"满口仁义道德,背后男盗女娼","楚王好腰细,宫中多饿死",等等,大凡即属于此。值得注意的是,老子的"善论"和"美论",并非"道德相对主义"或非此即彼的"善—恶""美—丑"的"二元论",而是对"善"和"美"本身固有的两面性、全面性、自然性和超越性之"本真"的把握。

实际上,老子是从"自然"之"真"的角度对"善"和"美"予以理解和判别的。在老子看来,"善"和"美"固有其"自然"的"形上本体"之"真",即使在下落为人间社会的"形下器用"时,"善"和"美"亦应该始终葆有其"自然"的特性。相比较而言,老子关于"善"和

[①] 李约瑟:《中国科学技术史》(第二卷),上海古籍出版社1990年版,第106页。

第一章 "道法自然"与"真善美"

"美"的观点,与西方先哲有诸多相似之处。诸如,苏格拉底认为,真正的"善"乃是把一切安排的有序合理的力量,而非顾此失彼;柏拉图认为,"形下"之"现象"具有"模糊不清"和"流动不居"等特征,"至善至美"只存在于"形上"的"理念"之中;斯宾诺莎认为,一般意义上的"善"和"恶"的概念,只具有相对的意义。

如上文所及,在"真善美"三者中,老子主要以"求真"和"归真"为宗旨,并且通常以"自然"之"真"来理解和判别"善"与"美"如否。总体而言,老子对"真"的认识,大凡有以下几个特点。

其一,老子不承认存在绝对和普遍的"真知"。纵观中外文明史,自称为"万物之灵"的人类,似乎始终有一种对自身的聪明才智过于自信的倾向性。例如,自然科学中的天圆地方说、地心说、万有引力等,都曾被认为是绝对的真理;又如,儒家曾在汉代被定为"独尊"的无上地位;哲学中的唯物论和唯心论也曾在中西方的某些历史时期,被称之为"放诸四海而皆准"的真理,等等。历史业已证明,这些一度被确定为绝对的、普遍的真理,曾以至高无上的权威性长期地禁锢着人类社会对新知的探索。相形之下,老子对"真知"始终持有的谦卑和审慎的"相对主义"态度,就显得尤其弥足珍贵。

《老子》开篇即曰:"道可道,非常道。名可名,非常名。"老子之"道",通常被认为既是终极的、绝对的、普遍的存在,也是"真善美"得以确立的基础及其所有价值的渊源。在老子看来,"道"既不能被人类思维所清晰地认识,又不能为人类语言所明白地表达。老子认为,作为万物之母和价值源泉的"道",之所以难以把握,大凡概因其业已超越人类感性和理性认识的范畴。例如,老子认为,"道"的基本特征是:"视之不见,名曰夷;听之不闻,名曰希;搏之不得,名曰微。此三者不可致诘,故混而为一。"由此可知,由于"道"是"无相"("夷")、"无声"("希")、"无形"("微")的,故而其业已超出人类感觉器官的认知范围。超出感性认识的事物,即使通过理性思考和推论也是"不可思议"("不可致诘")的,故而只能"勉强含糊地归结为'道'"("混而为一")。又如,老子所谓的"有无相生,难易相成,长短相较,高下相倾,音声相和,前后相随"中的"有无""难易""长短""高下""音声"和"前后"等,都不是非此即彼或严格界定的绝对概念,而是在不同的视角下可以随时随地改变的相对概念。

第三篇　结语与思考

《老子》之"道"是其"五千言"立论的基础，但是老子却始终没有给予"道"一个确切的概念。无疑，老子对"道"的描述并非故弄玄虚以渲染其神秘性，而是由"道"本身所固有的"不可致诘"的特征，致使人类的感性和理性认识水平，只能以勉强的、相对的、不确切的语言对之予以描述。由于老子之"道"乃是其获得"真知"的"本体"性前提，当老子对"道"本身的认识都持有谨慎的"相对主义"的观点时，那么其不承认存在绝对和普遍的"真知"，亦当属预料之中。

其二，以"自知不知"为"真知"。如上文所及，老子不承认有绝对和普遍的"真知"。老子所谓的"真知"，并非业已确定的、绝对的和普遍的"知"，而是"自知不知"或"自知无知"之"知"。亦即，如其所谓的"知不知，尚；不知知，病。圣人不病，以其病病。夫唯病病，是以不病。"由"知不知，尚"可知，老子崇尚的是"自知不知"和"自知无知"之"知"。可以说，只有"自知"尚有"不知"或"无知"之"知"时，方能认识到"学也无涯"（《庄子·养生主》），进而始终"学而不厌"。由"不知知，病"可知，对于"不知"却"自认为知"，被老子称之为"病"。通常，人们只知生理或身体之"病"，却不知尚有"知识之病"。老子所谓"不知知"的"知识之病"，在佛学中通常被称之为"痴"。佛学称"贪""嗔""痴"为"三毒"；其中"痴"又被称为"无明"，意指既无"自知之明"，又"不明事理"。值得注意的是，老子所谓的"不知知"之"病"，并非仅限于"无知者""少知者"和"后知者"，也同样存在于"有知者""多知者"和"先知者"，如老子所谓的"绝圣弃智""绝学无忧"和"绝仁弃义"等，即盖有此意。

我国古代的"圣人"，类似于古希腊所谓的"哲学王"，二者几近于"知识"和"智慧"之巅。但是在老子看来，即使是"圣人"也仍然需要戒除"不知知"甚或"绝圣弃智"，应该始终处于"知不知"和"不自见"的开放状态之中。这与儒家所倡导的"先知觉后知，先觉觉后觉"（《孟子·万章上》），形成了鲜明的对比。于儒家而言，"先知先觉者"对于"后知后觉者"施以知识和智慧的启蒙甚或"仁义教化"，乃是"治者""圣人""君子"和"士人"毋庸置疑的天职和使命。但是对于倡导"知不知"的老子而言，"先知先觉者"并不天然地具备对他人实施"人为教化"的权威性。换言之，对于倡导"我无为而民自化"的老子而言，业已天然地具备"天德""天性"和"自化"潜能的"后知后觉者"或曰

第一章 "道法自然"与"真善美"

"民众",根本无须来自"先知先觉者"以绝对真理的名义对其予以"知识启蒙",也不需要以任何高尚美德的名义对其予以"道德教化"。老子所谓的"我无为而民自化,我好静而民自正,我无事而民自富,我无欲而民自朴","功成事遂,百姓皆谓'我自然'",以及"不自见,故明;不自是,故彰;不自伐,故有功;不自矜,故长",等等,大凡即盖有此意。

老子所谓的"知不知,尚矣;不知知,病也",与孔子所谓的"知之为知之,不知为不知,是知也",苏格拉底所谓的"认识你自己",以及笛卡尔所谓的"我思故我在",康德所谓的"物自体",等等,可谓有异曲同工之妙。可见,中外先贤之"求真",皆重在拥有自知之明和悬疑精神。

其三,主张"见素抱朴"以"返璞归真"。老子所谓的"反者道之动",是指人间宇宙之"大道"始终循环往返,即"周行而不殆"。在老子看来,人生若要臻于"返璞归真"的境界,就必然要经由"见素抱朴"的功夫方能实现。所谓的"返璞归真"之"璞",是指天然的、外层由石头包裹的、尚未经由人工雕琢的玉石。《礼记·学记》有"玉不琢,不成器"之谓,是指天然的玉石只有经过人工的反复琢磨,才能成为艺术品或实用之器。"天然"之"璞"经由"人工"琢磨后,尽管会成为人间的艺术品或实用器物,但是其"天然"的"朴素"之"真"之"美"却也招致破坏。这期间的损益得失,可谓仁者见仁,智者见智。于老子而言,未经"人为"雕饰的"朴素"之物,才具备"自然"的"真善美"和"无用"之"大用"。对于人类而言,尤当如此。

在《老子》"五千言"中,有诸多倡导"返璞归真"的论述。诸如,"朴散则为器","见素抱朴","既知其子,复守其母","敦兮,其若朴","我独泊兮其未兆,如婴儿之未孩","常德不离,复归于婴儿","含德之厚,比如赤子",等等。在所有这些含义相近的表述中,老子基本的假设大凡在于,作为"道"之"子"的"人"和"万物",应该始终持守"道"的"自然"与"无为"之"德",进而各成其是,最终"复归其母"。老子之所以一再强调"含德之厚,比如赤子","常德不离,复归于婴儿",正是因为他认识到,"背道离德"的成人反而应该向"含德之厚"和"常德不离"的"赤子"和"婴儿"学习,进而"返璞归真"于"自然无为"之"道"。

古今中外的哲学家在探究人性的问题时,往往会由新生的婴儿开始谈起,如人性本善论、人性本恶论、人性不善不恶论、白板说等。老子的人

第三篇 结语与思考

性论，大致可归于"自然人性论"。或许，卢梭的"自然主义人性论"与老子的人性观有相似之处。卢梭认为，"出之造物主的东西都是好的，而一旦到人的手里，就变坏了。"在卢梭看来，人的教育与发展，应该"以天性为师，而不以人为师。"另外，英国浪漫主义诗人威廉·华兹华斯所谓"儿童是成人之父"的观点，也与老子的婴儿观旨趣相近。

于老子而言，由"人之初"的婴儿开始探究人性论，首要的问题是把握其"天真"和"自然"的本性；仅从伦理"善恶"的角度探究"人之初"的本性，不能涉及问题的实际，且易于导致"非善即恶"的二元判断。而"非善即恶"的二元判断及其教化，必将会导致"伪善"或"伪恶"的流弊。诸如，主张"人性本善"的儒家，其"仁义教化"可能会导致"伪善"；而主张"人性本恶"的法家，其实施的严刑酷法，则易于导致"伪恶"。诸如，法家的法律规定，父子之间和夫妻之间，若一方有罪，则另一方必须举报。而多数人未必"恶"到主动举报亲人的程度，但是为了保全自身，不得不举报亲人，这就形成了所谓的"伪恶"。无论是"伪善"，抑或是"伪恶"，大凡违背"自然"之"真"而流于"人为"之"伪"者，无疑都会被老子所唾弃。

老子所谓的"见素抱朴"和"返璞归真"，可谓反对人性异化，永葆人性"自然"之"真"的历史先声。值得注意的是，老子所倡导的"返璞归真"，既与主张"人性本恶论"的荀子所谓的"化性起伪"截然不同，也并不是促使业已"背道离德"的成人重新返回到无知无欲的童真时代，而是意味着所有的人都应该修道进德，经由"天然去雕饰"的修行，以永葆人性的"自然"与"天真"。

如本节开篇所及，任何博大精深的哲学体系，都会对"真善美"三者有所涉猎，只不过是不同的哲学流派对"真善美"三者各有偏重而已。诸如，以"真"为主体兼顾"善"与"美"的老子哲学体系，既重视对本体论的究竟玄思，又注重认识论逻辑的严密推演和贯通，至于与伦理之"善"和审美之"美"有关的价值论，大凡皆由其本体论和认识论推演而出。相比较而言，儒家哲学体系主要以"善"为主，兼顾"真"和"美"。以道德之"善"为主导的儒家哲学体系，在哲学的"三论"，即本体论、认识论和价值论中，通常偏重于伦理道德的价值论，但在本体论和认识论方面却略显薄弱。中外学术界之所以将儒家哲学的特点归之为"泛道德主义"（pan-moralism），大凡概因其偏重于道德之"善"。

第一章　"道法自然"与"真善美"

　　正如老子所谓的"天下皆知善之为善，斯不善已"，道德的"善"与"不善"，抑或说道德的"善"与"恶"，乃是相互对待、彼此对照、缺一不可的矛盾统一体。但是在现实的日常道德生活中，"善"与"恶"通常都被看作是非对即错、非好即坏、非此即彼的"二元对峙"。在现实的社会生活中，主张"人性本善"和"仁义教化"的儒家学说，一旦被当作评价人们道德如否的绝对标准且与名利的获取直接相关时，就必然会导致"伪善"的横行。例如，汉代为选拔"孝子廉吏"而实施的"察举制"，就曾导致过"假孝伪廉"之流弊。同样，主张"人性本恶"和"严刑酷法"的法家学说，一旦被实施于现实的社会生活，也同样会导致"伪恶"的灾难。例如，家庭成员之间的"亲亲相隐"是符合人性的，但是历史上却不乏以"大义灭亲"的名义，以法律规定家庭成员之间相互举报的"伪恶"实例。由于历史上多数朝代大都实施"儒表法里"的统治模式，故而，由"伪善"和"伪恶"相加而导致的"道德灾难"，其教训可谓极其惨痛。

　　由"两害相权取其轻"来看，由"伪善"所导致的"道德灾难"或许要小于"伪恶"。但是于老子而言，无论是"伪善"还是"伪恶"，因二者都违背"自然"的人性之"真"，故而皆不可取。问题的关键在于，作为结果的"伪善"和"伪恶"，是由错误的"认识论"——"人性本善论"和"人性本恶论"引起的。无论是"人性本善论"还是"人性本恶论"，由于二者仅偏执于"善—恶"这同一事物的一端，故而必然会导致物极必反的结果。在老子看来，"真善美"是一体的，三者统一于"朴素自然"的"大道"之中，可谓"大道"的一体三面。倘若硬要勉强区分"真善美"三者的主次或体用关系，老子无疑会认为"道"的"自然"之"真"是首要的本体，因而也是判断"善"和"美"的主要标准。易言之，若"善"和"美"一旦失却"真"的前提和依据，也就随之失去了"真善"和"真美"的可能性，甚或可能导致"愚善""伪善""伪美""伪恶"等"假恶丑"的现象。老子所谓的"见素抱朴"，"既得其母，以知其子"，"既知其子，复守其母"和"返璞归真"，等等，大凡盖有此意。

　　但是"老学界"似乎始终存在这样一个吊诡的悖论：博大精深且令人信服的老子之"道"及其所蕴含的"真善美"，既不易于被清晰地认识和把握，又难以切实地得以经世致用。大凡概因，老子是从"以天观人"或曰"以道观万物"和"以道观人"的视角来看待"真善美"的,而现代人则是从"以人观天"和"以人观人"的视角来看待"真善美"的。观察视角的不同,确切而言,人生观和世界观境界的不同,"真善美"所显示的景象无疑亦迥然有别。现代人通常将"真善美"三者划分为不同的知识和学科领域,对其予以专业化的纵深研究,而老子则是从"以道观之"的宏观视角,俯瞰浑然一体的"真善美"。

在老子看来,所谓的"至真至善至美",只能在理论上存在于只可神会却难以言说的"大道"之中,如其所谓的"道可道,非常道","道之为物,惟恍惟惚","有物混成,先天地生",等等。于老子而言,作为具体存在者的人类,其所认识和追求的"真善美",并非"至真至善至美",而只能是相对的、有限的、甚或是有缺陷的"真善美",如其所谓的"天下皆知美之为美,斯恶已","天下皆知善之为善,斯不善已","大成若缺","大盈若冲",等等。但是对于始终追求"尽知尽善尽美"的人类而言,这似乎是难以接受的。更有甚者,老子以"自知不知"或"自知无知"为"知",如其所谓"知不知,上"。在"知"与"不知"之间,老子似乎始终谦卑地保持着某种审慎、悬疑和开放的态度。然而,这对于业已信奉"科学万能"的现代人而言,老子似乎是庸人自扰而已。

或许,老子业已认识到其"五千言"难以为世人所信服所躬行,故而叹曰:"吾言甚易知,甚易行。天下莫能知,莫能行。"在老子看来,其"易知易行"的"五千言"之所以"天下莫能知,莫能行",大凡在于"大道甚夷,而人好径";亦即,尽管"大道"坦荡易行,但是世人却偏好邪路。老子认为,世人之所以背道离德,好走邪路,大凡皆由各种贪欲所致,如其所谓的"罪莫大于可欲,祸莫大于不知足,咎莫大于欲得。"若要重返坦荡的"大道"或"返璞归真",唯有首先"戒除"各种极端的欲望,如其所谓的"去甚,去奢,去泰。"令人甚感诧异的是,老子所谓的"三去",与孔子所谓的"克己复礼",乃至于与佛学所谓"戒定慧"中的"戒",有不谋而合的异曲同工之妙。在道德修行上,我国传统文化的三大家——儒、释、道,皆强调从"戒"开始,其中必有某种相通的奥妙所在。这其中的微言大义,尚需学界深入体悟和探究。

第二章 "上德""下德"与"道德谱系"

《老子》"上经"或曰"道经"详于"道",而"下经"或曰"德经"则详于"德"。于老子而言,"德"者,乃"道"之"德"。源于"道"、本于"道"、信于"道"、悟于"道"、行于"道"而有"得"者,皆可谓之为"德"。故王弼注解《老子》"德经"首章之"德"曰:"德者,得也。"亦即,老子所谓"德"者,乃是得之于"道"之"得"也。故而,于老子而言,"修德"即"修道","明德"即"明道","行德"即"行道"。由于老子之"道"虚无恍惚,不见不彰,难以言说,故而举"德"以明之。实则,嫡出于"道"之"德",业已秉持"道"之所有的"基因"及特性。就二者的先后源出而言,乃一而二的关系;而就"修德进道而"言,则是二而一的关系。老子举"德"以明"道",旨在期许世人共化于"大道"。

老子之"道",最根本的特征是"自然"与"无为"。所谓"自然"者,乃自本自根、本自具足、自是其是、自由自在、自然而然之意;所谓"无为"者,乃是不加施为、放任自化、任其自成之意。究其实,"自然"者,必是"无为"的;"无为"者,亦必是"自然"的。二者实则二而不二,表里为一,皆为"道"的本性,老子所谓的"是以万物莫不尊道而贵德。道之尊,德之贵,夫莫之命而常自然","道常无为","道法自然",等等,大凡盖有此意。

既然"德"源于"道"、本于"道"、统于"道",那么"道"的"自然"与"无为"之特性,亦即为"德"之特性。既然"德"之特性乃是"自然"与"无为",那么"德"或曰"上德"之秉性及其外显,亦必然是不加施为、任其自成、放任自化、自成其是、自然而然的。反之,大凡有违于"自然"和"无为"者,皆不足以谓之为"上德",仅可归之于"下德"之列。此即老子所谓的"上德不德,是以有德;下德不失德,是以无德。"正如有学者所言:"上德近于道,与天地同功,纯任天性之自然而行,有德而不以德为德,以无心于为德也……天地无心于生万物,而万物自生;圣人无心于修道德,而道德自全,此乃由道德行,而非故为行道德也。"①

老子所谓"上德不德,是以有德",与其所谓的"上善若水"有异曲同工之妙。"上德不德,是以有德"与"水善利万物而不争,处众人之所恶",之所以被老子誉为"上德""有德""上善""几于道",概因其"自然"如此,无任何牵强附会之迹。人间大凡能臻于此者,皆被老子称之为"圣人"。人们通常所谓的"观圣人可以知天地,观天地可以知圣人",即意味着"圣人"与"天地"相通相合,"圣人"业已臻于"天人合一"的境界。正如《庄子·天地》所言:"执道者德全,德全者形全,形全者神全,神全者,圣人之道也。"此亦正如"无私覆"之"天"与"无私载"之"地","以百姓为刍狗"的"不仁"之"圣人",其对于世间万物乃至于人间而言,皆无任何偏心私爱,举凡一视同仁。天无私覆,地无私载,日无私照,"圣人"无私心,皆出自于其天性的自然流露;至于其结果业已恩泽世间万物,乃由其"无为而无不为"的本性所致。

在《老子》中,"上德"是"无为"且"无以为"的;而"下德"则是"为之"且是"有以为"的。此即老子所谓的"上德无为而无以为,下德为之而有以为。"具体到"下德"而言,"上仁"是"为之"且"无以为"的;"上义"是"为之"且"有以为"的;而"上礼"则是"为之"且"莫之应"的。此即老子所谓的"上仁为之而无以为,上义为之而有以为。上礼为之而莫之应,则攘臂而扔之。"可见,大凡有"为"者,皆属于"下德"之列;判断"德性"高低的标准,乃是视"为"的程度及形式如何。正是以此为判断标准,《老子》得出有关"道"与"德"以及"上德"与"下德"之间的层次关系。

该层级关系表明,"德本于道","道一而德万"。"上德"因其"无为"而近于"道";而作为"下德"的"上仁""上义""上礼"三者,因其愈加"有为"而渐次远离于"道"。及至于"上礼",乃"下德"之"末",被老子称之为"忠信之薄而乱之首。"较之于"自然无为"的"上德","下德"始终汲汲于行德、为德、保德,勉强于世间的患得患失,工

---

① 萧天石:《道德经圣解》,自由出版社2003年版,第79页。

第二章 "上德""下德"与"道德谱系"

心于俗世的荣辱成败，慎行于乡愿的赞誉远近，等等。大凡此类牵强于"不失德"之"为"，由于其违背"自然无为"之本性，不能与天地合其德，皆不足以为天下之楷模。

综合老子关于"上德"与"下德"之要旨，大凡可引申出以下诸点道德借镜。其一，"德性"的高低之别，在于是否遵循"自然无为"之道。抑或说，凡遵循"自然无为"者，即为"上德"；凡违背"自然无为"者，即为"下德"。遵循"自然无为"之道，看似简单易行，实则为多数人所不及；对现代人而言，尤其如此。纵观历史，在人类文明的萌芽期，先祖们顺应"日出而作，日入而息"的自然生活方式。此时，人类先祖的物质和精神生活与自然之母尚脐脉相连，对于变幻莫测的大自然通常采取"无为"的生活方式，久而久之逐渐形成古之所谓的"天人合一"之道。但是经过农业革命、工业革命尤其是现代科技革命之后，随着人类认识自然和征服自然能力的提升，先祖们曾经长期赖以生存的"天人合一"之道，似乎业已成为现代人不屑一顾的悠悠往事。

当现代科技被当作无所不能的利器之时，现代人就自认为业已战胜了自然之母，并且俨然成为自然的主人。人类在由"自然之子"转变为"自然之主"的过程中，也逐渐远离了"自然世界"，为自己建造起了一个"人为的世界"或曰"人工的世界"。在机械化、自动化、信息化和智能化等"人为的世界"里，老子所谓的"自然无为"的"天人合一"之"道"也就几乎无从置喙。就此而言，人类文明的每一次飞跃，都是对"自然无为"之"道"的疏离与僭越。目前，全球性的生态环境危机以及人类自身道德精神的虚无甚或沦丧等现象，业已昭示和警示人类：如果违背"自然无为"之"道"，就必定会导致天灾人祸。可见，如何摆脱目前"下德为之而有以为"的道德困境，进而恢复到"上德无为而无以为"的理想境界，乃是人类社会需要迫切思考和解决的问题。

其二，由"爱人之'仁'"到"宜者之'义'"再到"法度之'礼'"，乃是逐步由内而外的过程，亦是由"德性"伦理到制度规训的过程。所谓"仁"者，乃"爱人"之意。"仁"，通常被看作是发自内心的、由衷的、自然的爱人之心。人作为"万物之灵"的高级情感动物，对同胞发自内心的关爱之情，实属情理之中。正如孟子所言："所以谓人皆有不忍人之心者：今人乍见孺子将入于井，皆有怵惕恻隐之心；非所以内交于孺子之父母也，非所以要誉于乡党朋友也，非恶其声而然也"（《孟子·公孙丑上》)。孟子所举,乃是在特殊危急的状况下,人类发自本能的、自然的、由衷的、无私的对于同胞的恻隐关爱之心。老子之所以将"爱人之仁"归于"下德"之列,大凡皆因其尚达不到"天地不仁,以万物为刍狗。圣人不仁,以百姓为刍狗"那样无任何区别心的、一视同仁的慈悲境界。一般而言,日常生活中的"爱人之仁",通常仅限于人与人之间,并且其仁爱的程度亦会随血缘、亲疏、远近、尊卑等状况的不同而有所差别,此即《中庸》所谓的"仁者人也,亲亲为大"。这种以"亲亲为大"和"爱有等差"的"仁",不符合老子所倡导的普遍的、无差别的、无私的"自然无为"之"道"。故而,老子称其为"上仁为之而无以为"。

老子之所以说"上义为之而有以为",大凡皆因"义"所重者,乃人在社会中"应当"所"为"之义务和责任。正如《中庸》所谓"义者宜也,尊贤为大"。《孟子》亦有所谓的"羞恶之心,义之端也"。可见,"义"又指人与人之间应该遵守的、合情合理的道德信念和义务。

至于礼,《礼记·曲礼》曰:"夫礼者,所以定亲疏,决嫌疑,别异同,明是非也"。可见,"礼"主要是用以判别不同的社会身份,以规定其必须遵守的相应规范或律令。正如《荀子·修身》所说,"礼者,所以正身也"。

相形之下,如果说"仁"是发自内心的爱人之情感,那么"义"则是在人际交往中应当遵守的道德信念、情感和义务,而"礼"则主要是指人人所必须遵守的、强制性的规范或法律。可见,由"爱人之'仁'"到"宜者之'义'"再到"法度之'礼'",乃是逐步由内心自愿、到自觉而为、再到外在他律的过程。抑或说,由"仁"到"义"再到"礼",乃是由"德性"伦理到制度规训的过程,也是与"无为"和"自然"为基本特征的"大道"渐行渐远的过程,其"德性"价值亦呈现出逐步下降的趋势。

其三,老子提出的"道→德→仁→义→礼"的道德层级,乃是对"自然无为"之"上德"的倡导与呼吁,以及对当时"有为"之"下德"的反思和批判。春秋战国时期,整个社会处于诸侯争霸、战火纷起、"礼崩乐坏"的大变局之中。这种"礼崩乐坏"的大变局以及由"学在官府"的衰微而导致的"文化下移",为诸子的"百家争鸣"提供了"坐而论道"的历史舞台。无论是争霸的诸侯,抑或是诸子百家,都需要首先证明自己"道统"的正统性和权威性,因为只有"道统"的正统性和权威性,

第二章 "上德""下德"与"道德谱系"

方可证明其"政统"和"学统"的正当性。

其时,儒家的创始人孔子就曾频繁论"道"。诸如,如其所谓的"士志于道","君子谋道不谋食","君子忧道不忧贫"(《论语·卫灵公》),在论及"道"对人生的重要性时,孔子甚至感叹:"朝闻道,夕死可矣!"(《论语·里仁》)。但是,孔子论"道"及其游说列国的最终目的,乃是"克己复礼为仁",要恢复到西周早期由周公所创设的礼乐文化和制度。孔子"托古论道"的创新之处,在于其赋予了礼乐制度以"爱人之'仁'"的灵魂,从而使得其学说具备了浓厚的人道主义和人文主义的基调。正如著名学者李泽厚所言:"孔子用'仁'解'礼',本来是为了'复礼',然而其结果却使手段高于目的,被孔子所挖掘所强调的'仁'——人性的心理原则,反而成了更本质的东西,外在的血缘('礼')服从于内心的('仁')。"[①] 但是,以"爱人之'仁'""宜者之'义'"和"法度之'礼'"为中心建构而成的儒家学说,一旦发展到极致,也会演变为某种意义上的人类中心主义、泛道德主义和"援礼入法"甚或"儒表法里"的治国之道。

反观老子的道家学说,其对当时乃至后世开出的"救时之弊"或曰"明道救世"之良方,乃是以超越和统辖世间万物的"自然之道"为中心而建构其理论。以"自然无为"之"道"为中心而建构的理论,必然会避免人类中心主义、泛道德主义,反对任何"有为"的治国之"道"。老子所谓的"失道而后德,失德而后仁,失仁而后义,失义而后礼",其对"道→德→仁→义→礼"的道德层级设计本身,即意味着对"有为"之"礼"的反思与批判。在"礼坏乐崩"的春秋晚期,老子关于"道→德→仁→义→礼"道德层级的提出,将当时封建的、世袭的、政治的"位格"等级制度,转变为平等的、自为的、修行的"人格"道德制度,从而开启了以"自然无为"如否判别"上德"与"下德"的评价风尚和标准。抑或说,以道德"人格"而非政治"位格"为标准评价个体"德性"的高低优劣,可谓老子哲学的一大创举。

如上文所及,老子以"无为"如否为标准,建构起了由上而下的道德谱系,即"道德仁义礼"。如果将老子的道德谱系与以孔子为代表的儒家

---

① 李泽厚:《中国思想史论三部曲——古代、近代、现代》,天津社会科学院出版社2007年版,第6页。

的"五常",即"仁义礼智信",以及与柏拉图所谓的"四玄德",即"正义智慧勇气节制"予以比较,三者之间的异同点及其特点或许会更为清晰可鉴。儒家的"五常"与柏拉图的"四玄德",分别对中西方的道德哲学及伦理生活产生过深远的影响。

儒家所谓的"五常",先由孔子提出"仁义礼"三个德目,后由孟子增加"智"而成为"四端说",最终由董仲舒补入"信"而形成"五常"。董仲舒认为,"五常"是"三纲"在日常伦理生活中的体现和实施,后世统称之为"三纲五常"。可见,儒家"仁义礼智信"的道德谱系并非孔子一人独创,而是由儒家后学大儒逐渐补充而成的。为了表述方便,也为了与老子和柏拉图所倡导的道德谱系相对应及其比较,下文统称之为"孔子的道德谱系"或曰"儒家的五常"。

柏拉图的"四玄德",源自于其个体心性和社会阶级的"三重说"。柏拉图关于个体心性的"三重说"认为,人的心性是由三部分组成的:一是代表理性的大脑;二是代表激情的胸部;三是代表欲望的腹部。与此相对应,社会阶级及其"德性"也是由三部分组成的:一是"哲学王"(philosopher-king)和治者的"智慧";二是卫士和官员的"勇气";三是平民的"节制"。柏拉图认为,如果一个人的理性、激情和欲望三个部分能够各司其职,完美和谐地相处,那么这个人就达到了"德性"的"至善"。同样在一个城邦中,如果治者的"智慧"、卫士的"勇气"和平民的"节制",能够各司其职且和谐相处,那么这个城邦就实现了真正的"正义"。在柏拉图看来,"正义"的道德价值最高,"四玄德"的先后顺序是"正义""智慧""勇气""节制"。

相比较而言,老子、孔子和柏拉图三者道德谱系的相同之处在于,它们都是对当时"天道哲学"及其道德体系的突破,并以此为基础建构起了各自的哲学体系和道德谱系。西方哲学界素有"苏格拉底把古希腊哲学从天上拉到了地上"之说,大凡概因苏氏之前的哲学家,大都是专心于研究自然现象的"自然哲学家",正是从苏格拉底开始将哲学思索和讨论的重心,由自然现象转向人间社会的"真善美",从而使得此后多数的哲学家转变成为"人文哲学家"。作为苏格拉底的嫡传门生,柏拉图尽管擅长于几何学研究,他甚至在其创办的学园门口写着"不懂几何者不得入内",但是纵观柏拉图哲学探究的主题,主要还是以人间社会相关的问题为主。由于《柏拉图对话录》大都是以苏格拉底之口讲述而成的,故而《柏拉图

第二章 "上德""下德"与"道德谱系"

对话录》中的思想,似乎难以辨别专属于谁。从柏拉图"四玄德"的"正义智慧勇气节制"来看,似乎只有"智慧"与之前的"自然哲学"有关。实际上,"四玄德"中的"智慧",亦主要是指"哲学王"治理"城邦—国家"(city-state)所应该具备的非凡智慧和素养。这从柏拉图为"哲学王"设计的长达数十年的教育历程来看,亦足以证明其对"治者"即"哲学王"在实现城邦"正义"上的极高要求。无论是其个体心性的"三重说",抑或是其社会阶级的"三重说",柏拉图所建构的"四玄德"道德谱系,最终都是为了实现城邦国家的"正义"。这与之前的"自然哲学家"在"天道观"之下以"天文"或曰"自然现象"为研究对象相比,可谓有天壤之别。

以孔子为代表的儒家,对当时的"天道观"及其道德观念的突破,在本书序言中已有涉猎,在此仅予以简单分析。子贡曾有言:"夫子之文章,可得而闻也;夫子之言性与天道,不可得而闻也"(《论语·公冶长》)。在太史公看来,孔子之所以罕言"天道"与"天命",大凡在于"天道"和"天命"幽冥不可识:"孔子罕称命,盖难言之也。非通幽命,恶能识乎性命哉?"(《史记·外戚世家第十九》)孔子之所以罕言"性与天道",或许还在于他业已认识到,西周的"礼乐文化"和封建制度正是以"天道观"为基础而创建的,而当时整个社会却正陷于"礼崩乐坏"的混乱之中。其实,孔子偶尔也"论道",但是他并非"为论道而论道",而是大多出于对当时"失道"现象的感慨,其"论道"的最终目的乃是"克己复礼归仁"。抑或说,要恢复到西周早期由周公创设的"郁郁乎文哉"的"周礼"。

在孔子看来,导致当时整个社会"礼崩乐坏"的根本原因,既在于人们不能克制自己不合理的欲望,又在于作为"礼法""礼义"和"礼俗"的"礼乐制度"缺乏人与人之间相互"仁爱"的精神与灵魂,即如其所谓的"一日克己复礼,天下归仁焉!"(《论语·颜渊》);"人而不仁,如礼何?人而不仁,如乐何?"(《论语·八佾》)。正是鉴于此,孔子赋予了濒于"崩坏"的"礼乐文化"和礼乐制度以内在的"仁"为其精神内核。可见,孔子所倡导的人间伦理之"仁",突破了之前的"天道观"及其"以德配天"的道德观念,赋予了当时的"制度之礼"以"爱人之仁"为其精神和灵魂。于此而言,孔子也将中国的道德哲学从"天道"拉向了"人道",从"天文"转向了"人文"。可以说,正是以孔子的"仁学"为基础，儒家逐渐形成了以"仁义礼智信"为道德谱系的、以人文主义、人道主义为基本特色的哲学体系。

如上文所及，老子、孔子和柏拉图三者道德谱系的相同之处在于，三者都是对当时"天道哲学"及其道德体系的突破。或许，老子哲学及其道德谱系，只是在对当时的"天道哲学"突破这一点上与其他二者相同；但是在突破的方向、目的和内容等方面，却与其他二者存在着天壤之别。

孔子和柏拉图哲学及其道德谱系，都是由"天道"或曰"天文"由上而下、由外而内落实为"人道"或"人文"；而老子哲学及其道德谱系，则是在突破"天道"之后，继续向上升华为"常道"或曰"大道"。可以说，这是老子哲学及其道德谱系，与孔子和柏拉图哲学及其道德谱系最根本的区别。

在古希腊，由"自然哲学"向"人文哲学"的转变，并非是由苏格拉底一个人独自完成的，之前的"智者"（sophist）或称"辩士"，就曾以人间事务为主题展开过诸多讨论。稍早于苏格拉底的哲学家普罗泰戈拉，也曾提出过"人是万物的尺度"的论题。苏格拉底提出的"没有经过反省的人生是不值得一过的""认识你自己""知识即美德"等一系列命题，经过柏拉图及其后继学派的发扬光大，开启了古希腊"人文哲学"研究的序幕。但是西方文化和哲学在"天文"与"人文"之间，"神"与"人"之间，在"信仰"与"世俗"之间，在"彼岸"与"此岸"之间，似乎总是存在着紧张的博弈关系。当"天文""彼岸"和"信仰"占支配地位时，"人文""此岸"和"世俗"就处于从属地位；反之亦然。诸如，从公元前五世纪的苏格拉底时代至公元五世纪左右的大约一千年之间，"人文哲学"大致占据主导地位。而从公元五世纪至十五世纪的"中世纪"，则通常被学术界称之为"黑暗的一千年"。这期间，"天文"（上帝）、"彼岸"和"信仰"占据主导地位，而"人文""此岸"和"世俗"则处于相对的从属地位。从十五世纪文艺复兴至今的五百年里，"人文""此岸"和"世俗"又取得了主导地位，而"天文"（上帝）、"彼岸"和"信仰"则处于从属地位。十五世纪的"文艺复兴"，通常被学术界看作是西方近现代化的开端；而"文艺复兴"本身，又是以"复兴"古希腊时代"人文"精神的名义，反对大一统的"天道—神学"文化及其对"人道—文化"和道德精神的宰制。

在不同的时代里，西方文化和哲学这种"天道"与"人道"、"天文"

第二章 "上德""下德"与"道德谱系"

与"人文"、"天"与"人"之间相分、对峙和博弈的二元格局，必然会使柏拉图的"四玄德"在目的、内容和方法上，随着时代要求的变化而变化。例如，就柏拉图的"四玄德"中具有最高"德性"价值的"正义"而言，它与占据当时古希腊人口多数的奴隶没有任何关系。在柏拉图的道德谱系中具有最高价值的"正义"，乃是由其他三种"德性"，即"智慧""勇气"和"节制"各司其职且达到和谐统一的结果。抑或说，只有在"治者""卫士"和"平民"这三个阶级，分别具备"智慧""勇气"和"节制"这三种"德性"，并且三者达到完美统一的情况下，城邦的政治治理才能实现真正的"正义"。在当时的古希腊诸城邦中，奴隶只是被看作是"会说话的工具"而已，他们没有被包含在"四玄德"之中。在古希腊的多数哲学家看来，具有不同天性的事物或人，只要能够发挥和实现其固有天性所赋予的潜质，就是最高的"德"和"善"，也是最公平的"正义"。因而在他们看来，奴隶只要充分发挥其"会说话的工具"的属性，就是公平的"正义"。

但是古希腊哲学家按照阶级属性划分不同德目，且将奴隶排除在社会道德谱系之外的观念，在信奉世间万物都是上帝"造物"的中世纪，却是不可接受的。在基督教一统天下的中世纪，人们信奉"在上帝面前，人人平等"。抑或说，在作为造物主的上帝面前，人间只有教徒和非教徒、正教徒和异教徒之分，却没有阶级、种族、身份和地位等世俗之别，只不过是非教徒和异教徒是需要归化和拯救的对象而已。中世纪这种"在上帝面前，人人平等"的"天赋平等"观念，又对十八世纪的法国大革命和美国宪法所倡导的"人生而不平等"乃"不言自明"的理念，产生了深远的影响。在柏拉图提出的"四玄德"中，具有最高"德性"价值的"正义"，其内涵及其特征尚且随着时代的要求而变化，其他三个"德性"，即"智慧""勇气"和"节制"，大凡亦复如此。

如上文所及，柏拉图"四玄德"的提出，既与当时"天道"落实于"人道""自然哲学"落实于"人文哲学"之后，哲学家们专门对城邦政治和伦理生活的思考有关，又与柏拉图关于个体心性以及社会阶层的"三重说"有关。"四玄德"的基本特征是在"天"和"人"之间，"天文"与"人文"之间的相分、对峙和博弈。这种二元对峙的观念和实践在其后的发展过程中，在哲学上逐渐形成了诸多彼此对立的理念，诸如，"唯心"与"唯物"、"主体"与"客体"、"主观"与"客观"、"形上"与"形

255

下"、"理念"与"现象"、"本体"与"器用",等等。在宗教上,也强化了诸多二元对立的信念,诸如,"造物主"与"被造物"、"天堂"与"地狱"、"教徒"与"异教徒"、"天使"与"魔鬼"、"彼岸"与"此岸",等等。在文明的发展和现实的道德生活中,则形成了诸多非此即彼的对立判断,诸如,"开化"与"野蛮"、"进步"与"落后"、"现代"与"传统"、"开放"与"封闭"、"正义"与"邪恶"、"智慧"与"无知"、"勇气"与"怯懦"、"节制"与"放纵"、"真善美"与"假恶丑",等等。

这种非此即彼的二元思维及其道德判断,与老子哲学及其道德谱系形成了鲜明的对照。如上文所及,与柏拉图哲学和孔子哲学相比,老子哲学最根本的特点在于超越了"天道观"并继续向上升华为"大道观"或曰"常道观";而孔子哲学和柏拉图哲学,则是由"天道观"向下落实为"人道观"。老子的"大道观",实际上属于"以道观天地""以道观人"和"以道观万物"的世界观;而柏拉图和孔子的"人道观",实际上是属于"以人观天地""以人观人"和"以人观万物"的世界观。老子"以道观人"和"以道观万物"的世界观,必然会形成万物齐观、万物平等、人物同源、心物同宗、即心即物、即物即心、心外无物,甚或形成"宇宙即我心,我心即宇宙"的认识论。于"以道观人"的道德观而言,大凡属于"有心""有为""有以为"的人间道德,皆被归于"下德"之列——即使那些通常被认为是人间最高尚的美德,亦概莫能外。诸如,柏拉图的"四玄德"和儒家的"五常"等,皆属于老子道德谱系中的"下德"。只有那些"无为""自然"和"无以为"的"道德",方属于"上德",即,"法自然"的"道"和"德"。

总之,老子与孔子及柏拉图哲学及其道德谱系的根本差别在于,老子哲学是站在超越"天地人三才"的更高维度而看待并构建其道德观的。老子的哲学观和道德观是"以道观人"和"以道观万物"的"常道观",其维度之高足以俯瞰并透析人间万物于无漏,其道德理论所宗和道德实践所归,皆在于"天人合一"。确切而言,在于"道人合一"。而孔子和柏拉图的道德哲学,大凡皆属于"以人观人"和"以人观万物"的"人道观"。由"以人观人"和"以人观万物"的"人道观"构建而成的道德谱系,必然会形成偏重于"人类中心主义"的道德观念和道德价值,而偏失于对自然万物、天地之道、整个宇宙的参照与认识。

第二章 "上德""下德"与"道德谱系"

尽管学术界通常认为,"天人合一"也是孔子道德哲学的终极价值诉求,但是孔子一生"罕言性与天道",没有像老子那样对"道""天道""常道"和"大道"等终极的形上本体予以系统而深入的阐发。在老子的"常道观"看来,由于世间万物乃至于人类,皆由"道"所生且业已秉持"道"的根本属性,故而世间万物乃至于人类,只需"反求诸己"进而"内向超越",即可"返璞归真"于"自然无为"的"常道"或"大道"。而柏拉图的人文哲学,在"理念"与"现象"、"理性"与"感性"、"人文"与"天文"、"人"与"天"之间,始终存在着不可弥合的二元对峙。尽管柏拉图认为,人类的"知识"乃是来自于灵魂内在的"回忆"而非外在的"灌输",但是由于其哲学观的基础是"天人相分",故而若要穷究宇宙终极的"真善美",仍然需要经由"外向超越"方能实现。对于儒家具有最高道德价值的"仁",孔子亦曾有言:"仁远乎哉?我欲仁,斯仁至矣!"(《论语·述而》)。由孔子所谓的"仁"可以随心而得来看,其道德哲学亦属于"反求诸己"之学。但是由于孔子一生"罕言性与天道",故其道德哲学的内容亦仅限于对人间"德性"的阐发,而对于"究天人之际"的"本体之学",尚缺乏系统而又深入的阐发。与老子哲学始终穷究"终极之道"相比,这或许是孔子道德哲学的一大缺憾。

如上文所及,"以人观人"和"以人观万物"的"人道观",一旦于不觉之中走向极端,必然会逐渐演变为某种意义上的"人类中心主义"的世界观,进而形成人类是"万物之主"的认识论和价值论上的优越感。诸如,人们通常理所当然地所谓的"人是万物的尺度""人是万物之灵""人道主义""人本主义""以人为本""人的生命至上"等,其中或多或少皆隐含着"人类中心主义"的迹象。这些标志着人类在漫长的演化过程中,逐渐摆脱自身的蒙昧、大自然的束缚、专制的奴役、意识形态的钳制等而形成的口号,似乎业已成为人类文明进步引以为傲的里程碑。但是若以老子"以道观人"和"以道观万物"的"常道观"来看,人类文明每一次进步的足迹,都是以背离"天人合一"和"道人合一"为代价而取得的。诸如,由"自然之子"逐步僭越为"自然之主"的人类,对大自然贪得无厌的攫取、改造和滥用,业已达到了无所不用其极的地步;又如,以博爱、平等、自由和解放等高尚美德的口号,对"自然"人性的改造和对传统文化的摧残等,无不是以"人道"的名义而造成的"人道主义灾难"。可以说,无论是由对大自然的改造而导致的自然灾难,抑或是由对

第三篇 结语与思考

人性的改造而导致的人道灾难,其根源无不与完全由"以人观人"和"以人观万物"的"人道观"为基础,进而于不觉之中逐渐形成的极端的世界观、人生观、发展观、进步观和道德观等有关。在老子的"常道观"和"大道观"看来,无论是自然灾难抑或是人道灾难,大凡都与"天人相分"和"道人背离"有关。

值得注意的是,老子哲学所倡导的"天人合一"或"道人合一"中的"天"和"道",大凡有以下几个方面的含义。一是大自然万物中固有的、本自具足的、自然而然的"天德"和"天性";二是人类自身固有的、本自具足的、自然而然的"天德"和"天性";三是由于自然万物和人类皆由"道"依次而生,而"道"的根本特性是"无为"和"自然",故而,人的"天德"和"天性"与自然万物的"天德"和"天性"都具备"无为"和"自然"的特性,二者皆可同归于"周行而不殆"的"常道"或"大道";其四,人类若要达到"天人合一"或曰"返璞归真"的境界,只需向内反求诸己,向外效法天地万物,内参外察,互为指证,"勤而行之"即可。

值得一提的是,老子并非反对所有意义上的"人道主义"及其道德观念,而是反对纯粹以"人类中心主义"建构而成的"人道主义"及其道德观念。作为"通古今之变"的史官,老子在目睹当时以"人道观"为基础建构而成的"礼乐制度"正在"崩坏"的残局时,当即认识到,当时的"人道观"恰恰是由"以人观天""以人观人"和"以人观万物"的视角形成的。老子认识到,要创建一种终极的、普世的、恒久的道德观,就必须突破之前以人为中心的"人道观"。正是在这种状况之下,作为"究天人之际"的哲学家,老子建构起了"以道观天地""以道观人"和"以道观万物"的"常道观",以及由"常道观"为基础建构而成的道德谱系——"道德仁义礼"。在"道德仁义礼"五者中,当时被誉为人间美德的"仁义礼"三者,却被老子归之于"下德"之列,只有"道"和"德"被归于"上德"。大凡概因,前三者皆或多或少与"有心""有为"和"有以为"有关,而后二者则皆出于"无心""无为""自然"和"无以为"。

老子之"道"是一个"朴散则为器"的生生过程;但是对于修道进德者而言,却是一个反向的"返璞归真"的过程,如其所谓的"反者道之动","归根曰静,静曰复命","常德不离,复归于婴儿",等等,大凡盖有此意。对于修道进德者而言,必须由下而上逐步克服并超越"礼"

第二章 "上德""下德"与"道德谱系"

"义""仁",渐次臻于"德"和"道"的境界,方能达到"不以德为德"的"上德"之境。抑或说,由原来由高而低的道德谱系"道→德→仁→义→礼",再逐层由低到高反向修行至"道"的境界,即"礼→义→仁→德→道"。

于此而言,老子的道德谱系,似乎像是一次由"离家出走"到"返乡寻根"的人生旅行。在"离家出走"时,世人大都满怀"为学日益"之"欲得";而在"返乡寻根"时,世人则必须释怀于"为道日损"之"舍得"。然而,对于多数人而言,"欲得"容易而"舍得"难;"离家"容易而"返乡"难。正如老子所谓的"无言甚易知,甚易行;天下莫能知,莫能行。"究其原因,大凡在于,"大道甚夷,而民好径。"唯有如老子所谓的"上士闻道,勤而行之",或可达到"返璞归真"之"大道"乎?

第三章 "常道观"与"人道观"

本节拟就《老子》一书的思维方法或曰方法论问题予以讨论。现代学术界通常所谓的"思维方法"和"方法论",在我国传统文化和哲学中,通常称之为"心法"。如本书序言所及,《老子》"五千言"的主旨之一,即是构建一个全新的"常道观",以替代行将退出历史舞台的"人道观"。故而,本节拟以"'人道观'与'常道观'"为题,对《老子》的"思维方法"或曰"心法"予以分析和讨论。

关于《老子》一书的思维方法或方法论问题,一直是学术界见仁见智的一大公案。学术界之所以注重老子的思维方法或方法论,大凡在于其有助于理解《老子》的主旨。正如《史记》所载,孔子在谒见老子问礼之后,顿发由衷之叹"其犹龙邪!"本节在此对老子思维方法或心法的探究,远不足以涵盖《老子》"五千言"若有若无的方法论体系,或许仅得其"一鳞半爪"而已。《老子》的思维方法之所以难以把握,大凡在于其主旨与方法混而为一,即学术界通常所谓的目的与手段合二为一。尽管学术界对《老子》的主旨亦众说纷纭,但是结合其主旨解读其方法,或许更切合《老子》本身"道器合一"和"体用不二"的特点。

如本书"总论"部分业已所及,《老子》一书,其主旨可谓博大精深,其致用方略可谓无所不适。《老子》"五千言",宛若一面千古永新的宝鉴,如实地映照出对鉴者的人间百态。自古以来,兵家阅之谓之兵,法家阅之谓之法,侯王阅之益于治,师者阅之益传道,生徒阅之益进学,奸雄阅之善弄权,甚或盗者阅之亦云"盗亦有道",尽管阅之者无不仁者见仁智者见智,但却无不鉴之而各有所得。其何故?大凡概因老子所处境界之高,足以俯瞰天地人间品物流形之故;概因其决绝于俗世西隐,而能冷眼道尽人间沧桑之故。唯有"高瞻"于天地人间"之上",方能巨细无遗地鸟瞰天地人间之全貌而无漏;唯有"远瞩"于天地人间"之外",方能冷

第三章 "常道观"与"人道观"

静理智地旁观天地人间之往返得失。

老子之所以能有如此"高瞻远瞩"的视角，大凡在于其业已具备"究天人之际，通古今之变，成一家之言"的历史视野和哲学高度。就"通古今之变"的历史视野而言，作为"史官"的老子业已清醒地认识到，自夏商周三代沿袭而成的形上的"天道观""天命观"和"人道观"，正在丧失其历史和现实的依据；亦即，其形下的"礼乐文化"、宗法制度和封建制度，正在面临着"礼崩乐坏"的大变局，即将退出历史的舞台。作为"史官"的老子深知，应该建构一种全新的、长久的、普适的"道统观"，来替代业已腐朽的"天道观"，以及在这种"天道观"指导之下形成的"天命观"和"人道观"。

值得一提的是，在《老子》"五千言"中，所谓的"天之道""天道"和"天地"，其含义类似于甚或几乎等同于"道""常道"和"大道"。例如，"天之道，利而不害"中的"天之道"，"天道无亲，常与善人"中的"天道"，"天地不仁，以万物为刍狗"中的"天地"，等等，都与"道""常道"和"大道"有相似的内涵、特征和功能。这与《老子》所谓的"道生一，一生二，二生三，三生万物"，"人法地，地法天，天法道，道法自然"，似乎存在着明显的矛盾之处。在这后两句中，"地"和"天"都是由"道"所生的，都处于需要效法"道"的下位。《老子》文本为何会出现如此明显的矛盾？笔者认为，较为合理的学术和逻辑解释，或许在于以下三点。其一，老子的本意是试图以"道观""大道观"和"常道观"取代当时业已趋向没落的"天道观""天地观"和"人道观"，但是由于后三者业已为同时代的世人所熟知，故而老子不得已而借用后三者以阐发终极的"大道观"和"常道观"。其二，由于老子之"道""大道"和"常道"是"玄之又玄"、"恍兮惚兮"、不可言表的，故而老子只能借用尚能朦胧可见可知的"天之道"，以及清晰可见可知的"地之道"和"人之道"，以便于世人较为直观形象地了解和把握其最终所指向的"道""大道"和"常道"。其三，由于"天之道""天地之道"和"人之道"大凡都是可见可知的有限存在，不足以成为无限宇宙的终极本体之"道"，故而，老子必然要将其升华为"先天地生""视之不见""听之不闻"和"博之不得"的抽象之"道""常道"和"大道"。综合《老子》"五千言"的大意可知，老子的根本宗旨在于，以全新的"道观""大道观"和"常道观"，取代当时业已趋向没落的"天道观""天地观""天命观"和

"人道观"。这也是笔者在本书中贯穿始终的观点,以及分析相关问题的基本方法。

就"究天人之际"的哲学高度而言,作为哲学家的老子深知,由夏商周三代沿袭而成的,以"天"为至高权威的"天道观",其自身即固有一些无法克服的痼疾。其一,"天道观"中的"天"是大致可见可感的,而可见可感之"天"无疑会陷于"具象"的有限存在之中,不足以推演为纯粹"抽象"的普遍性。其二,可见可感之"天",易于在人间形成"仁者见仁,智者见智"的"天道观",尤其是易于被"治者"和"侯王"等所歪曲、垄断和利用。其三,被歪曲和垄断的形上"天道观"一旦落实到形下的人间社会,必定会形成尊卑有序、亲疏有别、等级森严的"天命观"和"人道观"。其四,在夏商周三代,"天"的功能及其特性,主要在于其高高在上的权威性和惩戒性,不易于内化为人间自觉的"德性"。大凡鉴于此,《老子》"五千言"的主旨,即是构建一个全新的"常道观",以替代行将退出历史舞台的"天道观"。可以说,理解上述《老子》的所"破"所"立",乃是把握其思维方法的前提。关于老子所"破"所"立"的具体内容,本书"序言"部分已有涉猎,此不赘述。

下文拟以老子的"常道观"为主线,对老子的思维方法或曰"心法"予以分析。如上文所及,《老子》一书并无专论自身思维方法的言论,其方法观大都蕴含于其"五千言"之中。或许盖因于此,老学界对《老子》思维方法的见解,可谓众说纷纭。下文对老子思维方法的分析,亦属一孔之见。

就《老子》"五千言"整体的思维范式而言,"以道观人"或曰"以道观万物"的思维方法,可谓其方法论体系最为显著的特征。本书所谓的"以道观人",取自于汉代学者杨雄所言,"史以天占人,圣人以人占天"(《法言·五百》)。如上文所及,由于《老子》"五千言"业已以"常道观"和"大道观"颠覆并取代了之前的"天道观"和"人道观",故而,此处将杨雄所谓的"以天占人"改称为"以道观人",以概括老子思维方法的基本特点。杨雄之所以说"史以天占人",大凡盖因古代的"史官"大都蜕变于早期被称为"卜祝"的"巫官"。作为"卜祝"的"巫官",通常以占卜天象以预知天下大事。作为春秋晚期"史官"的老子,在其著成的《老子》"五千言"中,有诸多由"常道"推及于"人道"的言论。诸如,"天地不仁,以万物为刍狗;圣人不仁,以百姓为刍狗",即是先论

第三章 "常道观"与"人道观"

"天地",后言"圣人";"人法地,地法天,天法道,道法自然",说明"人"需要效法"地""天"和"道";"道常无为而无不为。侯王若能守之,万物将自化",表明"侯王"要持守"道常无为"的规律,以促成万物的"自化";"故道大,天大,地大,人亦大。域中有四大,而人居其一焉",说明虽然"人"是"四大"之一,但是在"四大"中却仅居于末位;"道常无名。朴虽小,天下莫能臣。侯王若能守之,万物将自宾",说明"侯王"应该持守"道常无名"的特征,以引导万物各成其是;"天之道,利而不害;圣人之道,为而不争",说明"圣人"应该效法"利而不害"的"天之道",在人间社会中做到"为而不争",等等。上文所举,大凡皆是由"道"推及于"天地",最终落实于"人"或是作为"人"的"侯王"和"圣人"等。

　　作为"史官"的老子,"通古今之变"当属其分内的天职,但是若其"五千言"的学说不能站在"究天人之际"的高度,将宇宙的"本体"抽象升华为普遍的终极之"道",那么,其哲学的本体论就不可能成就为博大精深的"一家之言"。正如孟子所言,"先立乎其大者,则其小者不能夺也"(《孟子·告子上》),《老子》"五千言"之"立乎其大者",大凡即是其创立的终极之"道";进而,以生化万物之"道"的宏观视角,反观天地万物乃至于人间,"则其小者不能夺也。"

　　作为"史官"的老子业已认识到,夏商周三代沿袭的"礼乐文化"是由"以人观天"的视角而创建的。而"以人观天"中的"人",无疑都是自称为"以德配天"的"治者"。由于在"礼乐文化"之下实行世袭的宗法分封制度,故而无论"治者"之"德"是否堪以"配天",其子孙后代都是天生注定的"治者",而"被治者"的"民"或"百姓",亦复注定世代各守其分。可以说,这种天生注定的"天命观",正是由"以人观天"的"天道观"决定的。不可否认,夏商周三代"制礼作乐"的本来目的是实现社会的和谐有序,但是这种根据"以人观天"的"天道观"制定的尊卑有序、亲疏有别、各守其分的礼乐制度,最终却以"礼崩乐坏"的失序而告终。在老子看来,其根本原因在于,这种由"以人观天"而形成的"天道观",由于其本身所固有的"人为"和"有为"取舍痼疾,在落实到现实社会的"礼乐制度"时,必然会导致违背人性的、等级森严的"宿命论",其结果必然会导致"礼崩乐坏"的失序格局。老子之所以说"夫礼者,忠信之薄而乱之首",其意蕴大凡即在于此。鉴于此,老子的人生境界和学术视野，也就自然地转换并升华为"以道观人"的"常道观"的高度。

哲学通常所谓的"世界观"，实际上是由人们如何"观世界"决定的；抑或说，作为方法的"观世界"，决定着作为结果的"世界观"。由"以人观天"转变为"以道观人"，不仅是学术视野和思维方法的转变，还是人生境界由"天道观"和"天命观"向"常道观"和"自然观"的升华，更可谓是认识论、价值论和世界观的革命。确切而言，这种"常道观"不限于"以道观人"，还包括"以道观天""以道观地""以道观万物"和"以道观人事"，等等。由"常道观"来看，天无私载，地无私覆，星移斗转，周行不殆；天地万物，乃至人类，无有亲疏，无有尊卑，自然而然，相依共生。可以说，老子如此扭转乾坤的世界观，不亚于哥白尼由"地心说"转向"日心说"的认知革命。故而，若仅局限于"以人观天"的视角解读《老子》一书，仅能得其一鳞半爪；唯有像老子那样由"以道观人"和"以道观万物"的高度，鸟瞰世间万物乃至于人间社会，方可得其主旨和心法。由此可见，"以道观人"和"以道观万物"的"常道观"，可谓老子世界观的基础，其整体的方法论体系大厦正是由此而得以建立。

学术界在论及老子的思维方法时，多将其方法论的基本特征归之为与"分析思维"相对立的"整体思维"。的确，"整体思维"确实符合老子思维方法的某些特点，但是却与老子"常道观"的根本特征存着相当的差异。通常，"整体思维"亦被学术界用来概括中国传统哲学和文化偏重于综合却弱于分析的思维特点，如阴阳、八卦、五行等思维方法。一般而言，"整体思维"是指任何事物都是有机的整体，整体中的各个部分并非简单的相加，而是按照特定的规律和秩序构成的；故而在将其作为认识的对象时，应该以整体、有机和全面的认识方式对其予以把握。多数情况下，"整体思维"与"分析思维"被认为是彼此相反，但也是相互补充的关系；"分析思维"亦通常被认为是西方哲学和科学方法论体系的根本特征。的确，"整体思维"与"分析思维"无论在研究事物的着眼点，还是对事物探究的过程，抑或是对事物认识结果的评价等方面，都存在着根本的差别。正如著名学者李约瑟所言，中国的"整体思维"方法，"与欧洲因果史或法则史的思想方式,在本质上根本不同。"① 西方哲学和科学中的"分析思维"又称之为"还原论",乃是一种将复杂的系统、事物和现象,分解为各个部分之组合来加以理解的方法。以"分析思维"或"还原论"为原则的研究方法,对事物或现象进行研究的过程和特点,通常是"排除和避开现象中纷繁杂乱的随机偶然的联系,将瞬间变化的联系加以剥离或固定,从中提出某些人们关注的要素,在加以控制(非自然状态)的条件下,研究他们之间因果必然性。"②

尽管学术界通常认为"整体思维"和"分析思维"是两种相反的思维方式和方法论,但是当代哲学和科学业已认识到二者互补、融合和相互促进的重要性。当代哲学和科学的学术前沿,业已既强调高度的"整体思维",又注重精细的"分析思维";亦即,只有在二者之间始终保持着相互消长、制衡和促进的张力,方不至于因为薄此厚彼或顾此失彼而阻碍认识论的全面纵深发展。

如上文所及,"整体思维"确实符合老子思维方法的某些特点,但是却与老子"以道观万物"的根本特征迥然有别。二者的根本差别大凡在于,生存于天地之间的"人",在与天地万物相互作用而确立自己的世界观和方法论时,是将自己作为"万物之灵"的"主体",将天地万物作为"客体",还是承认在天地万物之间和之上,还存在着一个"周行而不殆"的支配万物运行的总规律?大凡在"以道观人"和"以道观万物"的"常道观"看来,"人"仅仅是天地之间万物中的一分子而已,无有"主体"与"客体"之分,只有浑然一体的自然与和谐共生。于此而言,老子"以道观万物"的"常道观"与"整体思维"之间的差别,或许要大于"整体思维"与"分析思维"之间的差别。

尽管"整体思维"与"分析思维"通常被看作是相互对立的思维方法,但是二者之间的相同之处也是显而易见的。"整体思维"和"分析思维"都是以作为研究者的"人"为"主体",对作为研究对象的"物"为"客体"进行研究。当研究的对象是"人"本身而非"客体"的"物"时,亦必须将作为研究对象的"人"控制在一定的范围内,方能展开研究。可见,这种"主体"与"客体"截然二分的研究范式,其根本前提即

---

① [英]李约瑟:《中国古代科学思想史》,江西人民出版社2006年版,第354页。
② 孙关龙、宋正海:《自然国学》,学苑出版社2006年版,第40页。

是要求"主体"必须排除自身的"主观"干扰，以便于对"客体"进行所谓的"客观"研究。

公允而言，近现代科学技术取得的长足发展，大凡皆有赖于这种研究范式，尤其是有赖于"分析思维"及其与之相关的研究方法。但是不可否认的是，作为研究"主体"的"人"，由于在感性和理性方面均存在着相当的局限性，故而对"客体"的研究不可能做到纯粹的"客观"。实际上，"客观"一词本身，即是一个矛盾甚或错误的表述。人一旦成为"观世界"的"主体"，就不可能再将自己变成作为研究对象的"客体"，进而反观自身形成所谓的"客观"。但是在科学主义风靡于世的大背景之下，这种强调"主体"与"客体"二分、"客观"独立于"主观"、透过"现象"探究"本质"的研究范式，通常被看作是认识世界最有效的科学方法，其研究成果一般亦被看作是毋庸置疑的真理。

总体而言，西方哲学自柏拉图提出"形上"的"理念"或曰"形式"以来，业已逐渐形成了由"形下"的"现象"探究"形上"之"本质"的传统。该传统认为，由感性获得的"形下"之"现象"是流动不居和不可靠的，唯有由理性获得的"形上"之"本质"才是真实永恒的。这种执着于由"形下"而"形上"、由"感性"而"理性"、由"现象"而"本质"的"二元"传统，长此以往必然会导致薄此厚彼、顾此失彼甚或非此即彼的思维模式和世界观。诸如，表现在文明发展上，易于形成文明与野蛮、开化与愚昧、现代与落后的二元判断；在宗教信仰上，则易于形成天使与魔鬼、天堂与地狱、彼岸与此岸的对立，等等。

相形之下，老子"以道观万物"的"常道观"，与"整体思维"尤其是与"分析思维"的"二元论"，可谓迥然有别。需要说明的是，本书所谓的"以道观人"和"以道观万物"，并非意味着"道"外在于"人"和"万物"，或高高在上于"人"和"万物"，甚或一直在审视和监督着"人"和"万物"，而是指"道"在生"人"和"万物"时，"道"的"无为"和"自然"特性业已传递给了"人"和"万物"。业已秉持"道"之"无为"和"自然"特性的"人"和"万物"，只需反观、自求、躬行，即可"悟道""得道"最终"同于道"。由此可见，"常道观"与"整体思维"的根本区别在于，前者只需反求诸己业已内在于自身的"道"即可；而后者则认为，作为"真善美"之化身的"道"并非天然地内在于"人"和"万物"，因而需要作为研究者的"人"为"主体"，对作为研究对象的"人"和"万物"作为"客体"予以研究。于"常道观"而言,"人"和"万物"只需反求业已内在于自身的"道"即可,无有"主体"与"客体"、"主观"与"客观"、"现象"与"本质"之分。可以说,这是老子的"常道观"与"整体思维"和"分析思维"方法论的根本区别。只不过,与"分析思维"偏重于研究对象的精细分化研究相比,"整体思维"则偏重于对研究对象的全面综合研究而已。

如上文所及,"以道观人"和"以道观万物"的"常道观"是老子整体方法论体系的基本原则,其他具体的思维方法皆由此推演而出。由于学界对这些具体的方法已有较为详细的研究,下文仅对其简单举例。诸如,"返璞归真法",如老子所谓的"既得其母,以知其子;既知其子,复守其母,殁身不殆"、"夫物芸芸,各复归其根"、"少私寡欲,见素抱朴",等等;"为道日损法",如其所谓的"为学日益,为道日损。损之又损,以至于无为,无为而无不为"、"涤除玄览,能无疵乎",等等;"虚极静笃法",如其所谓的"致虚极,守静笃"、"重为轻根,静为躁君",等等;"知行合一法",如其所谓的"上士闻道,勤而行之"、"吾道甚易知,甚易行"、"修之于身,其德乃真",等等;"反省内求法",如其所谓的"不出户,知天下。不窥牖,见天道。其行弥远,其知弥少。是以圣人不行而知,不见而明,不为而成"、"塞其兑,闭其门,终身不勤",等等;"隐喻类比法",如其所谓的"上善若水。水善利万物而不争,处众人之所恶,故几于道"、"江河之所以能为百谷王者,以其善下之",等等;"人物齐观法",如其所谓的"天地不仁,以万物为刍狗;圣人不仁,以百姓为刍狗"、"以辅万物之自然而不敢为",等等;"不言之教法",如其所谓的"不言之教,无为之益,天下希及之"、"是以圣人处无为之事,行不言之教",等等;"对立统一法",如其所谓的"曲则全,枉则直,洼则盈,弊则新,少则得,多则惑"、"知其白,守其黑"、"知其荣,守其辱",等等;"无为自然法",如其所谓的"我无为而民自化,我好静而民自正,我无事而民自富,我无欲而民自朴"、"功成事遂,百姓皆谓我自然",等等。

总之,正如孔子在谒见老子之后的由衷之叹"其犹龙耶!",老子"以道观人"和"以道观万物"的"常道观",似乎既神游于天地之外,又若隐若现于天地之间,但却始终"神龙见尾不见首"。可以说,现代西方哲学中的任何知识概念,似乎都无法恰当地对应和完满地解释老子的主旨与心法。这对于自近代伊始业已逐渐习惯于以西方哲学和学术概念解释国学经典的大陆学术界而言，大凡亦复如此。于此而言，对于业已习惯于以所谓的理性知识和逻辑概念解释世界的现代学术界而言，或许需要经历一番反向的"为道日损，损之又损，以至于无为，无为而无不为"的功夫，方能悟得老子之"道"的真谛。

参考文献

一 著作
（一）历史类、哲学类
（汉）司马迁：《史记》，中华书局 1959 年版。
（汉）班固：《汉书》，中华书局 1962 年版。
（宋）朱熹：《四书章句集注》，中华书局 1983 年版。
（清）郭庆藩：《庄子集释》，中华书局 1961 年版。
（清）王先慎：《韩非子集释》，中华书局 2013 年版。
《道藏》，文物出版社、上海书店、天津古籍出版社联合出版 1988 年版。
《广阳杂记》（卷一），中华书局 1957 年版。
《正统道藏》，台湾艺文印书馆 1977 年版。
蔡元培：《中国伦理学史》，广西师范大学出版社 2010 年版。
陈少峰：《中国伦理学史》（上册），北京大学出版社 1996 年版。
冯友兰：《中国哲学史》，华东师范大学出版社 2000 年版。
胡适：《中国哲学史》（上卷），中华书局 1988 年版。
黄钊：《中国道德文化》，湖北人民出版社 2000 年版。
赖蕴慧：《中国哲学导论》，刘梁剑译，世界图书出版公司 2013 年版。
李泽厚：《中国思想史论三部曲——古代、近代、现代》，天津社会科学院出版社 2007 年版。
梁启超：《先秦政治思想史》，岳麓书社 2010 年版。
吕思勉：《三皇五帝考·古史辨》（七），上海古籍出版社 1982 年版。
吕思勉：《先秦史》，上海古籍出版社 2005 年版。
吕思勉：《中国文化思想史九种》（上下），上海古籍出版社 2009 年版。
罗国杰：《中国传统道德》，中国人民大学出版社 1995 年版。
牟宗三：《中国哲学十九讲》，吉林出版集团有限责任公司 2010 年版。

钱穆：《国史大纲》（上下），商务印书馆1996年版。
任继愈：《中国哲学史论》，上海人民出版社1981年版。
汤用彤：《魏晋玄学论稿》，上海古籍出版社2005年版。
唐君毅：《中国哲学原论》，台湾学生书局1993年版。
唐宇元：《中国伦理思想史》，台湾文津出版社1996年版。
王海明：《伦理学原理》，北京大学出版社2009年版。
王正平：《中国传统道德论探微》，上海三联书店2004年版。
余家菊：《中国伦理思想》，商务印书馆1970年版。
曾仕礼：《先秦哲学》，昆明云南出版社2009年版。
张岱年：《中国哲学大纲》，中国社会科学出版社1982年版。
张岂之：《中国思想学说史》（先秦卷上下），广西师范大学出版社2008年版。
张荫麟：《中国史纲》，中华书局2009年版。
周绍良：《全唐文新编》，吉林文史出版社2000年版。
朱贻庭：《中国传统伦理思想史》，华东师范大学出版社1989年版。
［英］李约瑟：《科学思想史》，科学出版社1990年版。

（二）《老子》读本、译注类

（汉）河上公：《老子》，上海古籍出版社2013年版。
（汉）严遵：《老子指归》，中华书局1994年版。
（魏）王弼：《老子道德经注校释》，中华书局2008年版。
（宋）吕惠卿：《老子吕惠卿注》，华东师范大学出版社2015年版。
（宋）林逸希：《老子鬳斋口义》，华东师范大学出版社2010年版。
（宋）王安石：《王安石老子注辑佚会钞》，华东师范大学出版社2013年版。
（元）吴澄：《道德真经注》，中华书局1991年版。
（明）焦竑：《老子翼》，华东师范大学出版社2011年版。
（明）释德清：《道德经解》，华东师范大学出版社2009年版。
（清）王夫之：《老子衍　庄子通　庄子解》，中华书局2009年版。
（清）姚鼐，奚侗，马其昶：《老子注三种》，黄山书社2014年版。
（清）魏源：《老子本义》，华东师范大学出版社2010年版。
《老子》（全二册），《四部要籍注疏丛刊》，中华书局1998年版。
陈鼓应：《老子今注今译》，商务印书馆2013年版。

丁原植：《郭店竹简老子解析与研究》，台湾万卷楼图书有限公司 1998 年版。

冯振：《老子通证》，华东师范大学出版社 2012 年版。

高亨：《老子注译》，清华大学出版社 2010 年版。

高华平：《老子》，南京大学出版社 2010 年版。

高明：《帛书老子校释》，中华书局 1996 年版。

公木：《老子》，长春出版社 2011 年版。

古棣：《老子校诂》，吉林人民出版社 1987 年版。

刘笑敢：《老子古今》（上下），中国社会科学出版社 2006 年版。

吕祖秘：《道德经心传》，广西师范大学出版社 2014 年版。

马王堆汉墓帛书整理小组编：《马王堆汉墓帛书老子》，文物出版社 1976 年版。

聂中庆：《郭店楚简〈老子〉研究》，中华书局 2004 年版。

王孝鱼：《老子衍疏证》，中华书局 2014 年版。

萧天石：《道德经圣解》，自由出版社 2003 年版。

许抗生：《帛书〈老子〉注译与研究》，浙江人民出版社 1985 年版。

尹振环：《帛书老子解析》，贵州人民出版社 1995 年版。

张松辉：《老子译注与解析》，岳麓书社 2008 年版。

张松如：《老子说解》，齐鲁书社 1998 年版。

朱谦之：《老子校释》，中华书局 1984 年版。

左孝彰：《老子归真》，天津人民出版社 2012 年版。

　　（三）《老子》思想研究类

晁天义：《先秦道德与道德环境》，中国社会科学出版社 2010 年版。

陈鼓应：《道家的人文精神》，中华书局 2012 年版。

陈鼓应：《老庄新论》，上海古籍出版社 1992 年版。

方东美：《原始儒家道家哲学》，中华书局 2012 年版。

冯友兰：《老子哲学》，北京大学出版社 1984 年版。

公木、邵汉明：《道家哲学》，长春出版社 2007 年版。

李安纲、赵晓鹏：《道德玄参——〈道德经〉道德体系研究》，中国社会科学出版社 2012 年版。

梁启超、章太炎等：《国学大师说老庄及道家》，云南人民出版社 2009 年版。

刘晗：《〈老子〉文本与道儒关系演变研究》，人民出版社2010年版。
刘介民、郑振伟：《道家与现代教育》，广东高等教育出版社2013年版。
刘名瑞：《道源精微》，山西科学技术出版社2011年版。
陆建华：《建立新道家之尝试》，安徽大学出版社2011年版。
罗安宪：《虚静与逍遥——道家心性论研究》，人民出版社2005年版。
梅珍生：《道家政治哲学研究》，中国社会科学出版社2010年版。
宁镇疆：《〈老子〉"早期传本"结构及其流变研究》，学林出版社2006年版。
曲小强：《自然与自我——从老庄到李贽》，济南出版社2007年版。
司马云杰：《大道运行论——关于中国大道哲学及其最高精神的研究》，陕西人民出版社2003年版。
孙以楷、陆建华、刘慕芳：《道家与中国哲学》（先秦卷），人民出版社2004年版。
孙以楷：《道家与中国哲学》，人民出版社2004年版。
孙以楷：《披云集》，安徽大学出版社2010年版。
王海珺：《〈老子〉道德精神透视》，三秦出版社2013年版。
王英杰：《自然之道——老子生存哲学研究》，人民出版社2010年版。
杨启亮：《道家教育的现代诠释》，湖北教育出版社1996年版。
杨义：《老子还原》，中华书局2011年版。
詹剑锋，《老子其人其书及其道论》，华中师范大学出版社2006年版。
张岱年：《道家文化研究》（第6辑），上海古籍出版社1995年版。
张松辉：《老子研究》，人民出版社2009年版。
张松辉：《老子译注与解析》，岳麓书社2008年版。
张智彦：《老子与中国文化》，贵州人民出版社1996年版。
朱晓鹏：《道家哲学精神及其价值境遇》，中国社会科学出版社2007年版。
朱晓鹏：《老子哲学研究》，商务印书馆2009年版。
[美]韩禄伯：《简帛老子研究》，余瑾译，学苑出版社2002年版。
[日]池田久让：《道家思想的新研究——以〈庄子〉为中心》，王启发译，中州古籍出版社2009年版。
[英]葛瑞汉：《论道者——中国古代哲学论辩》，张海晏译，中国社会科学出版社2003年版。

（四）其他

《汉语大字典》（缩印本），四川辞书出版社1993年版。

常金仓：《周代礼俗研究》，黑龙江人民出版社2005年版。
陈来：《古代宗教与伦理——儒家思想的根源》，生活·读书·新知三联书店2009年版。
方东美：《方东美演讲集》，台湾黎明文化公司1984年版。
郭沫若：《郭沫若全集》（第1卷），人民出版社1982年版。
郭沫若：《十批判书》，人民出版社1954年版。
李承贵：《德性源流——中国传统道德转型研究》，江西教育出版社2004年版。
梁启超：《梁启超论诸子百家》，商务印书馆2012年版。
梁韦弦：《中国传统伦理思想研究》，黑龙江人民出版社2007年版。
林晓平：《先秦诸子与史学》，中国社会科学出版社2009年版。
牟宗三：《现象与物自身》，台湾学生书局1990年版。
王曰美：《人的主体意识的发展与先秦文学》，中国社会科学出版社2008年版。
吴怡：《生命的哲学》，台湾三民书局2004年版。
徐复观：《中国人性论》（先秦篇），台湾商务印书馆1999年版。
许春华、田昌五、臧知非：《周秦社会结构研究》，西北大学出版社1996年版。
叶飞：《现代性视域下的儒家德育》，北京师范大学出版社2011年版。
于省吾：《甲骨文字诂林》（第1册），中华书局1996年版。
张广志、李学功：《三代社会形态》，陕西师范大学出版社2001年版。
章太炎：《国学十八篇》，中国华侨出版社2013年版。
周法高：《金文诂林》，香港中文大学出版社1974年版。
［英］阿诺德·汤因比：《人类与大地母亲》，上海人民出版社2001年版。

二 论文

白晋荣、杨翠英：《〈老子〉"德"论探微》，《河北学刊》2016年第1期。
白奚：《老子思想与儒道互补》，《道学研究》2003年第1期。
曹峰：《论〈老子〉的"天之道"》，《哲学研究》2013年第9期。
晁福林：《先秦时期"德"观念的起源及其发展》，《中国社会科学》2005年第4期。
陈晨捷：《先秦诸子"德"论研究》，硕士学位论文，山东大学，2006年。
陈成吒：《先秦老学考论》，博士学位论文，华东师范大学，2014年。

陈鼓应：《老子与孔子思想比较研究》，《哲学研究》1989年第1期。

陈霞：《论道家道德哲学的几个特点》，《宗教学研究》2010年第9期。

樊浩：《"德"—"道"理型与形而上学的中国形态》，《北京大学学报》（哲学社会科学版）2010年第2期。

郭沂：《从"欲"到"德"——中国人性论的起源与早期发展》，《齐鲁学刊》2005年第3期。

金竹：《〈道德经〉中的"德"翻译研究》，硕士学位论文，上海师范大学，2012年。

景海峰：《〈老子〉道德关系论》，《深圳大学学报》（人文社会科学版）1987年第10期。

雷康华：《探析老子德育思想》，硕士学位论文，华中师范大学，2014年。

李德：《先秦时期"德"观念源流考》，博士学位论文，吉林大学，2013年。

李开：《从郭店楚墓竹简本〈老子〉看春秋战国之际的道家哲学》，《江海学刊》2002年第6期。

刘长欣：《论老子的"道"与"德"及其"反"道德伦理观》，《中国道教》2001年第1期。

刘俊杉：《连接"道"与"人"的桥梁——老子"天德观"思想及其德育价值》，《教育学报》2012年第1期。

刘峻杉：《老子的仁德观及其伦理价值》，《道德与文明》2013年第5期。

马德邻：《老子形而上学思想研究》，博士学位论文，华东师范大学，2002年。

普慧：《先秦儒、道"通""异"论》，《求是学刊》2010年第9期。

苏森森：《"由德入道"——〈老子〉本体论思想的另一种诠释路向》，硕士学位论文，华东师范大学，2007年。

孙熙国、肖艳：《"德"的本义及其伦理和哲学意蕴的确立》，《理论学刊》2012年第8期。

王康宁、于洪波：《东方文化"关于儿童是谁"的历史先声——老子儿童观探析》，《学前教育研究》2015年第7期。

王康宁、于洪波：《老子与柏拉图道德教育思想比研究较》，《陕西师范大学学报》（哲学社会科学版）2014年第2期。

王敏光：《〈老子〉哲学"德"论探赜》，《理论月刊》2011年第9期。

王园园：《〈老子〉的道德梳理》，《广西大学学报》（哲学社会科学版）

2010 年第 2 期。

王志宏：《也论老子的"善"》，《南昌大学学报》2001 年第 1 期。

王中江：《〈老子〉的"德性论"》，《中国社会科学报》2012 年第 9 期。

王中江：《早期道家的"德性论"和"人情论"——从老子到庄子和黄老》，《江南大学学报》（人文社会科学版）2012 年第 7 期。

徐建良：《老子道家"慈"》，《伦理学研究》2011 年第 1 期。

许春华：《老子道论》，博士学位论文，河北大学，2011 年。

许建良：《中国"道""德"哲学的原初图式》，《西北师范大学学报》（社会科学版）2004 年第 12 期。

许抗生：《构建当代新道家学说之初步设想》，《安徽大学学报》（哲学社会科学版）2009 年第 2 期。

许彦龙：《对老子之"礼"、周公之"礼"和孔子之"礼"关系的再认识》，《淮南师范学院学报》2010 年第 1 期。

许彦龙：《老子〈道德经〉中"礼"之探微——兼及早期周孔之礼比较》，《江汉大学学报》（人文科学版）2010 年第 8 期。

杨深：《从道德虚无主义走向道德秩序重建》，《哲学研究》1995 年第 5 期。

叶树勋：《"德"观念在老子哲学中的意义》，《中国哲学史》2013 年第 1 期。

叶树勋：《老子"玄德"思想及其所蕴形而上下的贯通性——基于通行本与简帛本〈老子〉的综合考察》，《文史哲》2014 年第 5 期。

叶树勋：《老子对"德"观念的改造与重建》，《哲学研究》2014 年第 9 期。

于洪波、向海英：《古希腊与古中国道德谱系溯源及比较——"地缘文明"的视角》，《教育研究》2013 年第 2 期。

于洪波：《论教育史学者的经世致用情怀》，《教育学报》2010 年第 2 期。

于洪波：《由"君子""小人"到"中民""公民"》，《陕西师范大学学报》（哲学社会科学版）2011 年第 3 期。

臧宏：《说〈老子〉中的"德"》，《社会科学战线》2001 年第 10 期。

张华勇：《老子"德"的内在意蕴及其现代阐释》，《道德与文明》2015 年第 9 期。

张苓：《道德的起源》，硕士学位论文，山东大学，2014 年。

张尚仁：《"唯道是从"的德论——〈道德经〉的研究》，《学术探索》

2014 年第 9 期。

张学方:《老子古本道德顺序试探》,《北京社会科学》1994 年第 2 期。

章媛:《老子之"德"英译得失考》,《学术界》2012 年第 6 期。

赵庙祥:《老子"道之德"思想探析》,《太原师范学院学报》(社会科学版)2009 年第 3 期。

赵素锦:《〈道德经〉"德"之伦理意蕴》,《华中科技大学学报》(社会科学版)2011 年第 9 期。

赵燕青:《〈老子〉伦理教育思想体系研究》,硕士学位论文,山西师范大学,2015 年。

后　　记

　　《老子》"五千言",向来以深奥难解著称。若仅以现代哲学的知识论和价值论解读《老子》,不仅难以证得其真谛所在,亦难以悟得其善与美的价值所宗。或许,唯有以哲学本体论的视角解读之,尚可圆通无碍地参透其要旨。本书即是以《老子》固有的"大道观"为视角,解读"德经"要旨的一次尝试。

　　老学界素有"不知《易》者,无以解老"之谓。作为我国传统文化重要源头之一的《周易》,之所以堪称"六经之首",大凡概因其对人间万物的"阴阳之道"业已了如指掌。于《周易》而言,人间万物皆具有"阴"和"阳"两种基本属性,人间万物生长衰亡的基本规律,皆由"阴"与"阳"相互消长合和所致。老子所谓的"万物负阴而抱阳,冲气以为和",大凡盖有此意。《周易》中的"阳"与"阴"推及于大自然,首当为"天"与"地";若将其画符于八卦,则首当为"乾卦"与"坤卦"。大致而言,由孔子开宗的儒家,主要继承的是《周易》中的"乾卦"之"阳刚";而由老子开宗的道家,主要承继的则是《周易》中的"坤卦"之"阴柔"。正如《周易·象传》所谓的"乾行健,君子以自强不息;地势坤,君子以厚德载物",宗法"乾道"之"阳刚"的儒家,向来主张"自强不息"的"积极作为";而宗法"坤道"之"阴柔"的道家,则素来主守"厚德载物"的"自然"与"无为"。此后,道家和儒家逐渐形成了一柔一刚的性格特征;二者相合而和,则刚柔并济,二者相分相胜,则此消彼长。二者的消长合和,对于我国传统文化与教育的发展产生了深远的影响。

　　遗憾的是,自古至今的道家和儒家,素有各执一端而自以为是,甚或相互攻讦的现象。实际上,儒家开宗的孔子和道家开宗的老子,只是在"阳刚"与"阴柔"、"乾道"与"坤道"之间,各有所宗、各有所好、各

后　记

有所长而已，二者并无孰优孰劣之分。由终极的"本体之道"来看，二者仅仅是"乾坤"或"阴阳"的一体两面而已。在"道器""体用""心物"和"知行"等层面上，二者皆属于"一元论"。在"道""大道""常道"和"天道"等终极的"本体"意义上，儒家和道家可谓殊途而同归。

尽管儒家和道家在"阳"与"阴"、"乾道"与"坤道"之间各有所宗和各有所长，但是无论在日常的为人处事上，还是在道德修养上，二者都反对"过犹不及"之"为"，二者都倡导通过"克己"和"自胜"而持守"中庸之道"。如孔子所谓的"克己复礼为仁"，"中庸之为德也，其至矣乎"，老子所谓的"自胜者强"，"天之道，损有余而补不足"，等等，大凡皆有此意。尽管道家宗法"阴柔"的"坤道"，但是其中也蕴含着"柔中带刚"甚或"以柔克刚"的意味。对于宗法"乾道"之"阳刚"的儒家而言，大凡亦复如此。要言之，儒家和道家皆倡导阴阳合和、刚柔并济的"中庸之道"，而反对偏执于一端，尤其是反对无所不用其极的"强梁之为"。此乃本书在比较儒家和道家的相关论题时，所持守的一贯主张。

综观《老子》"五千言"，"以道观人"和"以道观万物"的"大道观"，可谓其思维方法最为显著的特征。本书认为，唯有以"大道观"的思维方法解读《老子》，方能彻悟其真谛所在。在《老子》"五千言"中，有诸多由"形上"的"大道"和"天道"，推及于"形下"的"人道"和"万物"的言论。诸如，"天地不仁，以万物为刍狗；圣人不仁，以百姓为刍狗"，即是由"天地之道"一视同仁地对待"万物"，推及"圣人之道"也同样一视同仁地对待"百姓"；又如，"人法地，地法天，天法道，道法自然"，说明"人"需要依次效法"地""天"和"道"，方能最终臻于"自然"的"大道"境界；再如，"故道大，天大，地大，人亦大。域中有四大，而人居其一焉"，说明虽然"人"是"域中"的"四大"之一，但是"人"在"四大"中却仅居于末位，而"道"则处于"四大"中的首位；又如，"天之道，利而不害；圣人之道，为而不争"，说明作为人间典范的"圣人"，应该效法"利而不害"的"天之道"，在人间社会中做到"为而不争"；再如，"天之道，损有余而补不足。人之道，则不然，损不足以奉有余"，则是通过对崇尚"中庸"的"天之道"与追求"极端"的"人之道"的比较，以诫勉世人要效法"天之道"。上文所举，大凡皆是由"形上"的"大道"或"天道"，推及于"形下"的

后　记

"人"和"万物"。由此，足见《老子》的心法及其要旨，属于"以道观天地""以道观人"和"以道观万物"的"大道观"。鉴于此，本书一以贯之的研究方法，即是以"大道观"为视角，解读《老子》"德经"的要旨及其镜鉴价值。这也是笔者自觉颇有心得之处。

值得一提的是，《老子》"以道观人"和"以道观万物"的"大道观"，并非意味着"道"在"人"和"万物"之外或之上，一直在监督和主宰着"人"和"万物"，而是指"道"即在"人"和"万物"之中。易言之，"道"作为"万物之母"，在"生万物"的过程中，"道"的"无为"和"自然"特性，业已传递给了"人"和"万物"。《老子》中所谓的"德"，指的是得自于"道"之"得"也，又可称之为"人"和"万物"的"天德""天性"和"本性"。于此而言，业已内在地秉持有"天德""天性"和"本性"的"人"和"万物"，只需反求诸己、反身而诚、反身而行，即可证悟乃至合于老子之"道"。此乃老子主张"不言之教"，倡导内在的"自化"而非外在的"教化"的根本原因所在。

哲学通常所谓的"世界观"，实际上是由人们如何"观世界"决定的；抑或说，作为方法的"观世界"，决定着作为结果的"世界观"。由通常的"以人观人"和"以人观万物"的"人道观"和"人文观"，转变为"以道观人"和"以道观万物"的"大道观"和"常道观"，不仅是学术视野和思维方法的转变，还是人生境界由"人道观"向"大道观"的升华，更可谓是认识论和价值论的转变。由"大道观"来看，天无私载，地无私覆，天地万物，乃至人类，无有亲疏，无有尊卑，自然而然，相依共生。庄子所谓的"以道观之，物无贵贱；以物观之，自贵而相贱"，可以说是对"大道观"与"人道观"之差别的最佳诠释。老子如此扭转乾坤的世界观，不亚于哥白尼由"地心说"转向"日心说"的认知革命。可见，若仅以"人道观"的视角解读《老子》一书，仅能得其一鳞半爪而已。只有站在老子"大道观"的高度，鸟瞰人间万物，方可顺其心法而得其大旨。此乃笔者参悟《老子》"德经"又一个首要心得。

对"无"这一概念的发现，以及对"有无""无名""无为""无欲"和"无事"的系统阐发，可谓老子对中国哲学的一大贡献。西方文化除基督教有上帝"从无到有"的"创世说"之外，西方哲学对"无"这一概念鲜有涉猎，更况论对其系统论述。西方哲学通常认为"有即有，无即无"，且偏重于对"存在"之"有"的精细分析。老子哲学则认为，有中

279

后　记

有无，无中有有，有无相生，有无一体，二者实则二而不二，互为一体，并且重在"有无"之"玄同"。诸如，老子所谓的"无名，天地之始"，"故常无，欲以观其妙；常有，欲以观其徼。此两者同出而异名，同谓之玄"，"天下万物生于有，有生于无"，"有无相生"，等等，大凡盖含此意。可见，老子反对偏执于"有"或"无"之一端，其所谓的"万物负阴而抱阳，冲气以为和"，亦有此意。于此而言，老子哲学既重在破"有执"，又重在破"执无"，更重在有无转化、有无相生、有无玄同、有无混一。在老子的"大道观"看来，"本体之道"根本就无所谓"有"和"无"之分，唯其有知、有情、有欲、有执的人，才有关于"有"与"无"的"分别心"。这种执着于"有"与"无"之一端的"分别心"，乃是由后天的"为学日益"造成的。故而，唯有经过"为道日损"的"返修"功夫，方能最终臻于"返璞归真"的"自然"之"道"——"天人合一"之"道"。例如，老子所谓的"含德之厚，比如赤子"，"常德不离，复归于婴儿"，"复归于朴"，等等，大凡盖有此意。可见，老子的"有无观"和"修道观"，与陆九渊所谓的"宇宙即我心，我心即宇宙"，以及与《心经》所谓的"色不异空，空不异色，色即是空，空即是色"，盖有异曲同工之妙。达摩自佛学圣地西来东土，以"不立文字，直指人心，见性成佛"为心法，这与老子所谓的"绝圣弃智"和"绝学无忧"等，亦可谓毫无二致。此可谓本书参悟老子"有无观"之心得。

西哲中"精神"与"物质"二分，"唯心"和"唯物"二元，并由此衍生出"主体"与"客体"、"主观"与"客观"、"本质"与"现象"、"形上"与"形下"、"体"与"用"、"普遍"与"特殊"等诸多哲学的基本概念。这些非此即彼的哲学概念，还深刻地影响到基督教中诸多对立概念的确立与普及，如"天使"与"撒旦"、"天堂"与"地狱"、"彼岸"与"此岸"、"救赎"与"原罪"、"教徒"与"异教徒"等。这种非此即彼的"二元论"发展到极致，在哲学上即是关于世界本体的终极结论——黑格尔所谓的"绝对精神"；在宗教上，即是信仰"全知全能的上帝"。但是，无论是"绝对精神"抑或是"全知全能的上帝"，都是外在于人类的独立存在；人类只能通过"外向的超越"接近于"绝对精神"，或者是得到"全知全能的上帝"的宽恕与拯救，但人类却永远无法与之融为一体。

相比较而言，在老子的"大道观"看来，"心"与"物"是同宗同源

后　记

的，二者皆源自于作为"万物之母"的"道"，如老子所谓的"道生一，一生二，二生三，三生万物"。老子之"道"在致用时，即道即器，即体即用，道器合一，体用合一，即物即心，心外无物。老子反对"有心"之为，而强调"无心"或与百姓"同德同心"，如其所谓的"圣人常无心，以百姓心为心。"老子强调人与物、物与物、人与人之间，一视同仁，同等齐观，无有分殊，如其所谓的"天地不仁，以万物为刍狗；圣人不仁，以百姓为刍狗"，"以辅万物之自然而不敢为"。老子之"道"是一个"朴散则为器"的生生不息的过程；但是对于修道者而言，却是一个反向的"返璞归真"的过程。亦即，由"生"至"返"，循环往复，构成一个"周行而不殆"的圆满人间宇宙。如，老子所谓的"反者道之动"，"见素抱朴"，"归根曰静，静曰复命"，等等，大凡盖有此意。老子之"道"无有"心"与"物"之分，无有"主体"与"客体"之别，亦无有"主观"与"客观"之分殊。在老子看来，"现象"与"本质"、"体"与"用"、"形上"与"形下"、"道"与"器"、"学"与"术"，等等，皆"同出而异名"，大可"混而为一"。概言之，老子之"道"，乃是"反求诸己"之道，"内向超越"之道，"返璞归真"之道，"天人合一"之道，"自然无为"之道。唯有站在"以道观万物"和"以道观人"的"大道观"的高度，对之予以反复琢磨、反省、体悟和修行，方能合于"玄之又玄"和"众妙之门"的老子之"道"。概言之，以"一元论"而非西哲的"二元论"解读《老子》"德经"，乃本书一以贯之的立场。

　　在《老子》的"大道观"看来，"以人观人"和"以人观万物"的"人道观"和"人文观"，一旦在不知不觉之中走向其极端，就必然会逐渐演变为"人类中心主义"的世界观，进而形成人类是"万物之灵"和"自然之主"的认识论和价值论。诸如，人们通常所谓的"人是万物的尺度""人道主义""人文主义""人本主义""以人为本""人的生命至上"等，其中皆隐含着些许"人类中心主义"甚或"人类沙文主义"的执念。这些标志着人类在漫长的演化过程中，逐渐摆脱自身的蒙昧、大自然的束缚、专制的奴役、意识形态的钳制等而形成的口号，似乎业已成为人类文明进步引以为傲的里程碑。但是若以老子"以道观人"和"以道观万物"的"大道观"来看，人类文明每一次进步的足迹，都是在某种程度上以背离"天人合一"和"道人合一"为代价而取得的。诸如，由原来的"自然之子"逐步僭越为"自然之主"的人类，对大自然贪得无厌的攫取、改

后 记

造和滥用，业已达到了无所不用其极的地步；又如，以仁爱、无私、奉献和解放等高尚美德的口号，对"自然"人性的改造和对传统文化的摧残等，无不是以"人道"的名义而造成的"人道主义灾难"。可以说，无论是由对大自然的改造和滥用而导致的自然灾难，抑或是由对人性的驯服和改造而导致的人间灾难，其根源无不与完全由"以人观人"和"以人观万物"的"人道观"有关。在老子的"大道观"看来，无论是自然灾难抑或是人道灾难，大凡都与"天人相分"和"道人背离"有关。鉴于此，本书始终以"大道观"与"人道观"互为参照，对相关问题的损益得失予以比较。

"道常无为"和"道法自然"，可谓《老子》"五千言"一脉相承的宗旨所在。老子所谓的"道常无为"和"道法自然"，意味着"道"对自身至高无上权力的主动约束和消解。"自然"一词及其所蕴含的微言大义，可谓老子哲学的一大创新。"自然"中的"自"，即"自己"，"然"即"如此"；"自然"即意味着"自己本来如此"。在"自然"这一概念中，"自"或"自己"是否独立存在及其完整性如何，对于"然"的状态及其价值而言是至关重要的。在作为"万物之母"的老子之"道"看来，在人间万物中，一人一太极，一物一太极，一人一本体，一物一本体，人间万物，自本自根，本自具足，自是其是，自然而然，自由自在。老子所谓的"万物负阴而抱阳，冲气以为和"，"以辅万物之自然而不敢为"，等等，大凡盖有此意。

关于人间万物是否有一个"自己"的问题，古今中外的哲学流派有不同的见解。在老子看来，人间万物无疑各有一个自然而然的"自己"或曰"自性"。抑或说，"道"在"生万物"的过程中，将其自身固有的"自然"的属性业已传递给了人间万物；而"道"所固有的"无为"的特征，又强化了人间万物"自己"的"自性"。在老子看来，人间万物的"自性"是由其本身"本自具足"的内部规定性所决定的，无须任何"人为"的外在标准对其予以规定和干预。易言之，人间万物"自然"的"存在"和"生长"本身，即是其自身合理性的唯一和最高标准，无须外在的标准对其予以干预和评价——即使这些标准是以仁爱、无私和奉献等高尚道德的名义，对人间万物的"自性"予以教化和改造，都是违背老子之"道"的。于此，亦可谓笔者参悟《老子》"德经"敝帚自珍的又一心得。

由于老子其人其书被其后产生的道教所信奉甚或被神化等原因，致使世人通常认为，只有脱离滚滚红尘，隐居于山林道场，经由皓首穷经、禅

后 记

坐苦修、胎息炼丹、仙人开示等,才能悟得"大道"的真谛。实际上,这只是历代道教修道的特殊形式之一。以老子开宗的道家哲学而言,并无此类玄虚隐修的系统记载。相反,老子哲学的根本特征及其修身养性的根本要旨,恰恰在于其道器合一、体用合一、学术合一、知行合一的心性参悟与日常化用。当然,老子所倡导的日常"道用"诸事,大凡皆有明显的宗法"无为""自然""守柔"和"恬淡"等根本特点。在老子看来,在"朴散则为器"的世间万物中,只有作为"万物之灵"的人类,才能够在后天文明的发展中突破自身固有的"天德"和"天性",进而形成并执着于善恶、美丑、亲疏、贵贱、福祸、利害等"分别心"或曰"第二天性"。老子认为,这些由"为学日益"而形成的"第二天性",对于返归本真本善本美的"自然"之"道"而言,乃是"道之华而愚之始",必当"为道日损"之。至于如何"损",除却"致虚极,守静笃"和"万物并作,吾以观复"等心法之外,还包括日常的"道用"和"用道"功夫。老子的"道用"和"用道"功夫,与孔子所谓的"学而时习之,不亦说乎",禅宗所谓的"劈柴担水,无非妙道;行住坐卧,皆在道场",朱熹所谓"小学"应该学做的"洒扫应对进退之节,礼乐射御书数之文",王阳明所谓"人须在事上磨,方立得住"等主张颇为相似,大凡皆强调"道不远人","道"即在日常生活的一事一物之中。有鉴于此,本书并未涉猎那些玄虚隐修的"解老"之作,只是以哲学的本体论、认识论和价值论对《老子》"德经"予以解读与阐发。

总之,《老子》"五千言",自古以来,兵家阅之谓之兵,法家阅之谓之法,侯王阅之益于治,师者阅之益传道,生徒阅之益进学;尽管阅之者仁者见仁智者见智,但却无不鉴之而皆有所得。夫何故?大凡概因老子所处境界之高,足以俯瞰天地人间品物流形之故;概因其决绝于俗世而西隐,能够冷眼旁观人间沧桑之故。抑或说,唯有"高瞻"于天地人间"之上",方能巨细无遗地鸟瞰天地人间之全貌;唯有"远瞩"于天地人间"之外",方能冷静理智地旁观天地人间之损益得失。总之,本书所见,只得《老子》一鳞半爪而已,尚祈方家指教。

于洪波　王康宁

2020 年 1 月于泉城济南